Hans Räber Brevier neuzeitlicher Hundezucht

Bücherei des Hundefreundes   Band 3

Dr. h. c. Hans Räber

Brevier
neuzeitlicher Hundezucht

Eine Wegleitung für Hundefreunde, Richter, Zuchtwarte,
Züchter und solche, die es werden wollen

VERLAG PAUL HAUPT BERN UND STUTTGART

CIP-Kurztitelaufnahme der Deutschen Bibliothek

Räber, Hans
Brevier neuzeitlicher Hundezucht: e. Wegleitung für
Hundefreunde, Richter, Zuchtware, Züchter u. solche,
d. es werden wollen. – 3., überarb. u. erg. Aufl. – Bern,
Stuttgart: Haupt, 1978
(Bücherei des Hundefreundes, Bd. 3)
ISBN 3-258-02749-8

ISBN 3-258-02749-8

3., überarbeitete und ergänzte Auflage 1978

Zum Geleit

Seit die Schweizerische Kynologische Gesellschaft (SKG) die obligatorischen Richterkurse und Richterprüfungen für die Schönheitsrichter eingeführt hat, ist aus Kreisen der Absolventen dieser Kurse und Prüfungen der Ruf nach einem Buch, das auf leicht verständliche Art dem Richteranwärter, Richter, Zuchtwart und vor allem auch dem Züchter das notwendige Wissen über Vererbungslehre, Zucht und Aufzucht von Hunden vermittelt, nicht mehr verstummt. Diesem Wunsch kommt das nun vorliegende Buch in vollem Umfang nach.

Der Autor, dem in Anerkennung seiner Verdienste um die Kynologie von der Universität Bern die Doktorwürde honoris causa verliehen wurde, ist selber Prüfungsexperte für Zuchtfragen, langjähriger Redaktor des «Schweizer Hundesportes», Stammbuchführer der SKG, Richter und Züchter von internationalem Ruf. Er ist bestens ausgewiesen und berufen, zu diesen Themen aus Erfahrung etwas Gültiges auszusagen.

Mit dem geschulten Blick des kritischen Verhaltensforschers und Biologen weiss er das Wesentliche herauszugreifen und zugleich dem Leser den Blick auf die grösseren Zusammenhänge zu lenken; mit dem pädagogischen Geschick des erfahrenen Lehrers versteht er es, komplizierte Zusammenhänge einfach und klar darzustellen. Dank eigener langjähriger Erfahrung als Züchter und als Präsident eines Rasseklubs weiss er um die praktischen Möglichkeiten des kleinen Züchters und verliert sich nicht in überspannte und kaum realisierbare Forderungen an Haltung und Aufzucht der Hunde.

Gleichsam als roter Faden geht aber durch alle Kapitel dieses Buches die Liebe zum Hund, die Achtung vor dem Leben und die grosse Verantwortung, die der Züchter dem Tier gegenüber auf sich nimmt. Alle diese glücklichen Voraussetzungen haben ein Werk entstehen lassen, dem ich im Interesse der schweizerischen Kynologie und zu Nutz und Frommen der Züchter und der Hunde eine weite Verbreitung wünsche.

Paul Rub
Zentralpräsident der
Schweizerischen Kynologischen Gesellschaft

Zum Beginn

Hundebücher gibt es in rauhen Mengen. Jahr um Jahr kommen neue auf den Markt. Es scheint deshalb kaum mehr möglich, in dieser Hinsicht noch etwas Neues zu bieten. Die Frage, ob es opportun war, diese Flut noch um ein Büchlein zu vermehren, lässt sich mit Recht stellen. Ich hatte sie bis jetzt verneint. Seit ich mich jedoch öfters und intensiver als vordem mit Leuten unterhalten musste, die in irgendeiner Form die Hundezucht in unserem Lande beeinflussen, lernte ich einsehen, dass hier doch noch eine Lücke klafft.

Auf der Suche nach Literatur, die in leicht fasslicher Art den angehenden Richtern, Zuchtwarten und Züchtern das nötige Wissen vermitteln könnte, musste ich leider sehen, dass es dieses Büchlein in deutscher Sprache offensichtlich gar nicht gibt. Wohl liegen Übersetzungen englischer Bücher über Hundezucht und Genetik vor, aber sie sind besonders in jenem Teil, in dem sie sich mit Genetik befassen, viel zu allgemein, vielfach auch zu kompliziert und selten aus der züchterischen Praxis heraus geschrieben. Sie tragen zudem grossenteils unverkennbar die Schalen der wissenschaftlichen Formulierung und sind deshalb für viele Züchter nicht lesbar. Selbstverständlich habe ich auch schon etwas vom DNS und von Ribosomen gehört und habe über gewichtigen Lehrbüchern der Populationsgenetik gesessen; doch mit voller Absicht wird hier auf die Darstellung derart komplizierter Vorgänge, die zum Teil erhebliche mathematische und chemische Kenntnisse voraussetzen, verzichtet.

Ich habe oft die Erfahrung gemacht, dass man bei Züchtern auf kein Interesse stösst, wenn man genetische Probleme anhand der Forschungsergebnisse bei der Taufliege demonstrieren will, man erlebt aber ungeteilte Aufmerksamkeit, sobald man das gleiche Thema am Objekt Hund darstellt.

Und nur darum wurde dieses Büchlein nun doch noch geschrieben!
Herr Prof. Dr. E. Seiferle, Zürich, hatte die Freundlichkeit, das Manuskript dieses Buches kritisch zu überprüfen, der Verfasser schuldet ihm dafür herzlichen Dank.

Zur zweiten Auflage

«Der Züchter muss den Willen aufbringen, immer und immer wieder zu lernen», steht im ersten Kapitel dieses Büchleins zu lesen. Diesen Rat habe auch ich selber seit der ersten Niederschrift vor sechs Jahren fleissig befolgt. So ergibt sich ganz von selbst, dass diese zweite Auflage in mancherlei Hinsicht von der ersten abweicht, indem ich neueste Ergebnisse der kynologischen Forschung und der Züchtungslehre darin verarbeitet habe. Ich hoffe, damit dem angehenden, aber auch dem bestandenen Züchter einen Dienst erwiesen zu haben.

Zur dritten Auflage

In der Tierzucht, namentlich in der Nutztierzucht, hat sich in den letzten Jahren manches geändert – vieles nicht zum Nutzen der betroffenen Tiere. Sie sinken zusehends immer mehr zu blossen Eiweisserzeugern herab; ihre Zucht wird zur eigentlichen Industrie, und kaum jemand kümmert sich darum, unter welch widrigen Verhältnissen sie ihr kurzes Leben fristen müssen.
Die erfolgversprechendsten Paarungen werden durch den Computer bestimmt; das männliche Zuchttier ist zum Samenlieferanten herabgesunken, der an der eigentlichen Zeugung nicht mehr beteiligt ist. So ist es möglich, Samen besonders wertvoller Tiere über Kontinente hin zu verschicken; so ist es möglich, sehr grosse Zuchtfamilien aufzubauen und deren Erbgut qualitativ und quantitativ zu erfassen, wie dies vordem niemals war.
Diese Entwicklung geht auch an der Hundezucht nicht spurlos vorüber. Bereits gibt es Rassenzuchtvereine, die den Computer bei Paarungen zu Hilfe ziehen, und es wird behauptet, bis in zehn Jahren würden an die 80% der Zuchthündinnen künstlich befruchtet.
Mir graut vor dieser Entwicklung, obschon ich keineswegs der Meinung bin, die «gute alte Zeit» sei in allem nur gut gewesen.
Aber, so frage ich, wo bleibt da die geistige Arbeit des Züchters? Wo bleibt sein Überlegen, sein Abwägen, wenn ihm der Computer alles abnimmt? Und, so frage ich weiter, kann denn die Maschine mehr und besser kombinieren als der Züchter mit langjähriger Erfahrung und geschultem Auge? Wo bleibt da die Freude am Versuch und schliesslich am Erfolg?

Ich bin kein Feind künstlicher Besamung. Ich sehe ihren Wert durchaus ein, wenn es darum geht, bei einer seltenen Rasse einen Deckakt zu vollziehen, der sonst aus räumlichen Gründen gar nicht möglich wäre. Aber ich sehe hier die Gefahr einer noch einseitigeren Bevorzugung bestimmter Siegerrüden heraufziehen, als dies schon heute bisweilen der Fall ist. Ich lasse deshalb auch in der dritten Auflage meines Büchleins diesen Problemkreis ganz bewusst beiseite in der festen Überzeugung und Hoffnung, die Mehrheit der Hundezüchter würde auch fürderhin den natürlichen und sich bis jetzt recht gut bewährten Zuchtmethoden den Vorrang geben.

Dr. h. c. Hans Räber

Inhaltsverzeichnis

I.

«Züchter werden ist nicht schwer...»

Bestimmt dann nicht, wenn man nach Methode Kochbuchrezept vorgeht:
Man nimmt... eine hitzige Hündin und führt sie einem deckwilligen Rüden
zu, und nach spätestens neun Wochen ist man Hundezüchter.
So einfach ist die Sache nun aber doch nicht. Wäre sie es, so brauchte dieses Büchlein nicht geschrieben zu werden. Hundezüchter bedeutet etwas
mehr als nur Hunde vermehren; es bedeutet vielmehr, eine Rasse stetig
und ständig zu verbessern, und dazu ist eine ganze Reihe persönlicher und
räumlicher Voraussetzungen nötig. Wir dürfen deshalb ruhig in Anlehnung an Buschs berühmtes Wort weiterfahren und mit Fug und Recht behaupten:

«...Züchter sein, dagegen sehr!»

Reden wir vorerst einmal von den persönlichen Voraussetzungen, die ein
angehender Züchter mitbringen muss.
Allem voraus steht unbedingt die Liebe zum Tier. Ohne diese Liebe hält einer auf die Dauer nicht durch. Doch darf sich diese Liebe nicht in einer Ge-
fühlsduselei erschöpfen; es ist eine Liebe, die bisweilen Opfer bringen
muss. Seine Liebe zum Hund darf dem Züchter niemals den Blick trüben
für das, was der gewählten Rasse förderlich ist, was ihr im Augenblick und
auf weitere Sicht gesehen not tut, und diese Forderung zwingt den Züchter
immer und immer wieder zu Handlungen, die wohl im Interesse der Rasse,
aber nicht unbedingt im Interesse des einzelnen Hunde-Individuums sind.
Trotz aller Liebe zur Kreatur muss der Züchter imstande sein, Untaugliches
aus freiem Entscheid auszumerzen, das heisst im praktischen Fall: er muss
einen fehlerhaften Welpen töten können; vielleicht muss er sogar im wohl-
verstandenen Interesse der aufzuziehenden Welpen absolut gesunde
Tiere aus einem zu grossen Wurf töten. Das ist nicht immer leicht, schon
gar nicht im Hinblick darauf, dass wir vielleicht einen oder zwei wertvolle
Welpen töten und dafür solche am Leben lassen, die später Zahn- oder Hodenfehler aufweisen. Zielstrebiges Züchten fordert deshalb, trotz aller
Liebe zum Hund, ab und zu eine gewisse Härte sowohl gegenüber seinen
eigenen Gefühlen, wie auch gegenüber seinen Schützlingen. Wer sich
diese Härte nicht zutraut, taugt wenig als Züchter.

Wenn nun der Züchter bereits in dieser Hinsicht über eine recht erhebliche seelische Robustheit verfügen muss, so erst recht dann, wenn es darum geht, die von ihm gezüchteten Hunde in gute Hände abzugeben. Die Erfahrungen, die man da mit den Käufern der Junghunde macht, sind oft recht deprimierend. Da glaubt man, für seinen Junghund den richtigen Herrn gefunden zu haben und muss nach Wochen feststellen, dass der von uns sorgfältig aufgezogene Hund durch einen unverständigen Besitzer verdorben worden ist und jetzt diesen nicht mehr befriedigt. Dass der Hund auch vom Besitzer nicht befriedigt ist, das zählt ja bei solchen Leuten nicht. In der Regel verlangt dann der Besitzer vom Züchter, dass dieser den verdorbenen Junghund nun wieder zurücknehme, wenn möglich noch zu einem höheren Preis als der Kaufpreis war, weil man ja schliesslich den Hund so und so lange gefüttert habe. Dass nicht der Hund, sondern der Eigentümer versagt hat, ist solchen Leuten, die da glauben, man könne einen Hund wie irgendeine x-beliebige Ware wieder zurückgeben oder umtauschen, nicht plausibel zu machen. Sie begreifen es eben nicht, dass sie es hier nicht mit einer Ware, sondern mit einem sensiblen Lebewesen zu tun haben, einem Lebewesen, das seine berechtigten Ansprüche stellt. Gerade diese Schwierigkeiten beim Plazieren der Junghunde sind es, die viele gute, ja vielleicht gerade die besten Züchter schliesslich zur Aufgabe der Hundezucht veranlassen.

Als Züchter muss man auch die Menschen ertragen können.

Daneben wollen wir aber auch freudig bekennen, dass wir durch unsere Hunde viele nette Menschen kennengelernt haben und viele durchaus erfreuliche Beziehungen durch die Hunde geknüpft worden sind.

Ertragen muss der Züchter auch, sobald sich einmal der Erfolg bei ihm eingestellt hat, den Neid und die Missgunst der andern. Gerade diejenigen unter seinen Kollegen, die es aus eigenem Unvermögen zu nichts gebracht haben, sind es, die dem Erfolgreichen den Erfolg am meisten neiden und ihn wenn möglich noch zu schädigen suchen. Auch darüber kommt mancher nur schwerlich hinweg und wendet schliesslich erbittert und voll Abscheu der Kynologie den Rücken.

Nervöse Menschen eignen sich nicht zum Hundezüchter. Junge Hunde sind lebhaft, sie machen Lärm, sie verfügen über einen gesunden Tatendrang, der sich oft in Handlungen austobt, die unseren eigenen Ansichten zuwiderlaufen. Wer sich darüber allzu sehr aufregt, soll sich lieber der Zucht von Goldfischen zuwenden. Welpen sollen von früh auf an Sauberkeit gewöhnt werden. Wollen wir sie nicht als Schweinchen aufwachsen lassen, so besteht ein Grossteil der züchterischen Arbeit im Reinigen des Zwingers und im Kammen und Bürsten der Hunde. Wer nicht über riesige Ausläufe verfügt, wird mehrmals am Tage mit Kehrichtschaufel und Kratzer den Auslauf nach den unvermeidlichen Verdauungsrückständen gesunder Welpen absuchen, und da heisst es, sich bücken und nochmals bücken, und zwar bei jedem Wetter.

Das ist nichts für Leute mit angeschlagener Gesundheit. Der Züchter muss sich zudem mit den Welpen von früh auf beschäftigen, der Kontakt mit dem Menschen ist für die psychische Entwicklung des Junghundes von grösster Wichtigkeit. Gelegenheit dazu gibt die tägliche Körperpflege. Doch schon einen einzigen Fünfer- oder Sechserwurf zu bürsten und zu kämmen und jeden Welpen einmal täglich genau zu kontrollieren, erfordert Zeit. Wer sich diese Zeit nicht erübrigen kann, der gebe sich gar nicht erst mit dem Gedanken ab, Hunde züchten zu wollen.

Nicht immer verläuft die Aufzucht eines Wurfes reibungslos. Es kann mancherlei Schwierigkeiten geben, vielleicht beginnt's schon mit Geburtsschwierigkeiten, dann können Welpen erkranken, sie können sterben, Welpen können aber auch missraten. All das muss man hinnehmen können, und wer das nicht kann, wird nie ein echter Züchter sein.

Das'ist aber noch längst nicht alles.

So wenig je ein Meister vom Himmel gefallen ist, so wenig wird jemals ein perfekter Hundezüchter vom Himmel fallen. Den Willen haben zu lernen, immer wieder zu lernen, das ist eine der wichtigsten Voraussetzungen zum späteren Züchter von Format. Es gibt freilich solche, die wissen nach einem oder zwei glücklich aufgezogenen Würfen schon alles und geizen nicht mit ihren guten Ratschlägen; der echte Züchter muss aber auch nach dem zehnten Wurf seine Ansichten und Meinungen noch revidieren können, wenn sie sich als falsch erweisen sollten. Er muss mit andern ins Gespräch kommen können und sich deren Erfahrungen nutzbar machen; er muss einschlägige Literatur studieren, und er muss seine Hunde immer wieder mit denjenigen der andern unvoreingenommen vergleichen. All das lässt sich notfalls mit viel gutem Willen erzwingen; nicht erzwingen aber lässt sich der sichere Blick für das Wesentliche. Er ist eine Gabe, die man wohl schulen und fördern, aber nicht erwerben kann. Wo sie fehlt, kann sie durch nichts vollwertig ersetzt werden.

Der gute Züchter muss in seinem Fach ein Künstler sein, vergleichbar dem Bildhauer, der im rohen Klotz bereits das fertige Kunstwerk sieht. So muss der Züchter mit sicherem Blick das Wertvolle an einem Hunde erfassen können, er muss, namentlich bei rauhhaarigen und langhaarigen Rassen erkennen, was wirkliche Qualität und was Arbeit eines geschickten Hundecoiffeurs ist. Er muss erfassen, welcher Hund für seine Zucht wertvoll sein kann und welcher nicht. Wer über dieses züchterische Talent verfügt, von dem wird man nach Jahren in Fachkreisen als von einem grossen Förderer einer Rasse reden.

Wer es nicht hat, soll sich aber nicht entmutigen lassen. Nicht jeder Hund kann ein Spitzentier sein und nicht jeder Züchter ein Spitzenzüchter. Der Bestand einer Rasse wird weitgehend durch die Qualität des Mittelfeldes bestimmt, durch diejenigen, die es mit Fleiss und redlichem Bemühen verstehen, das von den talentierten Züchtern Geschaffene zu festigen und zu erhalten. Ohne dieses Mittelfeld steht auch der talentierteste Züchter gleichsam im leeren Raum. So wie der Bildhauer, um bei unserem Vergleich zu bleiben, des rohen Klotzes bedarf, um ein Kunstwerk zu schaffen, so muss auch der tonangebende Spitzenzüchter mit vorhandenem Zuchtmaterial beginnen. Je besser dieses ist, desto nachhaltiger wird er seine Rassen fördern. Darum kommt dem kleinen Züchter, der dieses Ausgangsmaterial immer wieder zur Verfügung stellt, mindestens die gleiche Bedeutung zu, wie dem grossen, der die Ziele steckt.

Die besten persönlichen Voraussetzungen und die schönsten Pläne bleiben aber ungenutzt, wenn die räumlichen Verhältnisse das züchterische Vorhaben behindern.

Optimistisch und idealistisch wie wir waren, glaubten wir, unseren ersten Schnauzerwurf im Hause und in der Familie aufziehen zu können. Es blieb beim Wollen. Dem Tatendrang der heranwachsenden Junghunde waren weder wir noch unsere Teppiche noch unser Garten gewachsen. So fanden wir uns mit den Tatsachen ab und bauten für den ersten Wurf einen provisorischen, für die nachfolgenden Würfe einen festen Zwinger.

Anders geht es einfach nicht, nicht einmal bei Zwerghunden. Junghunde gehören an die Sonne, an die frische Luft, an Wind und Wetter. Wir sollen und wir dürfen sie nicht gleichsam im Glasschränkchen aufziehen.

Es ist mit ihnen wie mit den Kindern. Wohl dem Kind, das sich rechtzeitig mit allen möglichen Bakterien und Viren infiziert und die Kinderkrankheiten als Kind und nicht als Erwachsener durchmacht. Ihm bleibt vieles erspart. Genauso sollen die Junghunde sich frühzeitig an allerhand Wetter gewöhnen, sie dürfen ruhig einmal nass werden, sie sollen Sonne und Kälte ertragen lernen: das kommt ihnen später in reichem Masse zugute.

Ein gepflegter Ziergarten oder ein ertragsreicher Gemüsegarten vertragen aber die Anwesenheit von tatendurstigen Welpen schlecht. Zudem wäre es unklug, die Welpen Gefahren auszusetzen, denen sie nicht gewachsen sind, also zum Beispiel den Tücken eines Gartenweihers oder den scharfen Krallen einer fremden Katze; auch kommt es vor, dass Welpen gestohlen werden.

All das gilt es zu vermeiden, und das einzig taugliche Mittel dazu ist der richtig und stabil umzäunte Auslauf. Wem der Raum dazu fehlt, soll niemals Hunde züchten, nicht einmal Zwerghunde. Das ist eines der räumlichen Probleme. Das andere sind die Nachbarn.

Wir sind ein merkwürdiges Geschlecht geworden. Den Lärm des Strassen-
verkehrs, den Fluglärm, den Fabriklärm und den Lärm der Eisenbahn, die
Transistoren am Waldrand, im Strandbad und auf dem Zeltplatz, das Radio
in der Wohnung und die Musikbox im Restaurant, all das nimmt der heu-
tige Mensch als normale Geräuschkulisse seines Daseins hin; kräht aber
irgendwo frühmorgens ein Hahn, gurrt eine Taube auf dem Baum vor dem
Schlafzimmerfenster oder bellt gar ein Hund, dann wird des Ruhestörers
wegen Zeter und Mordio geschrien. Der Lärm der Technik ist für einen
Grossteil der zivilisierten Menschen zur Natur geworden, und die Urlaute
der Natur empfinden sie als störend. Dieser Stosseufzer ändert leider
nichts an der Tatsache, dass der Hundezüchter dieser Allergie des heutigen Menschen Rechnung tragen muss. Junghunde jedoch kennen dieses
naturwidrige Verhalten des modernen Menschen nicht. Sie lärmen dann,
wenn sie einen Grund zum Lärmen finden, und solche Gründe finden sich
des Tages viele. Es gibt da freilich recht grosse, rassenspezifische Unterschiede, aber den stummen Junghund gibt es noch nicht. Wer lärmem-
pfindliche Nachbarn hat, soll es sich deshalb zweimal überlegen, ob er
Hunde züchten will oder nicht. Er darf keinesfalls damit rechnen, die Junghunde verkauft zu haben, ehe sie so richtig laut werden, meistens geht dies
länger, und bald einmal ist dann der leidige, nachbarliche Streit da. Das
ist, auch wenn wir den Nachbarn ohnehin nicht sonderlich schätzen, un-
angenehm und belastet die Nerven.
Manch einer glaubt die Lösung aus dem Dilemma darin gefunden zu haben, dass er den Zwinger weitab von der Wohnung verlegt und dann täglich zwei- bis dreimal hinfährt, um die Hunde zu füttern und zu pflegen. Davon rate ich aus guten Gründen ganz entschieden ab. Es ereignet sich im
Laufe der Tage und Wochen bei Junghunden so vieles, das ein sofortiges
Einschreiten des Züchters erfordert, sollen nicht irreparable Schäden entstehen. Zudem beraubt sich dieser Züchter ja gerade des Schönsten, das
die Hundezucht ihm bieten kann, nämlich des steten Verfolgens der Entwicklung der Welpen. Die räumlichen Verhältnisse sind deshalb gut und
reiflich zu prüfen, bevor wir unter die Hundezüchter gehen.
Sind wir nun nach reiflicher Überlegung und unter gebührender Beach-
tung aller erschwerenden Umstände zum Schlusse gekommen, das Wag-
nis dürfe in Angriff genommen werden, so stellen sich noch einige grund-
sätzliche Fragen im Hinlick auf die Zuchthündin. eine sehr häufige Frage
lautet:

Muss ich mit meiner Hündin überhaupt züchten?

Viele Hündinnenbesitzer sind der Meinung, es sei der Gesundheit ihrer Hündin unbedingt förderlich, wenn sie mindestens einmal Mutter werde. Diese Ansicht ist – ich möchte sagen: glücklicherweise – wirklich kein Grund zum Züchten. Es ist erwiesen, und die Kleintierkliniken bestätigen es immer wieder: Milchdrüsentumore und Gebärmuttererkrankungen treten gleich häufig auf bei Hündinnen, die zur Zucht verwendet wurden wie bei solchen, die nie geworfen haben. Ein oder zwei Würfe verlängern einer Hündin das Leben nicht und bewahren sie keineswegs vor einer späteren Erkrankung der Fortpflanzungsorgane. Aus Gründen gesundheitlicher Prophylaxe züchten zu wollen ist ein Unsinn.

Gelten lassen darf man jedoch die Ansicht, eine Hündin benötige zu einer vollen Lebensentfaltung die Gelegenheit, Nachkommen aufzuziehen und ihren mütterlichen Instinkten freien Lauf zu lassen. Es besteht kein Zweifel, dass das Pflegen und Aufziehen eines Wurfes sowohl der Hündin wie auch deren Betreuer viel Freude und Spass bereitet, und wenn im übrigen seitens der Hündin und des Besitzers die nötigen Voraussetzungen da sind, so darf diese Freude auch einmal als hinreichender Grund anerkannt werden.

Soll ich mit meiner Hündin züchten?

Viele Hundebesitzer erwarten von ihrer Hündin eine merkbare Wesensverbesserung, sobald sie einmal geworfen habe. Von einer solchen psychischen Änderung darf aber nicht zu viel erwartet werden. Ich sage das im Hinblick auf die vielen überängstlichen Hündinnen, die nur ihres Charakterfehlers wegen gedeckt werden in der irrigen Hoffnung, die Mutterschaft bewirke dann bei ihnen eine wesentliche Wesensänderung im positiven Sinne. Das trifft leider selten oder nie zu.

Sollte die erwünschte Wesensverbesserung aber doch einmal eintreffen, so steht jedenfalls dieser kleine Gewinn in keinem Verhältnis zum Schaden, den man dadurch stiftet, dass man eine charakterlich wertlose Hündin zum Züchten braucht und damit die Möglichkeit einer weiteren Verbreitung der unerwünschten Charaktereigenschaften schafft.

Solche Überlegungen sind keine Grundlage zu einem Zuchtbeginn. Sicher ist es so, dass etwas infantile, sonst aber charakterlich gute Hündinnen durch die Mutterschaft erwachsener, vor allem aber auch selbstbewusster und selbständiger werden. Das ist mitunter aber gar nicht einmal ein Vorteil.

Wir besassen seinerzeit zwei fast gleich alte Hündinnen, die sich ausgezeichnet vertrugen, das heisst sie vertrugen sich ausgezeichnet, weil sich die Graue freiwillig in allem und jedem der Schwarzen unterordnete und damit kein Grund zu sozialen Auseinandersetzungen gegeben war.
Das änderte sich aber schlagartig, nachdem die graue Hündin ihren ersten Wurf aufgezogen hatte. Die vordem etwas verspielte und sehr unterwürfige Hündin war nun durch ihre Mutterpflichten, vor allem wohl deshalb, weil sie nun während Wochen im Kreise ihrer Familie das unbestrittene Oberhaupt gewesen war, sehr erwachsen und selbständig geworden und keineswegs mehr gesonnen, sich der Schwarzen zu unterwerfen. Das hatte zur Folge, dass nun die kleinste soziale Auseinandersetzung in eine bösartige Rauferei ausartete, und das jeden Tag!
Den Anlass dazu gab täglich mehrmals die Hausglocke. Vordem war es das Vorrecht der Schwarzen gewesen, beim Anschlagen der Glocke zu bellen, die Graue ging wohl ebenfalls zur Türe, schwieg aber jeweils. Nachdem sie nun jedoch abgesäugt hatte und ihren Platz in der Wohnung wieder einnahm, bellte auch sie beim Anschlagen der Glocke. Das empfand aber die Schwarze als einen argen Einbruch in ihre Vorrechte und drohte nun sofort gegen die Graue.
Früher hätte sich diese auf einen solchen Auftritt hin sofort gekuscht, nun aber drohte sie zurück, und der Grund zur Rauferei war gegeben. Die gegenseitige Unverträglichkeit ging schliesslich soweit, dass wir uns dazu entschliessen mussten, eine der beiden Hündinnen wegzugeben.
Es kann also mitunter gar nicht so sehr erwünscht sein, dass eine vordem unterwürfige Hündin plötzlich den Drang hat, auf der sozialen Leiter einige Stufen empor zu klettern.

Darf ich mit meiner Hündin züchten?

Verbieten tut und kann uns niemand, mit unserer Hündin einen Wurf zu züchten. Ob sie den Anforderungen genügt, die ein seriöser Züchter an eine Zuchthündin stellen muss, das muss der Züchter selber entscheiden; und falls er sich diesen Entscheid nicht zutraut, so hole er Meinung und Rat bei einem erfahrenen Kenner der Rasse ein. Ich betone aber: bei einem Kenner der Rasse!
Es gibt leider, auch bei den Kynologen Leute, die sich gross aufspielen, bei näherem Zusehen jedoch weder die erforderlichen Rassekenntnisse, noch die benötigte Erfahrung als Züchter aufweisen. Ihr Rat zählt nicht!
Ist diese Seite des Unterfangens abgeklärt und im positiven Sinne entschieden, so gilt es jetzt, sich nach etwa bestehenden Zuchtvorschriften

der Rasse-Spezialklubs zu erkundigen. Viele dieser Klubs haben nämlich einschränkende Zuchtbestimmungen erlassen und wachen eifersüchtig darüber, dass diese auch eingehalten werden. Wir wollen hier nicht untersuchen, ob derartige dirigistische Einmischungen in das Tun und Lassen des Züchters notwendig sind oder nicht, wir wollen einfach glauben, sie seien im Interesse der Förderung der Rasse erlassen worden und müssen uns mit der Tatsache abfinden, dass bei deren Nichtbeachten keine Abstammungsurkunden ausgefertigt werden können. Von der Zucht «rassenreiner Hunde, aber ohne Stammbaum», wie jeweils in den Inseraten zu lesen ist, rate ich aber aus guten Gründen dringend ab.

Was heisst denn schon «rassenrein, aber ohne Stammbaum»? Die Rassenreinheit soll ja gerade durch die Abstammungsurkunde nachgewiesen und somit bewiesen werden. Was nicht mit einer solchen aufwarten kann, darf nicht unbedingt den Anspruch auf Rassenreinheit erheben. Bei der heutigen straffen Organisation der Kynologen ist es vielleicht praktisch unmöglich, mit einem Hund ohne Abstammungsnachweis an Arbeitsprüfungen teilzunehmen; man kann ihn auch nicht ausstellen, und allfällige Nachkommen von ihm erhalten natürlich auch keinen Stammbaum. Der Besitzer eines stammbaumlosen Hundes ist demnach in mancher Hinsicht benachteiligt und dementsprechend ist auch der Preis für einen Junghund ohne Stammbaum in den seltensten Fällen kostendeckend.

Damit ist wohl deutlich gezeigt, dass der ernsthafte Züchter die Aufzucht stammbaumloser Welpen gar nicht erst ins Auge fasst. Infolgedessen wird er sich vor dem Belegen der Hündin bei der zuständigen kynologischen Landesorganisation rechtzeitig nach dem Bestehen allfälliger Zuchtvorschriften erkundigen und diese dann auch gewissenhaft einhalten.

In den meisten Fällen stehen die Organe der Klubs dem Anfänger beratend zur Seite, und viele helfen mit, wenn es gilt, für die Junghunde einen Käufer zu finden. Der Beitritt zu einer solchen Organisation ist deshalb für den Züchter unbedingt von Vorteil, ganz abgesehen davon, dass er als Mitglied bei der Eintragung seiner Welpen ins Zuchtbuch in den Genuss ganz wesentlich reduzierter Gebühren kommt.

Reich wird man nicht

Wer in einer kynologischen Organisation aktiv mitmacht, wird immer wieder feststellen müssen, dass sich viele Leute der Hundezucht zuwenden im Glauben, es lasse sich da leicht ein ganz erklecklicher Nebenverdienst erzielen. Es machen da sagenhafte Preise die Runde, die dieser oder jener für seine Hunde erzielt haben soll. Solchen Ansichten leisten die bei uns freilich sehr seltenen Berufszüchter Vorschub, die ihren Lebensunterhalt aus der Hundezucht bestreiten.

Geblendet durch diese anscheinend verlockenden Verdienstmöglichkeiten übersehen die Leute sehr wesentliche Dinge.

Gewiss, ich weiss auch von Hunden, die für etliche Tausender verkauft worden sind; ich weiss auch, dass dieser Glücksfall bei vielen Züchtern selten, bei den meisten aber nie eintritt. Wenn aber ein Züchter einer grossen, anspruchsvollen Rasse unter 500 gezüchteten Hunden einen einzigen Siegerhund im Alter von drei bis vier Jahren für etliche Tausend Franken verkaufen kann, so ist das, aufs Ganze gesehen, gar kein so überwältigend glänzendes Geschäft.

Berufszüchter gibt es hierzulande kaum. All jene, die wir als solche betrachten, betreiben meistens nebenbei noch etwas Einträglicheres: Sie nehmen gegen gutes Geld Ferienhunde in Pension, sie trimmen und scheren und baden Pudel und Terrier usw.

Der sichere Absatz der gezüchteten Junghunde fällt einem auch nicht gleich am Anfang wie eine reife Frucht in den Schoss. Es braucht dazu vielerlei, zum Teil recht kostspielige Bemühungen. Eine der wichtigsten ist der Besuch vieler grosser Ausstellungen im In- und Auslande mit guten, selbstgezüchteten Hunden. Das kostet aber Geld und Zeit, vor allem viel Geld.

Wer mir jetzt noch keinen Glauben schenken will, den überzeugen vielleicht Zahlen.

Es leuchtet wohl jedermann ein, dass Zuchtrüde und Zuchthündin nicht nur dann Unkosten verursachen, wenn sie zur Zucht gebraucht werden, vielmehr dass sie das ganze Jahr hindurch gepflegt und gefüttert sein wollen.

Viele Zuchtvorschriften erlauben pro Hündin und Jahr nur einen Wurf, und der seriöse Züchter hält sich ohnehin an diese bewährte Regel.

Rechnen wir täglich mit einem minimalen Kostenaufwand für Futter von Fr./DM 2,– für eine mittelgrosse Zuchthündin, so erhalten wir folgende Jahresrechnung:

1. Zuchthündin

Futterkosten	1090,–	
Hundetaxe	150,–	
Ärztliche Betreuung	100,–	
Versicherung	50,–	1290,–

2. Aufzuchtkosten für einen Wurf von fünf Welpen bei minimalsten Ansätzen

Decktaxe	150,–	
Fleisch	600,–	
Zerealien (Flocken)	75,–	
Milch	250,–	
Futterzusätze	75,–	
Medikamente	40,–	
Impfen	180,–	
Eintragungsgebühren	45,–	
Kontrollgebühren	30,–	1445,–

3. Allgemeine Unkosten

Unterhalt des Hundehauses und der Ausläufe	100,–	
Abschreibung	200,–	
Besuch von Ausstellungen	400,–	
Inserate	75,–	
Reinigungs- und Desinfektionsmittel	30,–	
Fachliteratur (Stammbuch)	50,–	
Mitgliederbeitrag an Spezialklub	35,–	890,–
Zusammen		**3625,–**

(Die Zahlen beziehen sich auf das Jahr 1974, sie sind gemäss Index zu modifizieren; zudem handelt es sich hier durchwegs um Minimalbeträge)

In diesem Betrag nicht eingerechnet ist der Ankauf einer guten Zuchthündin, nicht eingerechnet die oft recht beträchtlichen Reisespesen zum Deckrüden, oder, wo ein solcher gehalten wird, dessen Unterhalt. Wir sind auch von der Annahme ausgegangen, dem Züchter stehe eine relativ günstige Fleischbezugsquelle zur Verfügung. Angenommen wurde ebenfalls ein reibungsloser Verlauf der Aufzucht und ein Verkauf der Jungtiere im Alter von 100 Tagen. Das ist aber durchaus nicht die Regel und mit jedem

Tag, an dem die nun recht gefrässigen Junghunde länger gehalten werden müssen, erhöhen sich die Aufzuchtkosten ganz erheblich. Wir sind auch davon ausgegangen, dass, ausser beim Impfen, der Tierarzt nie beansprucht werden musste. Diese Zahlen mögen eindeutig belegen, dass im Idealfall der Erlös aus den Welpen die Unkosten knapp zu decken vermag. Treten Komplikationen auf, so legen wir drauf.

Das Finanzgericht in Köln, bestehend aus fünf Richtern, hat deshalb in einem entsprechenden Streitfall bezeichnenderweise folgendermassen entschieden:

«...dass die Zucht und Aufzucht trotz gelegentlicher Einnahmen durch Welpenverkauf (aus Würfen eigener Hündinnen oder als Entgelt für Deckrüden) auf lange Sicht eine verlustbringende Liebhaberei ist, da sehr hohe Kosten für Wartung, Ernährung, Versicherung, Steuer, Ausstellungsfahrten usw. erforderlich sind. Von einem Gewinnstreben bei Zucht und Aufzucht von Hunden kann hiernach nur gesprochen werden, wenn Mutter- und Vatertiere entgegen züchterischen Gesichtspunkten ausgenutzt werden.»

Für die Schweiz fehlt uns leider bis jetzt ein entsprechender Gerichtsentscheid.

Nun gibt es ohne Zweifel Züchter, die beim Hundezüchten Geld verdienen. Bei diesen müssen aber verschiedene, sehr günstige Voraussetzungen vorhanden sein, vor allem eine sehr billige und dennoch gute Fleischbezugsquelle. Ist dies nicht der Fall, und will der Züchter trotzdem aus seiner Hundezucht einen Gewinn herauswirtschaften, so geht das in der Regel auf Kosten der Eltern- und der Jungtiere. Es wird gespart, wo man sparen kann, das Fleisch wird durch irgendein billiges Fischmehl ersetzt, statt teurer Flocken füttert man Kartoffeln, Kalzium- und Vitamingaben haben in diesem angespannten Budget keinen Platz mehr; Wurmkuren erspart man sich und beruft sich darauf, dass man Darmschmarotzer durch Verfüttern von Zwiebeln oder Knoblauch vertreiben könne, und das Impfen der Junghunde überlässt man dem Käufer. Die Kondition der Jungtiere entspricht denn auch jeweils dem geringen Aufwand, und es ist bezeichnend, dass solche Zuchtstätten jeweils kein langes Leben haben. Dass sie überhaupt eine Zeitlang existieren können, verdanken sie nur dem Mitleid der Hundekäufer, die manchmal aus Mitleid einen Welpen aus einem solchen Zwinger kaufen. Leider haben viele geschäftstüchtige Händler entdeckt, dass sich der Hund «gut verkauft». Sie kaufen bei Züchtern, die man weit eher als Hundeproduzenten bezeichnen muss, ihre «Ware» preisgünstig ein und setzen die oft recht bedauernswerten Geschöpfe mit gutem Gewinn, aber immer noch recht billig, an ahnungslose Hundeliebhaber ab. Diese merken dann meistens viel zu spät, wie teuer der anfänglich so billige Hund sie schlussendlich zu stehen kommt. Diese Händler sind zum guten Teil verantwortlich für die oft unwürdigen Zustände in vielen Hundezwingern. Könnten nämlich diese «Züchter» ihre Hunde nicht mehr verkaufen, sie würden die Zucht sofort an den Nagel hängen, denn ihnen geht es ja nur um das Geld, dem Tier fragen sie wenig und nichts nach. Für den seriösen Züchter jedoch gilt nach wie vor: Wer aus rein kommerziellen Gründen Hunde züchten will, der überlege sich sein Vorhaben nochmals gründlich. Es gibt finanziell weit lohnendere Beschäftigungen!

Eine dringende Warnung

muss ich hier anbringen: Man überschätze als Hundezüchter seine eigenen Möglichkeiten nicht. Gerade der passionierte Züchter sieht oft die Grenzen nicht mehr.

Hundezucht kann zur Leidenschaft werden, eine Leidenschaft, von der man so leicht nicht wieder loskommt, und darin liegt die Gefahr des Überbordens.

Ein Züchter beginnt mit den allerbesten Voraussetzungen eine Hundezucht. Er nimmt sich vor, mit einer oder zwei Hündinnen jedes Jahr einen oder zwei Würfe aufzuziehen. Das kann er gut als Freizeitbeschäftigung bewältigen, und er hat auch den nötigen Platz dazu. So baut er sich denn eine mustergültige Zwingeranlage, die für eine Hundezucht im geplanten Umfange bemessen ist.

Weil er sich alles wohlüberlegt hat, weil er die Zuchtpartner sorgfältig auswählt, und weil er an die Aufzucht der Welpen alle erdenkliche Mühe wendet und auch Kosten nicht scheut, hat er schliesslich Erfolg – muss er fast zwangsläufig Erfolg haben. Und darin liegt die Gefahr!

Der Züchter möchte jetzt rasch vorwärtskommen, er möchte dauernd Erfolg haben, er will an der Spitze stehen, sein Ehrgeiz lässt ihn nicht mehr in Ruhe, die Leidenschaft hat ihn gepackt. Das ist schön und recht, solange er dabei die ihm gesteckten Grenzen beachtet. Doch viele sehen sie jetzt nicht mehr. Und so begegne ich bei Zwingerkontrollen immer wieder dem gleichen Übel: Die Zwingeranlage, für zwei Zuchthündinnen und ebenso viele Würfe gedacht, beherbergt jetzt die doppelte, wenn nicht die dreifache Zahl an Hunden. Der ursprünglich geräumige Wurfraum und die ausreichend bemessenen Ausläufe sind jetzt in kleine Abteile unterteilt. Wo früher genügend Bewegungsraum für Mutterhündin und Junghunde vorhanden war, herrscht jetzt bedrückende Enge. Entsprechend sind oft auch die hygienischen Verhältnisse. Mag sein, dass heissender Uringeruch die Hunde nicht stört, doch wer will das so genau wissen? Mich jedenfalls stört er, und ich würde nie einen Junghund aus einem Zwinger kaufen, in dem es unausstehlich stinkt. Aus der ehemaligen Musterzuchtstätte ist ein überbelegter, schmutziger Zwinger geworden. Das ist leider kein Einzelfall.

Deshalb meine Warnung: Erfolg haben ist schön, Erfolg spornt zu neuen Taten an, aber wenn er auf Kosten des Wohlbefindens von Hund und Züchter geht, dann ist er auf jeden Fall zu teuer erkauft.

Man lasse sich als Züchter nicht vom momentanen Erfolg zu einer Ausweitung seiner Zucht verleiten, der man dann nicht mehr gewachsen ist und für die vor allem die räumlichen Voraussetzungen fehlen.

II.

Ein Minimum an Wissen...

Die Kenntnis der Vererbungslehre und ihrer Grundgesetze muss sich jeder zu eigen machen, der heute irgendein züchterisches Unternehmen an die Hand nehmen will, sei es nun die Zucht von Wellensittichen oder Hunden. Dieses Wissen bewahrt ihn davor, gleich anfangs seine Erwartungen allzu hoch zu schrauben und lässt den angehenden Züchter niemals glauben, eine Rasse könne schon mit dem ersten Wurf in vielen Belangen entscheidend verbessert werden: es bewahrt ihn aber auch vor vermeidbaren Umwegen.

Leider erfreut sich die Vererbungswissenschaft bei den Züchtern, aber auch bei den Zuchtwarten der Rasseklubs im allgemeinen keiner grossen Beliebtheit. Schuld daran ist nicht mangelndes Interesse, sondern die dem Laien oft unverständliche und komplizierte Sprache der Genetiker (Vererbungswissenschaftler).

Zum zweiten scheint es, dass der einfache Mann während seiner ganzen Schulzeit im Biologieunterricht der Volksschule kaum jemals etwas von Vererbungsgesetzen gehört hat.

Meine Tätigkeit als Experte an den Richterprüfungen der SKG hat mich deshalb gelehrt, dass hier ein wichtiges Feld der Beackerung harrt und man dabei ganz behutsam weit unten anfangen muss.

Ohne diese Erfahrung dürfte ich es niemals wagen, im Rahmen dieses Büchleins über Genetik zu reden, denn ich bin nicht Genetiker.

Es ist Zweck und Ziel dieses Kapitels, als Züchter mit einiger Erfahrung mit einem Züchter mit wenig oder keiner Erfahrung möglichst einfach und unkompliziert, einigen Grundregeln der Vererbungslehre nachzuspüren.

«Die halbe Schönheit geht ‹zum Maul hinein›»,

sagt eine alte Bauernweisheit. Das «Zum-Maul-hinein» ist nicht streng wörtlich nur auf das Futter anzuwenden, wenngleich diesem eine eminent wichtige Bedeutung zukommt, sondern es sind die gesamten Umweltbedingungen, unter denen ein Welpe entsteht, geboren wird und heranwächst, massgeblich bestimmend für seinen späteren Wert als Ausstellungstier oder als Gebrauchshund. Was am Junghund in den ersten sechs Monaten versäumt wird, das kann man später nie mehr vollständig nachholen und korrigieren.

Abbildung 1
Der Junghund soll rund, aber nicht dickbäuchig sein. Seine Läufe gleichen massiven Pfosten, die das Körpergewicht zu tragen vermögen. Die richtige Ernährung im Jugendalter bestimmt weitgehend den späteren Wert des Hundes als Ausstellungs- und als Gebrauchshund. Der junge Kurzhaar-Chow Chow zeigt, wie ein gut genährter Junghund im Alter von fünf bis sechs Wochen aussehen soll.

Die Umwelt des jungen Hundes übt ihren Einfluss bereits im Moment der Zeugung aus. Die Kondition der Elterntiere während dieses Vorganges ist ein wesentlicher Umweltfaktor, der sich auf das beginnende Leben auswirkt. Umweltfaktoren sind weiterhin in den nächsten neun Wochen die Haltung und Fütterung der trächtigen Hündin, denn sie sind mitbestimmend für die Entwicklung der Welpen.

Abbildung 2
Bei Dackeln ist eine leichte Krummläufigkeit nicht als Aufzuchtfehler zu bewerten. Es handelt sich hier um eine erblich bedingte Deformation des Unterarms und der Handwurzel, die heute zwar nicht mehr erwünscht, aber nicht leicht wegzuzüchten ist.

Manches, das der Züchter als angeboren, also als ererbt, betrachtet, ist im Grunde genommen eine Umweltschädigung. Wir müssen uns klar darüber sein, dass der Geburtszustand des Welpen bereits das Resultat der beiden Faktoren «ererbte Anlagen» und «Umwelteinflüsse» darstellt.
So kann zum Beispiel Krummläufigkeit eine Folge nicht ererbter Rachitis sein, also einer durch Fütterung und Haltungsfehler hervorgerufenen

Abbildung 3
Der Phänotyp (Erscheinungsbild) eines Hundes kann sich im Laufe der individuellen Entwicklung recht stark ändern. Es ist deshalb oft nicht leicht, während dieser Entwicklungsperiode den späteren Zuchtwert eines Hundes richtig einzustufen. Abb. 3 zeigt die fünf Monate alte Noa als wohlproportionierten Junghund, dessen zukünftiger Zuchtwert von jedem Kenner der Rasse hoch eingeschätzt wird. Abb. 4 zeigt den gleichen Hund im Alter von 16 Monaten als zu leichten, hochbeinigen, scheinbar substanzlosen und deshalb recht untypischen Schnauzer. Im Alter von drei Jahren präsentiert sich Noa (Abb. 5) als Musterbild eines muskulösen, kompakten und dennoch eleganten und formschönen Schnauzers.

Mangelkrankheit. Sie kann aber auch durchaus ererbt sein, und dann nützen alle Kalzium- und Vitamin-D-Gaben nichts. Darüber wissen Dackel- und Niederlaufhundezüchter ein Lied zu singen, aber auch bei andern Rassen kommt diese ererbte Krummbeinigkeit mitunter noch vor. Starker Wurmbefall des Muttertieres während der Trächtigkeit kann dazu führen, dass die Welpen bei der Geburt schon stark durch Wurmtoxine

Abbildung 4

vergiftet sind und dann in den ersten Lebenstagen an einer, an sich sonst harmlosen Infektion eingehen. Der Züchter redet dann von «ererbter Lebensuntauglichkeit». Eine solche gibt es freilich auch, und wir werden später noch davon reden.

Selbst Missbildungen an Welpen, zum Beispiel verkrüppelte Ruten, fehlende Gliedmassen und anderes müssen durchaus nicht Erbschäden sein, sondern können durch Umwelteinflüsse entstanden sein. Es ist auch zu bedenken, dass Virusinfektionen der Mutterhündin, zum Beispiel Hepatitis, auf die Welpen übertreten können und diese schwer schädigen. Der Mediziner redet hier von Embryopathien.

Treten solche unerwünschte Geburtsschäden auf, so ist der Züchter stets gerne bereit, diese als ererbt zu betrachten und, wenn möglich, den Deckrüden, sofern dieser nicht in seinem Besitz steht, dafür verantwortlich zu machen.

Abbildung 5

Die Einsicht, dass man selber etwas versäumt oder sogar falsch gemacht hat, macht uns oft erhebliche Mühe.
Die eingangs erwähnte alte Bauernweisheit führt uns jedenfalls bereits zu zwei wichtigen Begriffen jeglicher Tierzucht. Sie besagt, einesteils sei die Hälfte dessen, was ein Tier im erwachsenen Zustande schliesslich darstellt, eine Folge der Haltung, und damit wird auch gleich stillschweigend zugegeben, dass die andere Hälfte unserem Einfluss entzogen ist. (Wobei das Wort Hälfte hier durchaus nicht allzu streng quantitativ aufgefasst werden darf.) Es ist dies jener Teil, den das Tier von seinen Ahnen her mitbringt, seine Anlagen und Eigenschaften, die es von seinen Eltern übernommen hat und die sich nun im Laufe der individuellen Entwicklung unter dem Einfluss der Umwelt auswirken und sichtbar werden.
Wir haben also streng zu unterscheiden zwischen dem individuellen Erscheinungsbild eines Hundes oder, um ein gebräuchliches Wort aus der

Vererbungswissenschaft zu gebrauchen, seinem *Phänotyp* und zwischen dem, was er von seinen Ahnen mitbringt und später an seine Nachkommen weitergeben wird, seinem Erbgut oder dem *Genotyp*.

Ammenmärchen taugen nichts

Wenn ich soeben sagte, der Phänotyp eines Hundes sei das Produkt seiner ererbten Anlagen (des Genotyps) und der Umwelteinflüsse, wobei diese bereits bei der Zeugung und dann vor allem während der ganzen Trächtigkeit und der späteren Aufzucht wirksam sind, so muss ich hier auf einige, scheinbar kaum ausrottbare Ammenmärchen eintreten. Optimistischerweise hatte ich geglaubt, diese seien längst ausgestorben und kein Mensch nehme sie mehr ernst. Allein die Erfahrung belehrte mich eines anderen. Das eine ist die Geschichte mit dem *Versehen*.

Zwar wird in der Bibel im 1. Buch Moses ausführlich darüber berichtet: Als Erzvater Jakob nach vielen Jahren Dienst bei seinem Schwiegervater Laban wieder heim in sein Land ziehen wollte, machten sie als Mitgift für die beiden Frauen und als Lohn für die Arbeit während all der Jahre aus, Jakob dürfe alle gestreiften, gesprenkelten und gefleckten Tiere aus den Herden Labans für sich behalten.

«Nun nahm Jakob frische Ruten von Weisspappeln, Mandelbäumen und Platanen und schälte daran weisse Streifen aus, so dass das Weisse an den Ruten blossgelegt wurde; dann stellte er die Ruten, die er geschält hatte, in die Tröge, in die Tränkrinnen, wohin die Herden zum Trinken kamen, vor die Tiere hin, und die Tiere begatteten sich, wenn sie zur Tränke kamen. So begatteten sich die Tiere vor den Ruten und warfen dann gestreifte, gesprenkelte und gefleckte.

Sooft die starken Tiere brünstig waren, stellte Jakob die Ruten in die Tränkrinnen vor die Augen der Tiere, so dass sie sich vor den Ruten begatteten, wenn aber die Tiere schwächlich waren, stellte er sie nicht hin. So fielen Laban die schwächlichen Tiere zu, Jakob aber die starken.» (Moses 30, 37–42.)

Wie dem auch sei; vermutlich hatte der schlaue Jakob aus Erfahrung einige einfache Grundregeln der Vererbung gekannt und die Produktion weisser und gescheckter Lämmer auf durchaus biologischer Basis zu seinen Gunsten gesteuert und seinen etwas harmlosen Schwiegervater hinters Licht geführt.

Das Gespenst des Versehens spukt aber auch heute noch in den Züchterköpfen, wofür ich Beispiele erwähnen kann:

In einem Zwergschnauzerzwinger warf eine pfeffersalzfarbige (graue)

Hündin rein schwarze Junge, obschon sie nachweislich von einem eben-
falls grauen Rüden gedeckt worden war. Grosses Rätselraten?
Und die vermeintliche Lösung: Weil die Hündin während der ganzen
Trächtigkeitsdauer mit einer, ihr überlegenen, schwarzen Hündin den
Zwinger teilte, hat die schwarze die schwächere, graue dermassen beein-
flusst, dass diese dann schwarze Welpen warf!
In diesem Falle war freilich der schwarze Welpen verursachende «Jakob»
im Zwinger nebenan zu finden!
Ein anderer Fall: Eine Zwergpinscher-Züchterin klagte mir, ihre hirschro-
ten Hündinnen würden stets nur rote Welpen werfen, obschon sie sie immer durch den gleichen, schwarz-roten Rüden belegen liess. Sie meinte,
dies käme offensichtlich daher, weil sie sonst nur rote Pinscher im Zwinger
habe.
Ich riet ihr, einmal einen andern Deckrüden zu nehmen und siehe, im
nächsten Wurf lag neben drei roten ein rot-schwarzer Welpe im Wurf.
Auf ähnlichen, wirren Vorstellungen beruht auch eine andere Meinung, die
ich anlässlich der Richterprüfungen mehrmals zu hören bekam: So erklärte man mir, ausschlaggebend für das Aussehen der Jungen sei der
Deckrüde, weil er das stärkere Tier sei.
Andere waren der festen Ansicht, der temperamentvollere Zuchtpartner
«schlage» in der Vererbung «durch», wobei das «Durchschlagen» sich
nicht etwa nur auf das Temperament, sondern auf den gesamten Habitus
der Welpen bezog.
Ganz abgesehen davon, dass das in diesem Moment sich auswirkende
«Temperament» der Hündin lediglich zum grössten Teil sexuelle Erreg-
barkeit ist, die schon nach wenigen Tagen wieder vollständig abgeklungen
sein kann, wird hier in unzulässiger Weise einem einzigen Merkmal des einen Tieres eine abergläubische Wirkungskraft zugeschrieben, die keiner
objektiven Überlegung standhält.
Ebenso unausrottbar wie die Sache mit dem Versehen, ist

die Telegonie.

Man versteht darunter den Einfluss einer Erstbefruchtung auf alle folgenden Befruchtungen, und zwar meistens im negativen Sinne.
Der abergläubische Hundezüchter glaubt, dass seine, durch einen Bastard
oder auch andersrassigen Rüden gedeckte Hündin fortan für die Zucht
wertlos sei, weil sich der Einfluss dieses ersten Fehltrittes auch auf alle
späteren Würfe auswirke. Er glaubt also, die im Mutterleibe heranwachsenden Welpen würden das Erbgut der Mutter verändern.

Nichts spricht dafür, dass daran auch nur ein Körnchen Wahrheit wäre. Gäbe es eine solche «Fernzeugung», so hätte es ja auch bei der Reinzucht keinen Zweck, die Hündin bei der nächsten Hitze einem andern Rüden zuzuführen, wenn die Nachkommen aus dem ersten Wurf nicht befriedigten. Alle nachfolgenden Würfe würden ja dann immer noch unter dem Einfluss desjenigen Rüden stehen, der die Hündin zum ersten Mal deckte.

Wie weit auch hier uraltes Gedankengut aus dem mosaischen Gesetz nachwirkt, ist schwer zu sagen. Nach dem 5. Buch Moses galt im alten Israel folgende zivilrechtliche Ordnung:

«Wenn Brüder beieinander wohnen und einer von ihnen stirbt, ohne dass er einen Sohn hat, so soll das Weib des Verstorbenen nicht auswärts heiraten, nicht einen Fremden; ihr Schwager soll zu ihr kommen, sie zum Weibe nehmen und die Schwagerehe mit ihr eingehen. Und der erste Sohn, den sie gebiert, soll als Sohn seines verstorbenen Bruders gelten» (5. Moses, 25, 5–6).

Keinem Menschen würde es aber heute einfallen, die Kinder aus einer Zweitehe einer Frau ihrem ersten Manne zuzuschreiben, aber in der Tierzucht kommen viele offensichtlich nicht von solchen abergläubischen Vorstellungen los.

«Blut ist ein besondrer Saft»,

sagt der Teufel zu Doktor Faust. Der gleichen Meinung ist auch der Züchter, freilich in einem andern Sinne. Das Wort von den «Blutlinien» hat da viel Unheil gestiftet, indem es die Meinung aufkommen liess, Träger des Erbgutes sei das Blut. Und weil sich zwei Flüssigkeiten zu einer dritten, neuen Flüssigkeit mischen lassen, die nachher nicht mehr in die Ausgangskomponenten zerlegt werden kann, so kam es notwendigerweise zu ganz falschen Vorstellungen über die Weitergabe des Erbgutes von den Eltern auf die Kinder.

Man spricht von einem Viertel grossmütterlichen und einem Sechszehntel urgrossmütterlichen Blutes, addiert und konstruiert dann kunstvolle Zuchtlinien, die wertlos sind, weil sie auf völlig falschen Ansichten beruhen.

Erbanlagen mischen sich nicht wie Flüssigkeiten (nicht das Blut ist Träger der Erbanlagen!), sondern wie schwarze und weisse Kugeln, die unveränderlich schwarz und weiss bleiben, wie wir sie auch mischen mögen. Ob und wieviel Erbgut ein Hund nun von seiner Grossmutter väterlicherseits oder von seinem Grossvater mütterlicherseits mitbekommen hat, bleibt dem Zufall überlassen, die Vererbung folgt dem Gesetz *der Spaltung* und nicht einer *Anteilsregel*.

Es war wohl nötig, wieder einmal auf die Haltlosigkeit dieser veralteten Ansichten hinzuweisen. Es hat keinen Sinn, hochmütig darüber zu lächeln. Wichtiger ist es, den Züchter, der davon befangen ist, aufzuklären. Die hier erwähnten Ammenmärchen sind leider nicht die einzigen, die manchmal den Blick des Züchters trüben und ihn die realen Gegebenheiten nicht erkennen lassen.

Erworbene Eigenschaften vererben sich nicht

Darwin, der grosse Naturforscher und Begründer der Evolutionstheorie, glaubte an zielstrebig wirkende Kräfte, die eine Art immer besser an ihre Umweltbedingungen anpassen würden und deshalb auf dem Wege einer von Generation zu Generation fortschreitenden Anpassung schliesslich zu neuen Arten führen müssen. Grob gesagt und an einem uns naheliegenden Beispiel erläutert, würde die Entstehung einer neuen Rasse bei Hunden etwa so veranlasst:
Unter dem Einfluss dauernder, grosser Kälte bildet ein kurzhaariger Boxer mit den Jahren ein etwas dichteres Fell als derjenige, der dauernd in der warmen Stube gehalten wird. Diese, durch Umwelteinflüsse (Klima) hervorgerufene kleine Abweichung vom normalen Boxerfell, würde sich nun auch auf die Nachkommen dieses Boxers vererben. Über Generationen fortgesetzt, müsste eine Boxerzucht am Nordpol oben, von Generation zu Generation, Hunde mit immer dichterem Fell hervorbringen, und am Ende der Reihe würde der langstockhaarige Boxer stehen.
Die streng wissenschaftliche Überprüfung ergab bis jetzt ausnahmslos, dass weder Klimafaktoren, noch Nahrungsverhältnisse, noch Gebrauch oder Nichtgebrauch von Organen erbliche Eigenschaftsveränderungen bewirken.
Alle im Laufe eines individuellen Lebens erworbenen Eigenschaften vererben sich nicht.
Gerade unter den Führern von Gebrauchshunden ist diese Meinung, nämlich die Theorie von der Vererbung erworbener Eigenschaften, aber nach wie vor weit verbreitet. Man ist hier der Ansicht, ein Rüde mit einer absolvierten Schutzhund-III-Prüfung würde etwas von seinem erworbenen Wissen und Können an seine Nachkommen weitergeben. Das stimmt leider nicht.
Wäre dem so, so könnte heute wohl jedes mitteleuropäische Kind von sich aus lesen und schreiben. Es kann es leider nicht, ja sogar die Sprache, die Generationen seiner Ahnen gesprochen haben, muss es erst mühsam erlernen.

Damit will ich nicht sagen, eine mit Erfolg abgelegte Dressurprüfung solle bei der Zuchtverwendung eines Hundes nicht in Betracht gezogen werden. Sie soll dabei sogar recht gewichtig mitreden, denn sie besagt, dass der Hund das nötige Lernvermögen, die nötige Unterordnungsbereitschaft besitzt, die ihn befähigt haben, die für die Prüfung verlangten Disziplinen zu beherrschen. Von diesen Fähigkeiten, aber nicht vom Erlernten, wird er etwas an seine Nachkommen weitergeben.

Was hier für psychische Eigenschaften gesagt worden ist, gilt genau gleich für die körperlichen.

Obschon wir seit Generationen unseren Schnauzern, Boxern, Dobermannpinschern und anderen die Schwänze in frühester Jugend abschneiden, fallen in den Würfen dieser Rassen nicht mehr stummelschwänzige Welpen als bei andern Rassen auch, das heisst praktisch keine. Das unerwünschte Stehohr beim Collie kann ebenfalls nicht aus der Welt geschafft werden, indem man den Zuchttieren auf operativem Wege Knickohren beibringt.

Wir erkennen hier einen sehr wichtigen Grundsatz jeglicher Tierzüchtung: dass sich nämlich der Genotyp eines Tieres in der Regel durch natürliche Umweltfaktoren nicht beeinflussen lässt, es sei denn, er unterliege extremen Einwirkungen, wie zum Beispiel Röntgen- und anderen Strahlen, grosser Hitze oder grosser Kälte, oder chemischen Einwirkungen, die das Erbgut der Geschlechtszellen zu erreichen vermögen. Für uns Züchter gilt jedenfalls nach wie vor die unabänderliche Richtschnur, dass eine Verbesserung oder Verschlechterung einer Rasse unmittelbar mit der Auswahl der verwendeten Zuchttiere zusammenhängt. Diese Feststellung allein genügt freilich nicht. Wir müssen uns nun ein wenig mit dem

Begriff der Reinrassigkeit

vertraut machen. Art und Rasse sind Bezeichnungen, mit denen wir die Fülle alles Lebendigen zu ordnen und zu gliedern versuchen. Obschon viel gebraucht, sind sie noch heute nicht eindeutig definiert. Doch auf derartige Spitzfindigkeiten können wir hier nicht eintreten.

Cuvier hat 1829 den Begriff der Art folgendermassen umschrieben: «Die Art ist der Inbegriff aller Individuen, welche voneinander abstammen, fruchtbare Nachkommen erzeugen und die wesentlichsten Eigenschaften gemeinsam haben.» Die Art bildet also eine *Fortpflanzungsgemeinschaft* (Huxley), zu einer Art gerechnet wird also seit Cuvier «was sich fruchtbar gattet», «bei freier Gattenwahl», schränkt jedoch Herre ein.

Wolf und Hund gehören somit der gleichen Art an, denn sie lassen sich ohne Schwierigkeiten kreuzen und zeugen fruchtbare Nachkommen. Die Vielfalt der Haustierrassen wollte man vor noch nicht allzu langer Zeit damit erklären, dass zwei Wildtierarten Ausgangspunkt eines Haustieres gewesensein mussten, im Fall «Hund» z. B. Wolf und Schakal. Diese Auffassung hat auch noch Lorenz vertreten, wenn er von schakal- und von wolfsblütigen Hunderassen sprach. Diese nicht haltbare Meinung hat er freilich wieder fallen lassen. Heute ist man der Ansicht, dass der Wolf in einer oder mehreren seiner Unterarten Ausgangspunkt der Unterart «Hund» war. Über zehntausend Jahre alte Knochenreste an geografisch weit auseinander liegenden Orten lassen darauf schliessen, dass die Domestikation des Wolfes an verschiedenen Orten erfolgte, genetische Unterschiede waren deshalb von Anfang an gegeben.

Zwischen den einzelnen Individuen oder Individuengruppen innerhalb einer Art können recht beachtliche Unterschiede bestehen. Bilden sie in sich geschlossene Fortpflanzungseinheiten, so spricht man von Unterarten. Ein Einzelindividuum, das von den andern seiner Art gestaltlich oder durch besondere Leistungen abweicht, ist noch keine Rasse; sobald aber eine ganze Gruppe herausgehoben werden kann, darf von einer Rasse gesprochen werden.

«Da dieser Gruppe ein gemeinsamer Genbestand (Erbgut) eigen ist, dessen einzelne Gene (Erbfaktoren) nur in ihren Häufigkeiten schwanken, ähneln sich die Individuen dieser Gruppe in mehr oder weniger breiteren Grenzen auch phänotypisch (äusserlich sichtbar)» (Herre). Damit stellt sich nun aber die Frage, wie gross die Unterschiede sein sollen, damit die Abgrenzung einer Rasse gerechtfertigt ist.

Im Mittelalter war die Umgrenzung des Begriffs «reinrassig» keineswegs klar. Ein Hund, z. B. ein besonders guter Jagdhund des Königs, war von «reiner Rasse», wenn er von einer Hirschspur sich nicht durch andere Wildspuren ablenken liess. Wiesen seine Nachkommen die gleiche Eigenschaft auf, so waren auch sie «von reiner Rasse», auch wenn sie dem Vater äusserlich kaum ähnlich waren. Derartige Beispiele sind aus der Geschichte der französischen Laufhunde viele bekannt. Auch wir fassen den Begriff der Reinrassigkeit in der Hundezucht oft ziemlich weit, ich muss nur auf die ungleiche Färbung, Zeichnung und Grösse der Geschwister innerhalb eines Wurfes hinweisen.

Dem Züchter kleiner Brüsseler Griffons kann es durchaus passieren, dass er im gleichen Wurf einen rauhhaarigen roten Welpen, also einen Bruxellois, dann einen rauhhaarigen schwarzen, einen Belge, und dazu noch einen glatthaarigen schwarzen oder braunen, wenn nicht gar einen schwarzroten Welpen hat, den er dann als Brabanter ins Stammbuch eintragen lässt. Drei recht verschiedene Welpen in einem Wurf, und doch wird niemand deren Reinrassigkeit anzweifeln.

Als reinrassig bezeichnen wir eben bereits Hunde, die in wesentlichen Eigenschaften gleich sind und diese von uns zu Rassenmerkmalen erhobenen Eigenschaften auch regelmässig und konstant auf ihre Nachkommen vererben. Im Falle der Griffons sind es typische Kopfform, quadratischer Körperbau und Grösse, während Haarstruktur und Haarfarbe varriieren dürfen. In andern Fällen, in denen die Hunde vielleicht nur durch ein Merkmal voneinander abweichen, hat sich das Wort «Schläge» eingebürgert. Wir kennen den Schnauzer in drei Grössen. Riesenschnauzer, Mittelschnauzer und Zwergschnauzer. Im Idealfall sind sie sich in ihrer äusseren Gestalt derart ähnlich, dass man auf einem Foto kaum sagen kann, welcher Grösse der abgebildete Hund zuzuordnen ist. Hier redet man von Grössenschlägen, andernorts von einem rauhhaarigen oder glatthaarigen Schlag, z. B. von einem rauhhaarigen Niederlaufhund andererseits bezeichnete man den glatthaarigen Schnauzer seit jeher als Pinscher und erhob ihn damit zu einer eigenen Rasse. Wir sehen, Logik wird in der Hundezucht nicht immer gross geschrieben.

Bei Wildtieren legen die Zoologen viel strengere Masstäbe an. Kleine, dem Laien kaum auffallende Abweichungen in der Grösse, Färbung und Zeichnung genügen dem Systematiker, um von Unterarten zu reden (das Wort Rasse wird hier kaum mehr gebraucht).

Der Begriff der Rasse ist, wie wir eben festgestellt haben, in der Kynologie immer noch recht verschwommen. Wir trennen in Rassen, wo kein Grund zu einer Trennung besteht und wir fassen als Rassen zusammen, wo man füglich trennen könnte.

Nach Herre sind Rassen «von Menschen in sexueller Isolation gehaltene, verbreitete Untereinheiten der Art, welche sich in mehreren Merkmalen und Erbeinheiten voneinander stärker unterscheiden. Es sind Kollektiveinheiten, deren Besonderheiten nur durch statistische Methoden wiedergegeben werden können».

Diese Definition auf die Hunde angewendet, würde unsere heute gebräuchliche Rasseneinteilung völlig durcheinander bringen.

In der heute allgemein anerkannten Züchtungslehre gelten erst Individuen für züchterische Bedürfnisse in den wichtigsten Rassenmerkmalen als erbrein, wenn sie in mindestens zwölf ununterbrochenen Inzuchtgenerationen gezogen worden sind. Aber auch dann noch ist Erbreinheit ein relativer Begriff, wenn wir die in die Tausende gehende Anzahl von Erbmerkmalen höher organisierter Lebewesen in Betracht ziehen.

Wirklich reinrassige, reinerbige Individuen, die keine andern Eigenschaften vererben können als diejenigen, welche an ihnen und ihren Geschwistern sichtbar sind, gibt es nur bei Selbstbefruchtung, wo sich zwittrige Lebewesen (Hermaphroditen), zum Beispiel Bandwürmer, selber befruchten können; oder bei der Jungfernzeugung (Parthenogenesis), wo die Bienenkönigin fakultativ unbefruchtete Eier legt, aus denen sich dann Drohnen (Männchen) entwickeln.

Sobald aber zwei Lebewesen an der Zeugung eines dritten beteiligt sind, so wird es namentlich bei hoch entwickelten Organismen unmöglich sein, dass sie in allen ihren anatomischen und psychischen Eigenschaften identisch sind. Es gibt also immer und in jedem Falle eine mehr oder weniger grössere Mischung verschiedenartigen Erbgutes. So gesehen, ist eigentlich jedes höher organisierte Lebewesen stets eine einmalige Ausgabe, die sich kaum ein zweites Mal wiederholen dürfte. Eine Ausnahme bilden lediglich die sogenannten Eineiigen Zwillinge, die aus einem einzigen befruchteten Ei entstanden sind und demzufolge genau das gleiche Erbgut führen. Darüber weiss man in der Rindviehzucht relativ gut Bescheid, bei Hunden praktisch aber noch nichts.

Es ist gut, wenn man sich bei jeglichem züchterischen Unternehmen stets vor Augen hält, dass mit einer mehr oder weniger grossen Variationsbreite immer zu rechnen ist.

Aus zwei Siegertieren werden selten oder nie lauter Sieger hervorgehen! Das ist gut so. Gäbe es eine absolute Erbreinheit in der Hundezucht, so hätten wir nur noch *einen* Boxer, nur *einen* Schnauzer, nur *einen* Pudel und die ganze Hundezucht hätte ihren Reiz vollkommen verloren.

Das Suchen nach den Gründen eines unerwarteten Erfolges oder Misserfolges, das Neukombinieren, Neuaufbauen, das Warten und Beobachten, das alles reizt den passionierten Züchter immer wieder von neuem. Bevor wir uns nun dem eigentlichen Vererbungsmechanismus zuwenden, müssen wir uns kurz nochmals den

Befruchtungsvorgang

in Erinnerung rufen.

Das neue Leben beginnt mit der Vereinigung der Samenzelle mit der Eizelle.

Beim Deckakt werden vom Rüden Millionen Spermatozoen ausgeschüttet, es ist deshalb völlig unsinnig, den Rüden für die Zahl der geworfenen Welpen verantwortlich zu machen. Doch diese fixe Idee ist unter den Hundezüchtern fast nicht auszurotten. Massgebend für die Zahl der Welpen ist in erster Linie die Zahl der reifen Eier, die in Intervallen von mehreren Stunden aus den Eierstöcken austreten, und die nur eine sehr beschrankte Lebensdauer haben.

Man schätzt bei einer Junghündin die Zahl des gesamten Follikelvorrates (Eizellen) auf 200 000 bis 350 000. Zur völligen Ausreifung kommen während der gesamten Fortpflanzungszeit der Hündin etliche Hundert. Während einer Hitzeperiode reifen etwa 10 bis 20 Follikel bis zur Sprungreife heran. Wir werden später in einem anderen Zusammenhange nochmals davon reden. Die genannten Zahlen sind aber für das Verstehen der später darzustellenden Gesetzmässigkeiten im Erbvorgang wichtig. Ein Ei wird stets nur von einer Samenzelle befruchtet. Sobald diese eingedrungen ist, verändert sich die Aussenhülle des Eis und verhindert das Eindringen einer zweiten Samenzelle.

Eizelle und Samenzelle sind die Träger des Erbgutes, das muss sich der Züchter immer wieder vor Augen halten: Für die Eigenschaften, die wir von den Jungen erwarten, sind nicht die an den Eltern sichtbaren Eigenschaften massgebend, entscheidend ist die Beschaffenheit ihrer Keimzellen.

Es war der Augustinermönch und spätere Abt Gregor Mendel, Lehrer für alte Sprachen in Brünn, der 1865 nach exakt durchgeführter Züchtung verschiedener Erbsenrassen (gelbe, runde Samen und grüne, kantige Samen; langstielige Blüten und kurzstielige Blüten) erkannt hat, dass jedes Individuum für jede seiner Eigenschaften eine doppelte Erbeinheit, heute *Gene* genannt, besitzen muss, und dass sich diese Erbeinheiten vor der Befruchtung teilen müssen.

Die Träger dieser Erbeinheiten (Gene) sind die *Chromosomen* (Kernschleifen) im Zellkern. Die Zahl der Chromosomen ist für jede Art konstant. Nach den Untersuchungen des Japaners Osamu Minouchi hat der Hund 78 Chromosomen. In den Kernschleifen sind die Gene linear, wie die Perlen an einer Perlenschnur aufgereiht, oder, um einen andern Vergleich zu gebrauchen, wie die Münzen in einer Münzrolle.

Beim bevorzugten Objekt der Vererbungsforscher, der Fruchtfliege Drosophila, weiss man heute sogar ganz genau, wo die für bestimmte Körpermerkmale zuständigen Gene eingeordnet sind. Man hat bereits regelrechte Chromosomenkarten erstellt.

Würde sich nun bei der Befruchtung eine Samenzelle mit einem vollen Chromosomensatz mit einer ebensolchen Eizelle vereinigen, so hätte die nun befruchtete Keimzelle einen doppelten Satz, weil ja, um das schon einmal gebrauchte Bild nochmals zu zitieren, Erbanlagen sich nicht wie Flüssigkeiten, sondern wie weisse und schwarze Kugeln mischen. Dieser doppelte Chromosomensatz kommt aber nicht zustande, weil Eizelle und Samenzelle vorerst noch einen Reifungsprozess durchmachen, in welchem eine Teilung der Genpaare stattfindet. Nach dieser Reifung hat die reife Eizelle für jede auszubildende Eigenschaft nicht mehr ein Genpaar, sondern nur noch ein Einzelgen. Die genau gleiche Situation haben wir

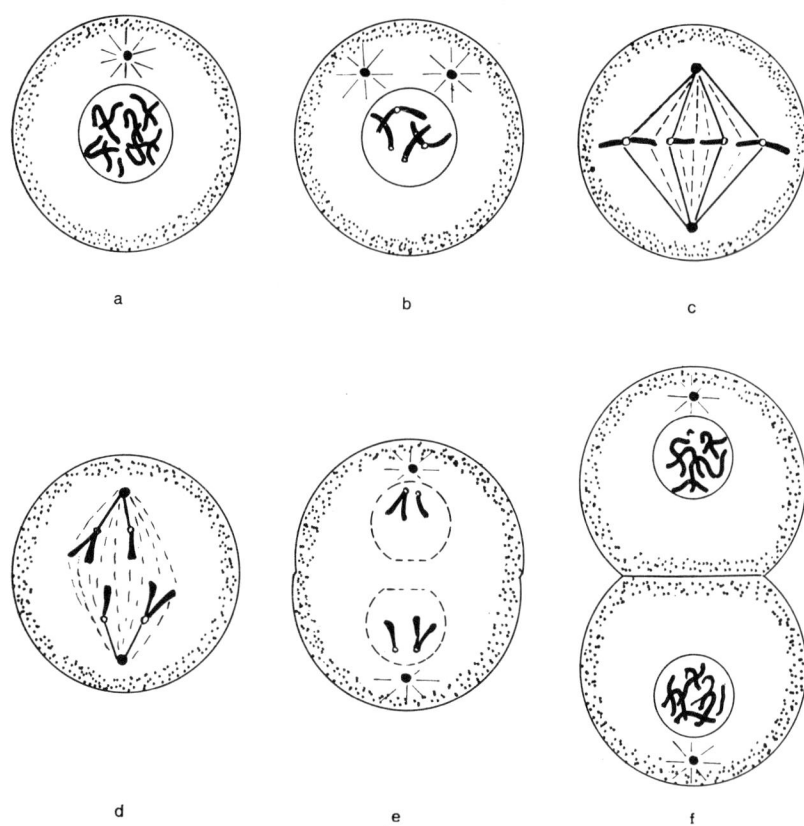

Abbildung 6

Vereinfachtes Schema einer Reifeteilung (Reduktionsteilung)

a und b in der ruhenden Zelle ist der Zellkern nur undeutlich strukturiert. Die Chromosomen sind kaum sichtbar.

c Die einzelnen Chromosomenpaare trennen sich.

d Die getrennten Chromosomenpaare wandern auseinander. Jede Tochterzelle erhält nur je einen Partner der ursprünglichen Chromosomenpaare.

e Es bilden sich neue Zellkerne mit der hälftigen Chromosomenzahl der
Mutterzelle.

f Die Tochterzellen enthalten nur noch je ein Chromosom anstelle eines
Chromosomenpaares. Erst bei der Verschmelzung mit einer andern Zelle
(Befruchtung) entstehen wieder Chromosomenpaare. Die Hälfte des von
den Ahnen übernommenen Erbgutes ist für jede Tochterzelle verlorenge-
gangen (Ahnenverlust). Welche Erbeinheiten übernommen wurden, beziehungsweise verlorengingen, bleibt weitgehend dem Zufall überlassen;
ausgenommen da, wo bestimmte Genkoppelungen vorkommen (zum Beispiel geschlechtsgebundene Färbung).

a   b   c

d   e   f

g   h   i

Abbildung 7

Schema der Eireifung und Befruchtung (nach Grosser, aus Zietzschmann-Krölling).

In a bildet sich die Polspindel (Beginn einer Zellteilung). In b hat sich die erste Polzelle abgeschnürt. Alle Nährstoffe bleiben im Ei, die Polzelle besteht fast nur aus Kernmasse. Gleichzeitig ist ein Spermium eingedrungen, von dem man annimmt, dass seine Anwesenheit im Plasma der Eizelle die nun folgende Reduktionsteilung auslöse. In c hat sich die haploide (Zelle mit einfachem Chromosomensatz), zweite Polzelle abgeschnürt, der im Ei verbliebene Kernrest hat jetzt ebenfalls nur noch die halbe (haploide) Chromosomenzahl.

In d ist der im Reifei verbliebene Kernrest wieder ins Zentrum zurückgewandert und mit ihm hat sich der zum männlichen haploiden Kern herangewachsene Kopf des Samenfadens vereinigt. Die Kernfäden verknäueln sich zur Ruheform. Die Polzellen gehen zugrunde (Abortiveier).

In e vermischt sich das väterliche Erbgut mit dem mütterlichen Erbgut, in f ist die volle, diploide Chromosomenzahl wieder hergestellt.

Damit ist die Befruchtung vollzogen. Die nun folgende Mitose (Zellteilung) g bis i ist bereits Beginn der eigentlichen Keimesentwicklung.

jetzt bei der Samenzelle. Bei der *Reduktionsteilung,* wie dieser Reifungs-prozess genannt wird, entstehen nun aber aus einer unreifen Eizelle nicht etwa zwei reife, sondern nur eine. Der Restkörper, der bei der Teilung ent-steht, wird resorbiert. Daraus ergibt sich zwangsläufig, dass die reife Ei-zelle einen Teil des von den Ahnen herrührenden Erbgutes verloren hat. Der Züchter redet hier von einem Ahnenverlust, meint aber einen Genver-lust. Wir müssen deshalb die beiden wichtigen Begriffe in einem speziellen Kapitel klären. Bei der Verschmelzung mit einer reifen Samenzelle wird nun der ursprüngliche volle Chromosomensatz wieder hergestellt, und für jedes Merkmal ist jetzt wiederum ein Genpaar vorhanden, freilich, das leuchtet sofort ein, unter Umständen ein sehr ungleiches Paar. Wenn zum Beispiel der Rüde gross, die Hündin klein war, so besteht jetzt das Gen-paar, das die Grösse der Welpen bestimmen soll, aus einem Gen für Gross-wuchs und einem Gen für Kleinwuchs. Wir werden später darauf weiter eintreten.

Ich muss jetzt hier noch vorausschicken, und das macht die Sache in der Wirklichkeit sehr kompliziert, dass an der normalen Ausbildung eines Kör-permerkmals, sagen wir einmal des Glatthaares oder einer bestimmten Haarfarbe, kaum jemals ein einziges, sondern stets mehrere Genpaare ge-setzmässig zusammenwirken müssen. Man spricht dann von Polygenie. Prof. Herre hat bei Kreuzungen zwischen Wölfen und schwarzen Pudeln festgestellt, dass die einzelnen Merkmale einer Fellfarbe durchaus selb-ständigen Erbgängen folgen können.

Die Einzelelemente fügen sich wie die Steinchen eines Mosaiks zu einer bestimmten Fellfarbe oder einem bestimmten Zeichnungsmuster zusam-men, aber mit den gleichen «Steinchen» können immer wieder neue Bilder kombiniert werden. So ist es zu verstehen, dass in der zweiten Nachkom-mensgeneration dieser «Puwos» (Pudel-Wolf-Kreuzungen) recht ver-schiedenartige Färbungen auftraten, und so ist es auch zu verstehen, dass bei Kreuzungen zweier reinrassiger, aber verschiedenen Farbenschlägen angehörenden Hunden unter den Nachkommen verschiedene Färbungs-muster sichtbar werden.

Andererseits müssen wir auch wissen, dass ein Genpaar an der Ausbildung mehrerer Merkmale beteiligt sein kann, was mit *Pleiotropie* bezeichnet wird.

Jedes sichtbare Merkmal eines Lebewesens beruht deshalb immer auf ei-nem Netzwerk von Wirkketten der Gene.

So ist es leider durchaus möglich, dass eine durch scharfe Zuchtauslese erreichte Steigerung einer bestimmten Leistung (Leistung kann hier auch als Körpermerkmal aufgefasst werden) ein gefährliches Absinken einer andern ebenso erwünschten Leistung zur Folge hat. Solche gegenseitigen

Abhängigkeitsverhältnisse sind beim Hunde noch viel zu wenig bekannt. Die Meinung, ein Gen sei die Gussform für ein ganz bestimmtes Merkmal, ist naiv und muss beiseite geschoben werden. Gleiche Phänotypen können auf ganz verschiedenen Erbbildern zustande kommen, denken wir nur beispielsweise an den Feldhasen und an das sogenannte Hasenkaninchen (eine vom Menschen geschaffene Zuchtrasse des Kaninchens), die einander äusserlich sehr ähnlich sehen, aber so verschieden sind, dass Kreuzungen zwischen beiden bis heute nie gelungen sind und vermutlich auch nie gelingen werden. Man spricht in solchen Fällen von *Geschwisterarten.*

Es ändert aber an den prinzipiellen Verhältnissen nichts, wenn wir hier, der Anschaulichkeit halber, annehmen, die Haarfarbe eines Hundes werde durch ein einziges Genpaar bestimmt. Doch...

«Grau, lieber Freund, ist alle Theorie»!

Und darum will ich an einem praktischen Beispiel aufzeigen, wie sich diese Gesetzmässigkeiten nun in der züchterischen Praxis auswirken.

Man wird es mir nicht übelnehmen, wenn ich hier von derjenigen Rasse berichte, mit der ich am meisten Erfahrungen gesammelt habe.

Als ich Anfang der fünfziger Jahre mit der Zucht der schwarzen Mittelschnauzer begann, war diese Rasse noch mehr oder weniger eine Neuzüchtung mit allen, einer solchen anhaftenden Mängeln. Wohl waren schon zu Beginn der Reinzucht der Schnauzer ab und zu in den Würfen der pfeffersalzfarbigen einzelne schwarze Welpen aufgetaucht, aber man nahm sich kaum die Mühe, diese rein zu züchten. Erst nach dem Zweiten Weltkriege begann man dann in Deutschland, diesen Farbschlag systematisch zu fördern.

Wir wollen uns hier nicht mit einer Analyse der beiden Haarfarben «schwarz» und «pfeffersalz» befassen, sondern lediglich feststellen, dass sowohl schwarz wie pfeffersalz durch je ein Genpaar auf die Nachkommen übertragen wird. Bei der Reduktionsteilung bleibt ein Gen übrig, das sich bei der Befruchtung mit dem entsprechenden Gen der Partnerzelle wiederum zu einem Genpaar vereinigt. Sind beide Elterntiere schwarz, so kommen zwei schwarze Gene zu einem einheitlichen schwarzen Genpaar zusammen, und sämtliche Nachkommen werden schwarz sein.

Entsprechend verhält es sich, wenn beide Elterntiere pfeffersalz sind. Nun war aber damals die Zuchtbasis der schwarzen Schnauzer äusserst schmal, eine rigorose Auslese der Zuchttiere deshalb unmöglich. Zudem hatten sozusagen alle Hunde die gleichen, krassen Fehler, wie zum Beispiel krumme Vorderläufe, helle Augen, steile Hinterhand und kurze Köpfe; Fehler, die wir beim pfeffersalzfarbigen Schlag zum grössten Teil schon lange vor dem Kriege überwunden hatten.

Ein Glück war es immerhin, dass nicht alle Fehler gleichzeitig bei allen Hunden auftraten. Trotzdem schien es mir fast unmöglich, mit dem vorhandenen Zuchtmaterial nur mittels scharfer Selektion innert nützlicher Frist zu einer wesentlichen Verbesserung der Rasse zu kommen. Die Verbreiterung der Zuchtbasis und die Ausmerzung der gröbsten Fehler konnte nur über die Einkreuzung guter, pfeffersalzfarbiger Schnauzer gehen.

Vorerst musste ich mit mir ins reine kommen, wo der Hebel zu allererst anzusetzen sei. Als Schönheitsrichter lege ich einem einwandfreien Gebäude und Gangwerk des Hundes das grösste Gewicht bei, dann kommt die Haarstruktur und erst nachher Augenfarbe und Haarfarbe.

Wenn ich als Züchter die gleichen Masstäbe anwenden wollte, so hatte die Verbesserung des Gebäudes, also vor allem die Ausmerzung der krummen, fesselweichen Vorderläufe, die Priorität.

So paarte ich einen schwarzen Rüden mit tiefschwarzem Haar und mit starkknochigen, geraden Läufen und runden, harten Pfoten mit einer guten pfeffersalzfarbigen Hündin.

Allen Warnungen der «Fachleute» zum Trotz hatte ich keine Bedenken, diese Kreuzung vorzunehmen, weil ich schon früher den genau gleichen Versuch mit einer andern Tiergattung gemacht hatte, nämlich mit chinchillafarbigen und rein schwarzen, sogenannten Alaskakaninchen. Ich will damit nicht sagen, man dürfe Analogieschlüsse von einer Tierart auf die andere ziehen (oft sind die Verhältnisse sogar schon von Rasse zu Rasse verschieden), aber zufällig entspricht die Chinchillafarbe des Kaninchens in ihrem Aufbau der Pfeffersalzfarbe des Hundes, und Schwarz scheint ebenfalls bei beiden Tieren auf gleichen Erbfaktoren zu beruhen.

Die Mendelschen Gesetze

Vorausgesetzt, der schwarze Rüde war in bezug auf die Haarfarbe rein-erbig, so musste er ein einheitliches Genpaar für Schwarz in seinem Erbgut haben. analog, und daran war kein Zweifel, musste die Hündin für die Farbe Pfeffersalz ein einheitliches Genpaar besitzen. Schematisch gezeichnet lagen die Verhältnisse bei den Ausgangstieren demnach folgendermassen (Abb. 8).

Bei der Reduktionsteilung fiel je ein Gen weg. Die reife Samenzelle (männliche Geschlechtszelle) enthielt jetzt nur noch ein, für die schwarze Farbe

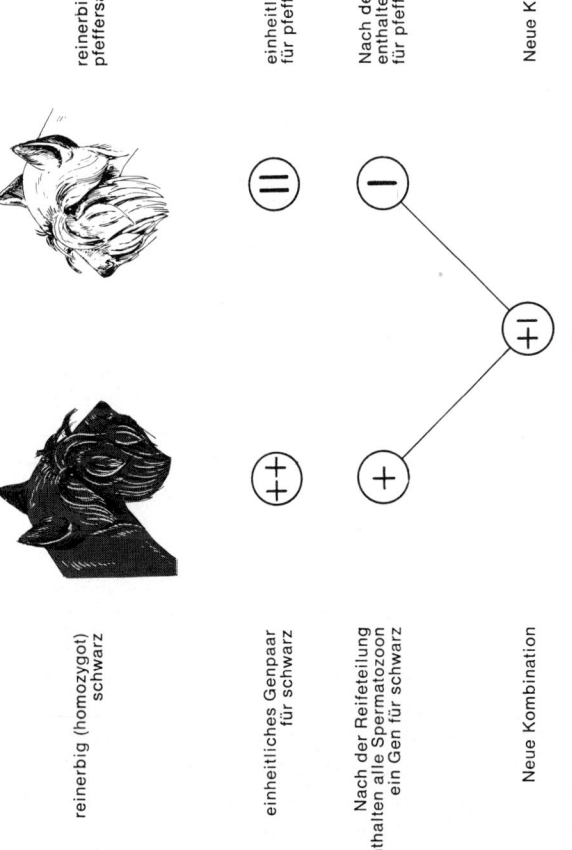

reinerbig (homozygot)
pfeffersalz

einheitliches Genpaar
für pfeffersalz

Nach der Reifeteilung
enthalten alle Eizellen ein Gen
für pfeffersalz

Neue Kombination

Genotypisch schwarz/pfeffersalz

reinerbig (homozygot)
schwarz

einheitliches Genpaar
für schwarz

Nach der Reifeteilung
enthalten alle Spermatozoon
ein Gen für schwarz

Neue Kombination

Phänotypisch schwarz

Die der Paarung entstammenden Welpen haben für die Eigenschaft «Farbe» ein uneinheitliches
Genpaar. Sie sind in bezug auf Farbvererbung spalterbig oder heterozygot.

Abbildung 8

verantwortliches Gen und die reife Eizelle (weibliche Geschlechtszelle) ein, für Pfeffersalz verantwortliches Gen. Bei der Befruchtung paarte sich nun ein Gen für Schwarz mit einem Gen für Pfeffersalz.

Würden sich die Erbanlagen wie Flüssigkeiten mischen, so wären nun die sechs Welpen, die in dem Wurfe fielen, wohl alle schwarz-grau gewesen. Doch sie waren alle *rein schwarz.*

Das schwarze Gen erwies sich offensichtlich stärker als das Pfeffersalz-Gen und überdeckte dieses bei der Ausbildung der Farbe vollständig. Das führt uns zum Begriff der *Dominanz.* Das Gen für Schwarz hat sich offen, sichtbar vererbt und hat das Gen für Pfeffersalz unterdrückt. Dieses Pfeffersalz-Gen ist jedoch nicht etwa verschwunden, sondern es ist im Erbgut der Jungen selbstverständlich noch vorhanden, ist aber unsichtbar, ist überdeckt worden: es ist *rezessiv.*

Schwarz verhält sich also in unserem Falle gegenüber Pfeffersalz *dominant,* das heisst es überdeckt, während Pfeffersalz sich gegenüber Schwarz *rezessiv,* das heisst verbergend, verhält.

Was geschieht nun aber, wenn wir aus diesem Wurf eine Schwester-Bruder-Paarung vornehmen?

Die beiden Ausgangstiere sind diesmal schwarz, aber nur in ihrem Erscheinungsbild (Phänotyp), in ihrem Erbgut (Genotyp) sind sie mischerbig oder *heterozygot.* Bei der Reduktionsteilung fallen die Genpaare auseinander und jeder der beiden Zuchtpartner hat nun reife Keimzellen mit je einem Gen für Schwarz und einem Gen für Pfeffersalz. Damit sind bei der Befruchtung bereits vier Kombinationen gegeben (Abb. 9). Der Versuch lehrt uns eine ganze Menge für die Zucht wichtigster Vererbungsgrundsätze:

1. Paaren wir einen in bezug auf Farbe mischerbigen Schnauzer mit einem gleichartigen, so spaltet die «Farbe» bei einem Teil der Nachkommen wieder planmässig entsprechend den Ausgangstieren auf. Es entstehen reinerbige schwarze, reinerbige pfeffersalzfarbene und gemischterbige schwarze Tiere. Was hier an der Farbe demonstriert wird, gilt selbstverständlich auch für alle andern Körpermerkmale.

2. Die sich im Erbgang rezessiv verhaltenden Merkmale, in unserem Zuchtversuch die Pfeffersalzfarbe, werden erst wieder sichtbar, wenn der Träger dafür ein doppeltes Genpaar besitzt, das heisst, wenn er in bezug auf diese Eigenschaft wieder reinerbig ist. Diese Erkenntnis ist für die züchterische Praxis ausserordentlich wichtig.

3. Dominant sich verhaltende Merkmale sind auch dann sichtbar, wenn der Träger dafür ein gemischtes Genpaar besitzt. Zuverlässig weiter vererbt werden sie aber nur dann, wenn ihr Träger ebenfalls reinerbig, also *doppelt dominant* ist.

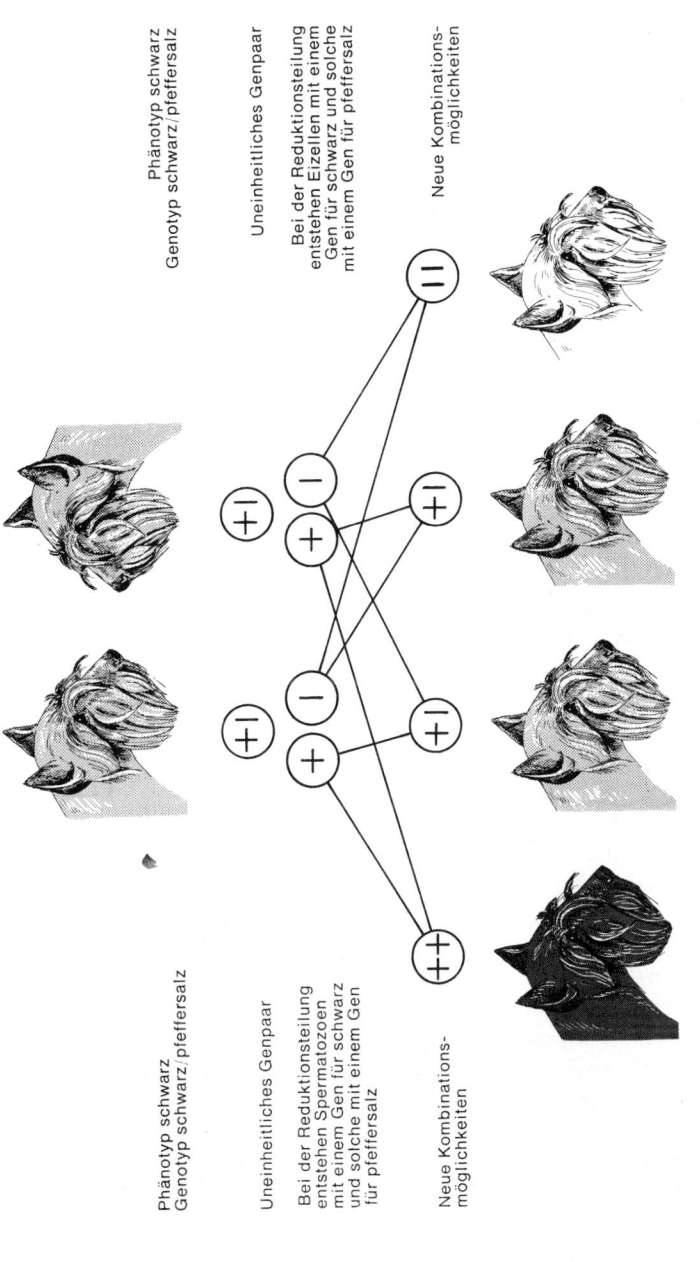

Phänotyp schwarz
Genotyp schwarz/pfeffersalz

Uneinheitliches Genpaar

Bei der Reduktionsteilung entstehen Eizellen mit einem Gen für schwarz und solche mit einem Gen für pfeffersalz

Neue Kombinations-möglichkeiten

Phänotypisch pfeffersalz
Genotypisch pfeffersalz
Doppelt rezessiv
= reinerbig
= homozygot

Phänotypisch schwarz, genotypisch schwarz/pfeffersalz
mischerbig = heterozygot

Phänotypisch schwarz
Genotypisch schwarz
Doppelt dominant
= reinerbig
= homozygot

Phänotyp schwarz
Genotyp schwarz/pfeffersalz

Uneinheitliches Genpaar

Bei der Reduktionsteilung entstehen Spermatozoen mit einem Gen für schwarz und solche mit einem Gen für pfeffersalz

Neue Kombinations-möglichkeiten

Abbildung 9

Das Mendelsche Zahlenverhältnis 25%:50%:25% kann aber, wir denken an die Millionen Spermatozoen, die bei einem Deckakt ausgeschüttet werden, unmöglich in einem einzigen Wurf erwartet werden. Es handelt sich dabei um statistische Zahlen, die in Versuchen mit der Drosophila innert weniger Wochen ermittelt werden können, und auch im Mendelschen Erbsenversuch; beim Hund wird man die dazu notwendige Anzahl von Nachkommen nie erreichen. Es wäre also durchaus möglich, dass alle Nachkommen der dritten Generation reinerbig schwarz, gemischterbig schwarz oder reinerbig pfeffersalz sind.

Aus dem eben Gesagten ergibt sich, dass sich rezessiv verhaltende Merkmale in einer Zuchtlinie leicht festigen lassen, weil sie ja nur sichtbar werden, wenn der Träger reinerbig ist. Ich möchte hier als Beispiel etwa noch den Vorbiss anführen. Der Vorbiss verhält sich gegenüber dem normalen Scherengebiss rezessiv. Tritt er auf, so ist der Hund mit Vorbiss in bezug auf dieses Merkmal immer reinerbig. Vorbiss kann deshalb leicht rein gezüchtet und somit zum Rassemerkmal erhoben werden.

Rezessive Anlagen aus einer Zucht auszumerzen ist jedoch äusserst schwierig, weil sie generationenlang unsichtbar weitervererbt werden und eines Tages dann plötzlich wieder auftreten, wenn der Zuchtpartner in seiner Erbmasse zufälligerweise das gleiche Rezessiv-Gen führt.

Ein Musterbeispiel dafür sind die neuerdings bei uns wieder aufkommenden *braunen* Neufundländer. Nachdem man jahrlang keinen einzigen mehr sah, tauchten sie plötzlich in Würfen schwarzer Neufundländer wieder auf. Das Studium ihrer Ahnentafeln ist deshalb sehr interessant, weil es sich bei der braunen Farbe um ein Merkmal handelt, das eindeutig rezessiv vererbt wird, und das andererseits derart auffällig ist, dass es nicht übersehen werden kann.

Betrachten wir die Ahnentafel des Deutschen Bundessiegers 1966 (Guliver v. St. Florian), so finden wir den Erbträger für braune Farbe, den braunen Rüden Beer v. Coragon, sowohl in der väterlichen, als auch in der mütterlichen Linie Gulivers, in der sechsten Ahnengeneration. Von da weg finden wir jedoch in der Ahnenreihe des Rüden Guliver keinen braunen Neufundländer mehr; das Gen oder die Genkombination für das Merkmal «*Braun*» wurde aber von Generation zu Generation unsichtbar weitergegeben: Durch einen Inzestwurf, Gulivers Eltern waren Vollgeschwister, trafen nun wieder zwei «braune» Gene zusammen, und die Farbe «Braun» wurde bei Guliver wieder sichtbar.

Ähnlich liegen die Verhältnisse bei den braunen Neufundländern aus dem Zwinger Gollorina. Auch hier lief die Genkombination «Braun» in der mütterlichen Linie des Rüden Barry v. Grenzberg über fünf Generationen rezessiv, also unsichtbar, mit. Die Paarung dieses Rüden mit einer Hündin, die ebenfalls in ihrer fünften Ahnengeneration den schon erwähnten braunen Rüden Beer v. Coragon aufwies, brachte braune Welpen. Das Doppelgen für braun kam hier ohne Inzestpaarung zustande. Der rezessive Erbgang der braunen Farbe wird dadurch eindeutig belegt, dass aus den Würfen brauner Eltern keine schwarzen Tiere hervorgehen.

Demgegenüber lässt sich eine dominante Anlage leicht beseitigen, man muss nur alle damit behafteten Tiere systematisch von der Zucht ausschliessen. Die Reinzüchtung einer dominanten Anlage hingegen ist besonders schwierig, ja praktisch fast nicht möglich, weil heterozygote (mischerbige) Tiere sich äusserlich oft kaum oder überhaupt nicht von den homozygoten (reinerbigen) unterscheiden.

Der Züchter ist deshalb oft geneigt, gerade den dominanten Erbgang als den schwächeren anzusehen und den rezessiven, wegen der Hartnäckigkeit, mit der Fehler nach Generationen wieder auftreten können, als besonders «durchschlagend» zu bezeichnen.

Die Erfahrung und ein gutes Auge lehren den Züchter aber in vielen Fällen, die doppelt dominanten Erbträger von den heterozygoten zu unterscheiden, weil die Dominanz vielfach nicht eine absolute ist. Im Falle der schwarzen Schnauzer ist man da bald einmal im klaren. Der doppelt dominante, also reinerbige schwarze Schnauzer hat tiefschwarzes Unterhaar und bekommt oft schon sehr früh (mit drei Jahren) weisse Stichelhaare. Oft zeigt er auch einen mehr oder weniger grossen, weissen Brustfleck.

Der heterozygote schwarze Schnauzer hat meistens am Hals und an den Flanken, namentlich hinter den Ohren und auf den Hinterseiten der Oberschenkel dunkelbraune Wolle und oft auch vereinzelte pfeffersalzfarbige Haare auf dem Rücken.

In krassen Fällen zeigt er an den Hinterschenkeln, einige Zentimeter oberhalb des Fersengelenks, einen kleinen pfeffersalzfarbigen Fleck.

Beschränken sich die Zeichen für die Mischerbigkeit lediglich auf braune Wolle und einige pfeffersalzfarbige Haare auf dem Rücken, so sind diese Zeichen weniger auffällig als die weissen Stichelhaare der reinerbigen.

Es ist oft direkt tragisch und für die Zucht ausserordentlich schädlich, wenn Richter in Unkenntnis dieser für die Zucht eminent wichtigen Merkmale, einen heterozygoten Schnauzer hoch qualifizieren, einen reinerbigen dagegen wegen weissen Stichelhaaren oder einem kleinen weissen Haarbüschel auf der Brust disqualifizieren.

Der Züchter ist jedenfalls gut beraten, wenn er auf solche feinen Merkmale ein wachsames Auge hält und für sich ein privates Zuchtbuch führt, in dem er solche Beobachtungen für alle Fälle festhält.

Wir fassen zusammen:

Fehler sind in der Zucht leicht auszumerzen, wenn sie sich dominant ver-

erben, sie sind aber praktisch unausrottbar, wenn sie dem rezessiven Erbgang unterliegen. Bei ihrem sichtbaren Auftreten sind immer beide Elterntiere Träger der Anlage. Es geht also nicht an, beim plötzlichen Auftreten
eines Einhoders (rezessiver Erbgang) oder eines Vorbeissers die Schuld
einseitig dem Deckrüden in die Schuhe zu schieben. Es ist aber auch wenig wirksam, wenn wir solche Einhoder zur Zucht sperren, denn Erbträger
sind sowohl der Vater, wie die Mutter und vermutlich auch der grössere
Teil der Geschwister. Man müsste demnach konsequenterweise die ganze
Familie von der Zucht ausschliessen; dass ein solches rigoroses Vorgehen
praktisch nicht durchführbar ist, liegt auf der Hand.
Erbfehler sind vor allem dann nicht endgültig auszuschliessen, wenn sie
mit einem erwünschten, weil rassetypischen, Merkmal gekoppelt sind.
Eine derartige Verkoppelung besteht zwischen der Dalmatinerfleckung
mit Nachtblindheit und Taubheit, oder zwischen dem sog. «Merle-Faktor»
und Missbildungen am Augapfel und im Innenohr.
Diese Missbildungen treten immer dann auf, wenn das Merle-Gen homozygot wird.
Depigmentierung führt bei verschiedenen Rassen, z. B. bei den schon erwähnten Dalmatinern, den Tigerdoggen, den Blue-merle-Collies (und
Shetland Sheepdogs), den Tigerteckeln, den Bullterriern u. a. zu unerwünschten Defekten im Innenohr und oft auch am Augapfel. Diese unheilvolle Kombination liegt wohl darin begründet, dass die Pigmentbildungs-
zellen und die Strukturen des Zentralnervensystems, zu dem auch Auge
und Ohr gehören, entwicklungsgeschichtlich den gleichen Ursprung haben (Wegner, Kleine Kynologie). Solange Tiere mit dem Merle-Faktor oder
mit dem Dalmatiner-Faktor gezüchtet werden, bleibt das Defektgen erhalten, es kann aber unterdrückt werden, indem man Hunde mit dem Merle-
Faktor nur an vollfarbige Partner paart, und indem man vor allem alle sog.
«Weisstiger» konsequent von der Zucht ausschliesst. Bei Paarungen zwischen Tieren mit dem Merle-Faktor ist jedoch von vornherein mit 25%
weissen Nachkommen mit Gehör- und Augenschäden zu rechnen. Bei allen erwähnten Rassen, mit Ausnahme des Dalmatiners, kann also das Auftreten missgestalteter Tiere weitgehend vermieden werden.

Überbewertung des Zuchtrüden

Eine alte Züchterweisheit will wissen, der Rüde «schlage bei den Nachkommen mehr durch» als die Hündin, womit gemeint ist, der Vater übe einen grösseren Einfluss aus als die Mutter. Das Gegenteil dürfte der Fall
sein.

50

Zellen bestehen, grob gesagt, aus Zellkern und Zellplasma. Bei der Reduktionsteilung der Eizelle behält eine einzige Teilzelle fast alles Plasma für sich zurück. Nur sie ist befruchtungsfähig. Die andern, die Polzellen, gehen als sogenannte Abortiveier zugrunde.

Die Samenzellen bestehen praktisch nur aus dem Zellkern, der Geisselschwanz wird beim Eindringen in die Eizelle abgeworfen; mit der Eizelle vereinigt wird lediglich die Kernsubstanz. Die Eizelle liefert also vorerst den grössten Teil der Aufbaustoffe für die durch die Teilung neu entstehenden Zellen. Zellkern und Zellplasma bilden indes eine funktionelle Einheit. Zellplasma ist keineswegs eine strukturlose, kolloidale Masse. Unter dem Elektronenmikroskop zeigt sich sein Aufbau aus einer Reihe verschiedener Partikelchen, die voneinander durch Membranen geteilt sind. In ihnen bilden sich die *Enzyme,* die Wirkstoffe, die nun zum Beispiel für die Bildung der schwarzen Haarfarbe massgebend sind. Es kann wohl nicht von der Hand gewiesen werden, dass dem Plasma eine mitgestaltende Wirkung beim Aufbau des neuen Lebewesens zugesprochen werden muss. Tatsache ist jedenfalls, dass es keineswegs auf dasselbe herauskommt, ob bei der weiter vorne dargestellten Kreuzung zwischen schwarzen und pfeffersalzfarbigen Schnauzern der Vater schwarz und die Mutter grau, oder die Mutter schwarz und der Vater grau sind. Decken wir eine graue Hündin mit einem schwarzen Rüden, so unterscheiden sich die heterozygoten Nachkommen durch die bereits beschriebene, unreine Farbe deutlich von allen homozygoten Schwarzen. Ist jedoch die Mutter schwarz und der Vater grau, so fällt diese Unterscheidung ausserordentlich schwer, und man muss schon Kenner sein, um die wenigen dunkelbraunen Flecken hinter den Ohren und hinter den Schulterblättern zu entdecken. Die Farbe der Hündin ist bei einer solchen Kreuzung von wesentlicher Bedeutung für die Farbe der heterozygoten Nachkommen. Das schliesst natürlich keineswegs die spätere Aufspaltung in der F_2-Generation in Schwarz und Pfeffersalz aus.

Ähnliches kenne ich aus der Taubenzucht, wo die Mutter wesentlichen Einfluss auf bestimmte Farbmerkmale der Nachkommen ausübt.

Wären allein die Gene für die Ausgestaltung des Embryos verantwortlich, so müsste es auch völlig belanglos sein, ob wir eine Eselstute mit einem Pferdehengst decken oder eine Pferdestute mit einem Eselhengst. Beide Male kommen ja genau die gleichen Erbanlagen zusammen.

In der Praxis entstehen aber recht ungleiche Bastarde. Die Kreuzung Eselstute × Pferdehengst ergibt den recht eselähnlichen Maulesel, bei der umgekehrten Kombination entsteht das weit bekanntere, pferdeähnliche Maultier. In beiden Fällen gleicht der Bastard mehr der Mutter als dem Vater.

Gegenüber sogenannten «Spitzenrüden» sollten wir ohnehin recht vorsichtig sein. Der unerfahrene Züchter tut gut daran, wenn er einen derartigen Siegerhund erst dann zum Decken seiner Hündin nimmt, wenn erfahrene Züchter ihn mit aller Vorsicht in der Zucht erprobt haben.
Nur zu oft schon sind solche Rüden die Urheber für den Niedergang einer Rasse gewesen, weil sie Träger schädlicher Erbanlagen waren. Ich kann einen berühmten Deckrüden nennen, der Frühblindheit vererbte; einen andern, unter dessen Nachkommen sich bis zu 60% Tiere mit einem schweren Herzfehler befanden; ein weiterer Internationaler Champion brachte mit bestimmten Hündinnen regelmässig einen hohen Prozentsatz agammaglobulinämische Welpen (siehe Welpensterben).
Wohin das bei einer Rasse führt, wenn solche Rüden schliesslich in allen Stammbäumen vorkommen, lässt sich leicht ausrechnen.
Man muss dem Züchter immer wieder klarmachen, dass die Ausstellungsqualifikation eines Rüden nicht unbesehen seinem Zuchtwert gleichgesetzt werden kann.
Wir sollten angesichts dieser unumstösslichen Tatsachen uns wohl überlegen, ob die heute noch durchwegs übliche Überbewertung des Deckrüden ihre Berechtigung hat.

Genverlust und Ahnenverlust

Die beiden Begriffe werden häufig gebraucht, ohne dass man sich indessen darüber klare Vorstellungen macht.
Das Beispiel unserer Kreuzungszucht zeigt, wie bereits in der dritten Generation ein wesentliches Merkmal der Ausgangstiere, nämlich die Farbe, bei einem Teil der anfallenden Tiere verloren gegangen ist.
Nach dem Mendelschen Gesetz hat ein Viertel der Grosskinder die Farbkompomente der Grossmutter, nämlich Pfeffersalz, und ein Viertel die Farbkomponente des Grossvaters, Schwarz, verloren.
Das betrifft natürlich nicht nur die Farbe, sondern kann sich auf die verschiedenartigsten Merkmale erstrecken. Für den praktischen Züchter ist einfach die Erkenntnis wichtig, dass sowohl erwünschte wie auch unerwünschte Eigenschaften eines Elternpaares bereits bei den Grosskindern nicht mehr vorhanden sein können, dann nämlich, wenn sie «herausgemendelt» worden sind. Theoretisch wäre es möglich, dass ein Hund von zweien seiner vier Grosseltern kein Erbgut mehr mit sich führt. Ich bin auch schon gefragt worden, was ich denn bei dieser Kreuzungszucht erreicht hätte, da doch die für die Weiterzucht allein wertvollen reinerbigen schwarzen Hunde einfach wieder das grossväterliche Erbgut unverändert tragen würden.

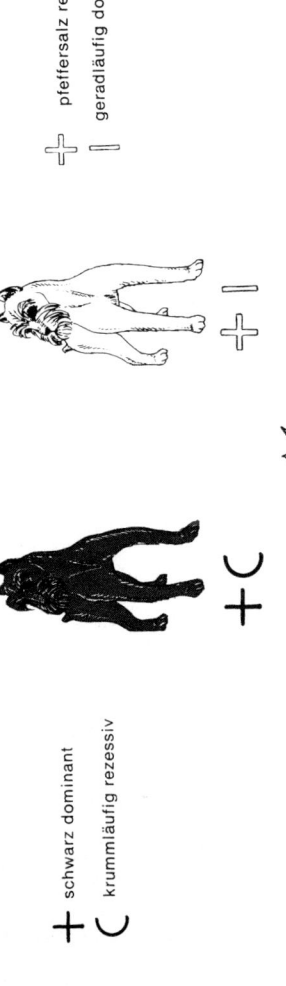

pfeffersalz rezessiv
geradläufig dominant

Läufe phänotypisch gerade
genotypisch gerade/krumm
mischerbig in bezug auf Form
der Läufe

Ungleiches Genpaar
für die Form
der Vorderläufe

schwarz dominant
krummläufig rezessiv

Farbe phänotypisch schwarz
Genotypisch schwarz/pfeffersalz
mischerbig in bezug auf Farbe

Ungleiches Genpaar
für Farbe

Abbildung 10

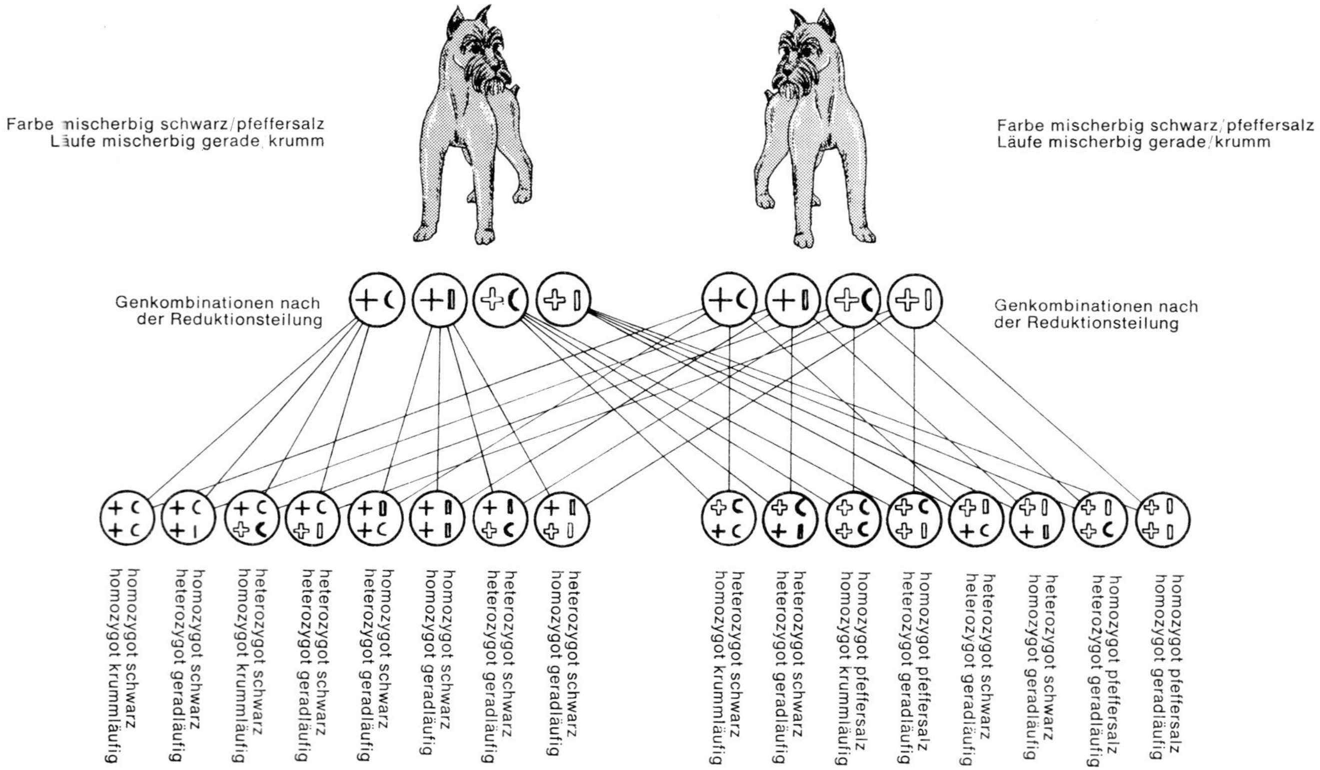

Farbe mischerbig schwarz/pfeffersalz
Läufe mischerbig gerade/krumm

Genkombinationen nach
der Reduktionsteilung

homozygot pfeffersalz
homozygot geradläufig

homozygot pfeffersalz
heterozygot geradläufig

heterozygot schwarz
homozygot geradläufig

heterozygot schwarz
heterozygot geradläufig

homozygot pfeffersalz
heterozygot geradläufig

homozygot pfeffersalz
homozygot krummläufig

heterozygot schwarz
heterozygot geradläufig

heterozygot schwarz
homozygot krummläufig

heterozygot schwarz
homozygot geradläufig

heterozygot schwarz
heterozygot geradläufig

homozygot schwarz
homozygot geradläufig

homozygot schwarz
heterozygot geradläufig

heterozygot schwarz
heterozygot geradläufig

heterozygot schwarz
homozygot krummläufig

homozygot schwarz
heterozygot geradläufig

homozygot schwarz
homozygot krummläufig

Farbe mischerbig schwarz/pfeffersalz
Läufe mischerbig gerade krumm

Genkombinationen nach
der Reduktionsteilung

Abbildung 11

Dieser Frage liegt die unheilvolle, falsche Meinung der Anteilregel zugrunde.

Ich muss wiederum an das Bild mit den schwarzen und weissen Kugeln erinnern. Deren Mischung erfolgt durchaus willkürlich. Das praktische Beispiel mag auch hier die Theorie aufhellen:

Wir paaren einen krummläufigen schwarzen Schnauzer mit einer geradläufigen pfeffersalzfarbigen Hündin.

Weil Schwarz dominant ist über Pfeffersalz und gerade Läufe dominant über krumme Läufe, erhalten wir phänotypisch schwarze und geradläufige Hunde, die aber in bezug auf diese beiden Eigenschaften heterozygot sind. Diese Mischlinge untereinander gepaart, ergibt folgende Kombinationen (Abb. 11).

Es handelt sich hier wiederum um statistische Zahlen. Mit viel Glück könnten zum Beispiel alle Welpen «reinerbig schwarz mit geraden Läufen» sein, bei ausgesprochenem Pech jedoch alle «pfeffersalzfarbig mit krummen Läufen».

Fügen wir ein drittes Merkmalpaar hinzu, zum Beispiel die Augenfarbe (helle Augen sind unerwünscht, dunkle Augen erwünscht), so erhöhen sich die möglichen Kombinationen schon auf 64. Die Möglichkeit, ein einwandfreies Tier – «reinerbig schwarz mit geraden Läufen und dunklen Augen» – zu erhalten, ist aber stark gesunken. Gesunken ist aber auch die Möglichkeit, ein vollkommen wertloses Tier – «reinerbig pfeffersalz mit krummen Läufen und hellen Augen» – zu bekommen.

Gross wird dagegen das Mittelfeld der Heterozygoten. Darum sagte ich gleich zu Beginn dieses Kapitels, man solle nicht alles auf einmal wollen, sondern Schritt um Schritt vorwärts gehen. Auch hier gilt die alte Weisheit: «Wer viel will, wird nichts erreichen».

Erinnern wir uns in diesem Zusammenhange an die Begriffe der Polygenie (Seite 42) und Pleiotropie (Seite 42), so wird verständlich, dass durch solche Kreuzungen durchaus etwas ganz Neues entstehen kann. Bei der Vielfalt der Merkmale, welche die Gattung «Hund» charakterisieren, sind die Kombinationsmöglichkeiten riesengross. Der Herauszüchtung neuer Rassen, die sich freilich oft nur ganz unmerklich von bereits bestehenden unterscheiden würden, sind praktisch keine Grenzen gesetzt.

Bei 78 Chromosomen, wovon 39 bei der Reduktionsteilung wegfallen, sind theoretisch 2^{39} Chromosomen-Kombinationsmöglichkeiten gegeben (2^{39} = 549 755 813 888!).

Von *Ahnenverlust* spricht der Genetiker dann, wenn bei einem Individuum sowohl in seiner väterlichen wie in seiner mütterlichen Ahnenreihe die gleichen Tiere auftreten, wenn also ein Hund auf seiner Ahnentafel statt acht verschiedener Ahnen nur deren sechs oder vier hat, weil zum Beispiel

der gleiche Urgrossvater und die gleiche Urgrossmutter in beiden Ahnen-
reihen erscheinen, oder wenn zum Beispiel ein Urgrossvater zugleich Vater des Hundes ist. Ich möchte dies an zwei Beispielen zeigen:
Der L-Wurf (Lord und Lady) der braunen Neufundländer aus dem Zwinger
v. Meggenhorn weist statt 256 virtueller Ahnen in der achten Ahnengeneration nur deren 82 auf. Unter diesen 82 kommen die Rüden Castor 19mal,
Amie 16mal und Tom 14mal vor, um nur die drei häufigsten zu nennen.
Oder: Im Stammbaum der Appenzeller Sennenhündin Meta v. Grimmen-
stein, einer vielgebrauchten Zuchthündin, kommen in der 7. bis 12. Ahnengeneration die Rüden Frisch v. d. Sitter 122mal, Prinz v. Säntis 156mal
und die Hündin Bella v. d. Sitter 122mal vor.
Das ist Ahnenverlust. Er ist bei allen unseren Rassehunden enorm gross.
Es gibt verbreitete Rassen, die nachweislich auf ganz wenige Ausgangstiere zurückzuführen sind.

Der Begriff der Überdominanz

Der Nutzviehzüchter weiss heute, dass Kreuzungstiere oft in wesentlichen
Nutzeigenschaften den reingezüchteten Tieren überlegen sind. Am kon-
sequentesten hat man diese Erkenntnis heute in der Geflügelzucht reali-
siert. Die reinen Rassen werden hier nur noch gezüchtet, damit das Ausgangsmaterial für die eigentlichen Leistungstiere vorliegt. Als Leistungstiere kommen aber heute nur noch Hybriden (Bastarde) in Betracht. Dabei
werden Hybriden für die Mast und Hybriden mit hoher Legeleistung gezüchtet. Wenn reingezüchtete Hühner einer ausgesprochenen Legerasse
im Jahresdurchschnitt 200 Eier legen, so bringen es die modernen Hybriden («Bovans», «Babcocks», «Harco») auf eine Durchschnittsleistung von
260 Eier.
Genau gleich verhält es sich mit der Mast. Das Mastkücken muss während
acht bis neun Wochen zu einem Gewicht von 1200 bis 1400 g heranwach-
sen, wobei erwartet wird, dass 2,4 kg Futter 1 kg Fleisch erzeugen.
Reinrassige Tiere wachsen zu langsam, Hybriden dagegen bringen diese
Leistung zustande.
Diese Überlegenheit des Bastards gegenüber dem reinrassigen Tier wird
als Überdominanz oder Heterosis bezeichnet. Die Ursache dieser Erschei-
nung ist nicht geklärt. Die Heterosis erstreckt sich aber vor allem auf erhöhte Fruchtbarkeit und Schnellwüchsigkeit, also auf Eigenschaften, die
in der Hundezucht gegenüber andern Eigenschaften eher in den Hinter-
grund treten, denn wir züchten Hunde schliesslich nicht zu Speisezwek-
ken.

Doch wäre es falsch, sich diesen Erkenntnissen der Nutzviehzucht völlig zu verschliessen. Es ist eine statistisch nachweisbare Tatsache, dass eine über Generationen fortgesetzte enge Inzucht die Fruchtbarkeit deutlich herabsetzt. Ebenfalls herabgesetzt wird dadurch beim Rind und beim Schwein das durchschnittliche Geburtsgewicht. Diese unerwünschte Inzuchtfolge wird aber schlagartig aufgehoben, wenn wir eine solche Inzuchtlinie mit einer andern Inzuchtlinie der gleichen Rasse kreuzen.
Damit wird aber unter Umständen ein grosser Teil der durch die Inzucht angestrebten Reinerbigkeit wieder zerstört. Der Züchter muss also gut abwägen, wie in einem solchen Fall Gewinn und Verlust einzustufen sind.

Der ellenlange Stammbaum

Wer mir bis hierher aufmerksam gefolgt ist, der wird nun gegenüber den ellenlangen Ahnentafeln skeptisch. Mit Recht! Wir sahen, dass bereits in der dritten Generation ein wesentlicher Teil des Erbgutes der Grosseltern verloren gegangen ist.
Zudem ist es ganz unmöglich, das hat die Vererbungswissenschaft längst erwiesen, festzustellen, welche Erbanteile ein Tier zum Beispiel nun gerade von seiner Grossmutter mütterlicherseits erhalten hat. Es ist deshalb sinnlos, aus einer Ahnentafel die hervorragenden Tiere zu addieren und dann aus der erhaltenen Summe der «Blutanteile» den Zuchtwert eines Hundes bestimmen zu wollen.
Es ist ohne Zweifel für die Zucht viel bedenklicher, wenn der Bruder einer Zuchthündin (der ja auf der Ahnentafel nicht aufgeführt ist) ein Einhoder ist, als wenn eine ihrer Urgrossmütter eine schlechte Hinterhand aufwies! Man hat etwa die schweizerischen Ahnentafeln deswegen beanstandet, weil sie nur drei Generationen aufführen. Der Vorwurf ist ganz unbegründet. Bei unserem heute üblichen Zuchtbetrieb und bei der immer noch weit verbreiteten, abergläubischen Furcht vor Inzuchtschäden, ist das Aufführen von mehr als drei Generationen ein sinn- und zweckloser Arbeitsverlust, da züchterisch belanglos!
Ahnentafeln mit fünf und mehr Generationen haben nur dann einen Wert, wenn ein Züchter oder eine Züchtergemeinschaft über fünf Generationen systematisch Inzucht betreibt und damit für viele Merkmale erbreine Stämme heranzieht. Erst bei einer derartigen Anhäufung einheitlichen Erbgutes können aus dem Studium der Ahnentafeln Schlüsse auf die zu erwartenden Nachkommen gezogen werden.

Der Zuchtwert eines Hundes

Hundezüchten heisst nicht Hunde vermehren, sondern eine Rasse verbessern, schrieb ich vor Jahren im «Schweizer Hundesport». Dem gibt's nichts beizufügen. Ob wir eine Rasse verbessern, ob wir sie auf ihrem gegenwärtigen Stand erhalten oder ob wir sie verschlechtern, hängt davon ab, ob es uns gelingt, die zur Zucht wertvollen Tiere auszuwählen.

Wertvoll bezieht sich in dieser Hinsicht nur auf die erblichen Anlagen. Diese sind aber leider nicht direkt sichtbar, so dass wir auf mehr oder weniger zuverlässige Hilfen angewiesen sind.

Im Vordergrund steht natürlich die Beurteilung des Einzeltieres nach Form, Wesen (in der Jugend zu prüfen: eine Wesensprüfung ist nicht eine Dressurprüfung) und Leistung.

Wesentlich ist die Beurteilung der Zuchtfamilie: Die Geschwister und Eltern des Zuchttieres, dann vor allem eigene Nachkommen bestimmen in erster Linie den Zuchtwert. Bei Inzuchtstämmen können auch die Grosseltern eventuell noch miteinbezogen werden.

Und wenn wir auf lange Sicht aufbauen wollen und deshalb über die Erbanlagen zweier Zuchttiere ein möglichst genaues Bild haben müssen, wagen wir einen engen Inzuchtversuch. Da auch Siegertiere Mängel haben, wird der Inzuchtversuch, zum Beispiel eine Bruder-Schwester-Paarung, in vielen Fällen ein negatives Ergebnis zeitigen, das zwar nicht finanziell, aber züchterisch trotzdem wertvoll sein kann, weil es dem Züchter nun ein klares Bild über den Zuchtwert der Elterntiere gibt. Ist das Ergebnis aber mehrheitlich positiv, so darf der Züchter damit rechnen, dass die Nachkommen aus solchen Inzuchtwürfen in bezug auf viele positive Eigenschaften reinerbig sind.

Wertvoll wäre es, wenn der Züchter die erbreinen, also doppelt dominanten Erbmerkmale von den heterozygoten mit fast vollständiger Penetranz (Durchschlagskraft des dominanten Gens) unterscheiden könnte. Statt zeitraubende und kostspielige Zuchtversuche zu unternehmen, genügt es in den meisten Fällen, bereits vorhandene Nachkommen kritisch durchzumustern. Ist auch nur einer darunter, der den Fehler zeigt, auf den es nun speziell ankommt, so ist das ins Auge gefasste Zuchttier heterozygot.

Kann aber in mehreren, normal grossen Würfen kein fehlerhaftes Tier gefunden werden, so dürfen wir mit einiger Sicherheit annehmen, das betreffende Zuchttier sei doppeldominant. Zeigt sich andererseits bei den Nachkommen eines Zuchtpaars ein Fehler, den die Eltern selber nicht aufweisen, so heisst das einmal, dass dieser Fehler rezessiv vererbt wird und zweitens, dass beide Elterntiere das betreffende Gen in ihrer Erbmasse führen.

Der Einzelhund ist stets nur ein einzelner Baustein in der Gesamtheit seiner Rasse. Diese Denkweise sollten sich unsere Züchter in vermehrtem Masse zu eigen machen. Tiere, die in irgendeiner Weise nicht Genüge leisten, sollten von der Zucht eliminiert werden. Es ist Geld- und Kräfteverschleiss, Ankörungen, Wesensprüfungen, Schauen und was dergleichen Prüfungssysteme mehr sind, aufzuziehen, und dann aus rein persönlichen Gründen, die sich aufdrängenden Konsequenzen nicht zu ziehen. Es gilt auch hier das Wort von Sewall Wright: «Es ist besser, nur ein Blatt aus dem Lorbeerkranz, als den ganzen Kranz zu verlieren.»

Rüde oder Hündin?

Bei der heute noch vielfach herrschenden Diskriminierung der Hündin – übrigens völlig zu Unrecht! – wünscht sich der Züchter meistens möglichst wenig Hündinnen in den Würfen und versucht deshalb mit völlig untauglichen Mitteln, hier steuernd einzugreifen.

Alle möglichen «sicher wirkenden» Kniffe werden da weiterum noch praktiziert.

Der eine schwört darauf, dass eine ältere Hündin, von einem jungen Rüden gedeckt, in der Mehrzahl Rüden werfen wird, der andere ist aber gerade vom Gegenteil überzeugt. Häufig wird die Ansicht vertreten, eine gegen Ende der Hitzezeit einer Hündin hin erfolgte Paarung würde mehrheitlich Rüden ergeben, doch auch das Gegenteil wird behauptet. Sobald wir uns jedoch Rechenschaft darüber geben, wie das Geschlecht der Welpen bestimmt wird, werden wir die Untauglichkeit all dieser Züchterweisheiten einsehen.

Das Geschlecht der Welpen wird nämlich durch die männliche Samenzelle bestimmt. Angenommen der Hund besitzt 39 Chromosomenpaare (Minouchi), so sind 38 davon bei beiden Geschlechtern völlig gleich. Das 39. Paar jedoch ist beim Rüden ungleich. Das eine Chromosom dieses Paares entspricht dem 39. Paar der Hündin, das andere Chromosom dagegen ist kleiner. Man bezeichnet das dem 39. Chromosom der Hündin adäquate Chromosom des Rüden als X-Chromosom, das kleinere aber als Y-Chromosom.

Bei der Reduktionsteilung gibt es nun Samenzellen mit einem X-Chromosom und solche mit einem Y-Chromosom. Bei der Verschmelzung der weiblichen mit der männlichen Keimzelle entstehen also befruchtete Zellen mit einem einheitlichen (XX)- und solche mit einem uneinheitlichen (XY)-39. Chromosomenpaar. Aus der Zelle mit dem einheitlichen Paar entsteht eine Hündin, aus der Zelle mit dem uneinheitlichen Paar ein Rüde.

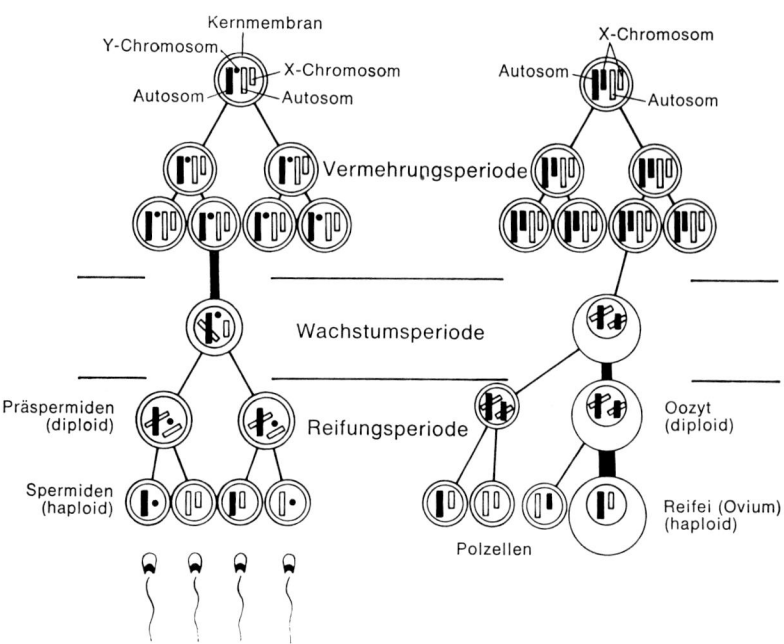

Abbildung 12
Schematische Darstellungen der Spermiogenese und der Oogenese (nach Zietzschmann-Krölling).

Die Chromosomen väterlicher Herkunft sind schwarz, diejenigen mütterlicher Herkunft weiss gezeichnet.

X und Y sind die geschlechtsbestimmenden Heterosomen.

In der *Vermehrungsperiode* vermehren sich die Geschlechtszellen wie jede andere
Körperzelle durch mitotische Teilung. Jede Zelle enthält einen doppelten (diploi-
den) Chromosomensatz.

In der *Wachstumsperiode* legen sich die homologen Chromosomen aneinander
und tauschen ihre Gene aus, was durch das Überkreuzen der homologen Schlei-
fen dargestellt ist. In der Folge spalten sich die Chromosomen der Länge nach auf,
und in der

Reifungsperiode entstehen Spermien und Reifeier mit nur einer halben (haploiden)
Chromosomenzahl. Ein Teil der Spermien enthält ein X-, die andere ein Y-Chromosom. Nach der Befruchtung müssen demzufolge befruchtete Zellen mit zwei X und
solche mit XY entstehen. Zwei X gibt ein weibliches, XY ein männliches Tier.

Denken wir an die riesige Zahl von Spermien, die mit jeder Ejakulation (Samenerguss) ausgeschüttet werden, so müssten, rein statistisch, in den Würfen genau gleich viele Rüden wie Hündinnen fallen.

Wie die Verhältnisse aber tatsächlich liegen, ist nicht leicht zu sagen. Unsere Zuchtbücher geben hierüber keine Auskunft, weil darin nur die aufgezogenen Welpen registriert sind. Der Züchter wird aber erfahrungsgemäss bei grossen Würfen vor allem die Hündinnen beseitigen. Genauere Zahlen erhält man bei der Durchsicht der Wurfmeldungen, auf denen der gesamte Wurf bei der Geburt nach Geschlechtern aufgeführt wird. Wenn diese Zahlen zuverlässig sind, so ergibt sich beim Hund ein merkbares Überwiegen der männlichen Nachkommen. So erhalte ich zum Beispiel aus 151 Würfen Riesenschnauzern 627 Rüden und 541 Hündinnen, pro Wurf also 4,15 männliche und 3,58 weibliche Welpen. Bei Mittelschnauzern waren in 245 Würfen 1483 Welpen, wovon 823 (3,36) Rüden und 660 (2,7) Hündinnen. Bei Zwergschnauzern fielen in 177 Würfen 729 Welpen, nämlich 371 (2,10) Rüden und 358 (2,02) Hündinnen. Nehmen wir dazu noch die Zahlen einer andern Rasse, zum Beispiel der St. Bernhardshunde, so finden wir hier in 287 Würfen (aus drei Jahren) 2160 Welpen, darunter 1164 (4,07) Rüden und 996 (3,47) Hündinnen.

In unserer eigenen Zucht ist dieses Überwiegen der männlichen Nachkommen ganz besonders deutlich geworden, wurden doch in den letzten zehn Jahren von insgesamt fünfzehn verwendeten Zuchthündinnen 138 Rüden und 91 Hündinnen geworfen. Unter 47 Würfen gab es deren fünf, in denen die Hündinnen in der Mehrzahl waren; einen reinen Hündinnenwurf gab es nie (es sei denn, man rechne die Geburt eines einzigen weiblichen Welpen auch als Wurf), dagegen fielen fünf reine Rüdenwürfe. Ich möchte dieses Zahlenverhältnis nicht verallgemeinern, doch dürfte das Überwiegen der männlichen Nachkommen beim Hund die Regel sein. (Beim Menschen werden ebenfalls mehr männliche Kinder geboren.) Vasterling (zitiert bei Pfosi) führt dies auf die bessere Beweglichkeit der kleineren Y-Spermien zurück, die beim Aufstieg durch die weiblichen Geschlechtsorgane das Ei etwas früher erreichen als die grösseren X-Spermien*.

Jedenfalls hat der Züchter bis heute noch kein brauchbares Mittel, um die Geschlechtsbestimmung der Welpen zu beeinflussen, und das ist wohl gut so.

---

* Prof. Dr. E. Seiferle (mündliche Mitteilung) bezweifelte diese Theorie, weil das ganze Ejakulat durch stetige Kontraktion der Uterusmuskulatur eileiterwärts geschoben wird und die Eigenbewegung der Spermien durchaus von untergeordneter Bedeutung ist.

Letalfaktoren

Unter Letal-, beziehungsweise Subletalfaktoren verstehen wir Erbfaktoren, die zu schweren Missbildungen (Spaltnase, Wolfsrachen usw.) oder in schweren Fällen zu Totgeburten führen.
Vielfach sind sie an andere, dem Züchter durchaus erwünschte Merkmale gebunden. So tritt zum Beispiel Wolfsrachen im Verein mit Vorbiss (Boxer, Bulldoggen, Brüsseler Griffon) auf, oder Taubheit und Nachtblindheit bei stark aufgelöster Scheckung (Dalmatinerscheckung). Diese Letalfaktoren unterliegen einem rezessiven Erbgang. Sie können deshalb bei richtiger Zuchtwahl wohl weitgehend unterdrückt, leider aber praktisch nie völlig ausgerottet werden. Vielleicht ist dies auch gar nicht wünschenswert. Neueste Forschungsergebnisse weisen nämlich darauf hin, dass Letalfaktoren, die bei homozygoten Tieren deren Tod zur Folge haben, bei heterozygoten Individuen eine Art Heterosiswirkung auf den Organismus entfalten können.
Ich möchte hier auf die einhodigen Rüden hinweisen, die oft ein übersteigertes Sexualverhalten an den Tag legen, mit allen damit verbundenen, für den Halter durchaus unerfreulichen Nebenwirkungen, als da sind: Hang zum Streunen, Rauflust, Aufreiten bei Kindern, schlechter Appell, wenn andere Hunde in Sicht-, Riech- oder Hörweite sind und was dergleichen sexuell getönte Verhaltensweisen mehr sind.
Wer meint, mit einem monorchiden Rüden einen sexuell passiven Hund erworben zu haben, sieht sich meistens arg getäuscht.

Wir bauen eine Zucht auf

Bevor wir uns im einzelnen mit den Möglichkeiten und Wegen befassen wollen, die zum Aufbau einer guten Zuchtlinie führen sollen, müssen wir wieder einige, fast unausrottbare Züchtermärchen aufs Korn nehmen.

Gleiches × Gleiches = Gleiches?

Grob gesehen, stimmt die Gleichung natürlich. Ein Hund mit einem Hund gepaart, gibt wiederum Hunde. Doch dieses Resultat genügt uns als Züchter nicht. Wir wollen ja nicht Hunde vermehren, sondern, wenn möglich, eine Rasse verbessern, zumindest aber doch erhalten. Und hier stimmt die Gleichung leider nicht mehr. Ich möchte dies wiederum an einem sehr eindrücklichen Beispiel erläutern.

Bevor ich Hunde züchtete, befasste ich mich mit allerlei anderem Kleinge-
tier, so auch mit Kaninchen. Von der irrigen, aber damals wie heute weitverbreiteten Meinung befangen, ich müsste meiner Silberkaninchenzucht
«neues Blut» zuführen, schoss ich über's Ziel hinaus, indem ich Chinchillakaninchen einkreuzte. Oberflächlich gesehen ist ein helles Silberkaninchen einem Chinchillakaninchen sehr ähnlich, allein die silbergraue Farbe
kommt bei den beiden Rassen auf ganz verschiedene Art zustande.

Das Chinchillakaninchen ist ein wildfarbiges Kaninchen, bei dem der
braune Farbstoff durch eine Mutation (sprunghafte Veränderung der Erbmasse) verdrängt worden ist. Überall da, wo das ursprüngliche Wildhaar
gelb oder braun zeigt, ist das Chinchillahaar weiss. Das Ringelmuster des
Wildhaars ist aber erhalten geblieben.

Das Silberkaninchen dagegen ist, grob gesagt, ein schwarzes Kaninchen
mit mehr oder weniger zahlreichen rein weissen Stichelhaaren (Grannen-
haare). Diese Stichelhaare oder die «Silberung» werden durch ein besonderes Gen (oder eine Gengruppe) hervorgerufen, die man in der Kanin-
chenzucht als Silberungsfaktor bezeichnet.

Das Ergebnis der Kreuzung war für mich enttäuschend, für einen Genetiker aber mit hundertprozentiger Sicherheit voraussehbar. Sämtliche Jungen des Kreuzungswurfes waren wildfarbig, also hasengrau mit leichter
Silberung. Warum?

Das Silberkaninchen brachte, vom Schwarz überdeckt, den braunen Farbstoff, das Chinchillakaninchen dagegen dominant den Wildfarbigkeitsfak-
tor, also jenes Gen (oder Gengruppe) das dafür verantwortlich ist, dass die
Farbstoffe zonenweise, nach einem genau vorgeschriebenen Ringelmuster, ins Haar eingelegt werden. So wurden jetzt die «weissen Lücken» im
Chinchillahaar mit dem dorthin gehörenden braunen Farbstoff aufgefüllt,
und das ursprüngliche wildfarbige Haar war wieder da. Dem gleichen Irrtum verfielen dereinst zwei Pinscherzüchter. In der Schweiz züchtete in
den zwanziger Jahren Jean Pfister aus stockhaarig und bartlos gefallenen
Hunden aus Schnauzerwürfen den pfeffersalzfarbigen Glatthaarpinscher
heraus.

Damals gab es in Deutschland noch einige wenige Zuchten des alten Deutschen Glatthaarpinschers, einer Rasse, die dann während des Zweiten
Weltkrieges fast vollständig verschwand, seither aber von Werner Jung
aus einigen Überresten und übergrossen Zwergpinschern wieder zu neuer
Blüte gebracht worden ist.

Unter den alten Pinschern gab es, wie übrigens auch beim Dobermann,
sogenannte «Blaue» mit verblassten gelben Abzeichen an den Läufen, am
Kopf und auf der Brust. Dieses Blaugrau des Pinschers, Dobermanns, Sil-
berpudels, der «blauen» Dogge und anderer kommt dann zustande, wenn

der schwarze Farbstoff durch ein besonderes Gen verblasst oder «verdünnt» wird, wie der Züchter sagt.

Wiederum von der unseligen Notwendigkeit überzeugt, «frisches Blut» einzuführen, wurde eine blaugraue Hündin deutscher Herkunft mit einem schönen silbergrauen Rüden aus der Zucht Pfisters gedeckt.

Das Ergebnis waren sogenannte «elchfarbige», also wildfarbige Pinscher.

Die Gründe für diesen Misserfolg waren genau die gleichen wie bei der Kreuzung Chinchilla- mal Silberkaninchen.

Wir sehen daraus mit aller nur wünschbaren Deutlichkeit, dass hier die grobe Gleichung «Gleiches mal Gleiches = Gleiches» nicht aufgeht, oder, um einer weitverbreiteten Meinung nochmals ganz energisch entgegenzutreten, dass die Theorie «Sieger mal Sieger = Sieger» in den wenigsten Fällen zutrifft.

Ein im Ausstellungsring hochqualifizierter Rüde (oder eine entsprechende Hündin) kann in bezug auf viele Fehler oder Vorzüge erbunrein sein. Hat der Züchter das Pech, dass seine Hündin genau die gleichen unerwünschten Eigenschaften rezessiv in ihrem Erbgut trägt wie der hochqualifizierte Rüde, so kann, gemäss der Mendelschen Regel, der Wurf ein vollständiger Misserfolg sein.

Schlimm wird die Sache, wenn ein solcher Siegerrüde in bezug auf einen Letal- oder Subletalfaktor erbunrein ist und dann, weil er während Jahren immer wieder von vielen Züchtern als Deckrüde für ihre Hündinnen angefordert wird, eine ganze Rasse mehr oder weniger ruiniert.

Ich kann ein Beispiel aufführen, wo ein sehr bekannter Siegerrüde eine erbliche Blindheit (Netzhauterkrankung) weit in die Zucht seiner Rasse hineingetragen hat und damit viel Schaden angerichtet hat. Sein Erbgut ist heute derart weit in der Rasse verbreitet, dass noch viele Jahre lang mit dem Auftreten frühblinder Hunde gerechnet werden muss.

Das gleiche Blut

Oft «hängen dem Fuchs die Trauben zu hoch», das heisst der schlaue Züchter spart sich die hohe Decktaxe für den guten Rüden und deckt seine Hündin bei einem minderwertigen und deshalb billigeren Rüden aus der gleichen Blutlinie, in der irrigen Meinung, der minderwertige Rüde führe ja das «gleiche Blut» (lies Erbmasse) wie sein berühmter Verwandter.

Wer das vorhergehende Kapitel aufmerksam gelesen hat, der weiss jetzt, dass selbst Geschwister aus ein und demselben Wurf nicht nur phänotypisch (äusserlich) sondern auch genotypisch (erbmässig) sehr verschieden sein können.

Freilich wollen wir gerne zugeben, dass eben gerade deswegen der minder berühmte Bruder für eine bestimmte Hündin oft der bessere Deckrüde sein kann als sein sieggekrönter Bruder, doch stellt dies nur eine Möglichkeit dar und darf keinesfalls als Regel gelten. Unheilvoll wird diese Theorie vom «gleichen Blut» dann, wenn der Züchter die besten Hündinnen aus seinen Würfen der höheren Preise wegen verkauft und mit den minderwertigen weiterzüchtet, da diese ja, wie er meint, genau das gleiche Blut führen wie ihre hochwertigen Wurfschwestern. Minderwertige Tiere haben meistens auch minderwertige Anlagen, und ein Züchter, der dies ausser acht lässt, schneidet sich ins eigene Fleisch und wird als Züchter bald von der Bildfläche verschwinden.

Ein unumstösslicher Grundsatz jeglicher Tierzucht lautet darum: *Zur Zucht ist nur das Beste gerade gut genug!*

Gegensätze gleichen sich aus

Auch diese Ansicht ist nicht auszurotten und wird immer wieder, leider sogar auch von Zuchtwarten doziert. In der Praxis sieht das dann so aus: Eine sonst sehr gute Dobermann-Hündin mit einem eindeutigen Vorbiss (ein Fehler, der bei dieser Rasse aus guten Gründen nicht toleriert werden kann) wird mit einem Rüden gedeckt, der den gegenteiligen Fehler, nämlich einen Unterbiss aufweist, ein Fehler, der bei langköpfigen Rassen nicht selten auftritt. Die Überlegung, die dieser Fehlrechnung zugrunde liegt, ist leicht zu erraten: Der Vorbiss (zu langer Unterkiefer) würde durch den Unterbiss (zu kurzer Unterkiefer) korrigiert werden und die Jungen würden somit alle gute Scherengebisse aufweisen.

Dies ist leider ein Trugschluss. Wohl können aus einer solchen Verbindung Welpen mit einem normalen Gebiss fallen, doch werden sie ihrerseits später unweigerlich wieder Vorbiss und Unterbiss weitervererben. Viel wahrscheinlicher aber werden einige Welpen einen etwas schwächeren Vorbiss als die Mutter und einige einen etwas weniger ausgeprägten Unterbiss als der Vater aufweisen.

Ich muss in diesem Zusammenhang noch auf einen andern Trugschluss hinweisen:

Da wurde wegen zwei, nicht ganz normal gestellten Schneidezähnen einer Hündin, während langer Zeit ein erbitterter Streit zwischen einer Züchterin und dem zuständigen Spezialklub ausgefochten. Der Einsatz an Geld, Zeit und Nervenkraft wäre wahrlich einer besseren Sache würdig gewesen. Das «salomonische Urteil» von «kompetenter» Seite gipfelte schliesslich in der Empfehlung an die beiden Parteien, die Hündin sei für einen Wurf zur Zucht frei zu geben und die Nachkommen spien genau auf ihre Zahnstellung hin zu kontrollieren. Sollte nur einer der Welpen Vorbiss zeigen, so seien die Hündin und der ganze Wurf zur Zucht zu sperren. Jeder erfahrene Züchter weiss, dass sich Vorbiss gegenüber Normalgebiss rezessiv verhält. Eine vorbeissende Hündin mit einem Rüden mit Normalgebiss gepaart, wird Welpen mit einem Normalgebiss werfen. Ist dies aber nicht der Fall, so ist auch der Rüde in bezug auf die Zahnstellung heterozygot und müsste dann logischerweise ebenfalls zur Zucht gesperrt werden. Die Empfehlung schoss deshalb weit neben dem Ziel vorbei.

Die eindeutige Antwort auf die Frage, ob im vorliegenden Falle die Hündin tatsächlich erblich bedingten Vorbiss hatte, konnte nur die Paarung mit einem ebenfalls vorbeissenden, das heisst in dieser Hinsicht doppelt rezessiven Rüden geben. War die Zahnanomalie der Hündin nur erworben, so wären ihre Nachkommen wegen der Dominanz des Normalgebisses normal gewesen, war es erblicher Vorbiss, so müssten alle Welpen Vorbeisser sein. Wir haben einst die Probe auf's Exempel mit vorbeissenden Zwergschnauzern gemacht!

Einen Fehler mit seinem entgegengesetzten Fehler korrigieren zu wollen, führt zu nichts.

Eine steile Hinterhand kann nicht durch eine zu stark gewinkelte, ein Senkrücken niemals durch einen Karpfenrücken, bodenenger Stand nicht durch X-Beine, Kuhhessigkeit nicht durch Fassbeine, Übergrösse nicht durch Untergrösse usw. ausgeglichen werden.

Um Fehler auszumerzen, muss man zur Zucht Tiere verwenden, welche die betreffenden Fehler nicht aufweisen und dann danach trachten, durch geeignete Zuchtauslese einen erbreinen Stamm zu ziehen. Der Züchter muss eben seinen eigenen Tieren gegenüber ebenso kritisch eingestellt sein wie gegenüber den Tieren der Konkurrenz!

Indem er fehlerhafte Welpen einfach stillschweigend beseitigt und nicht die sich aufdrängenden Konsequenzen zieht, nützt er der Rasse nichts.

Immerhin muss ich hier auf den *intermediären Erbgang* hinweisen, wie ihn Mendel am klassischen Versuch mit den roten und weissen Wunderblumen dargestellt hat. Kreuzungen zwischen den beiden blühen in der F_1-Generation rosa. Es müssen somit in diesem Falle die beiden Genkombinationen für weisse und für rote Farbe gleich stark sein, so dass sich weder die eine noch die andere dominant durchsetzen kann. Die rosaroten Blumen der F_1 Generation stellen phänotypisch zwischen den roten und weissen Eltern. Unter sich gekreuzt, spalten sie jedoch wieder im Verhältnis 25 : 50 : 25 in rot, rosa und weiss auf. Etliche Schecken- und Farbrassen bei den Kaninchen folgen diesem Erbgang, wobei interessanterweise der intermediäre Bastard die anerkannte Standardform darstellt, während die reinrassigen Ausspaltungen in der Zucht als Abfall gelten. Eine solche Rasse ist zum Beispiel das Englische Scheckenkaninchen, bei dem in den Würfen neben den Schecken (intermediäre Form) vollfarbige und fast weisse Geschwister liegen. Wie weit der intermediäre Erbgang in der Hundezucht eine Rolle spielt, ist noch viel zu wenig erforscht. Seine praktische Bedeutung ist für den Züchter gering. Wohl kann eine solche «Ausgleichspaarung» in der F_1-Generation Erfolg bringen, für die Rasse ist jedoch dabei nichts gewonnen, weil die Aufspaltung unweigerlich bereits in der folgenden Generation erfolgt.

Der ernsthafte Züchter muss sich deshalb bewusst sein, dass er damit nur einen Scheinerfolg buchen kann.

Dem angehenden Züchter stehen zum Aufbau einer Zucht prinzipiell drei Möglichkeiten offen. Welcher er den Vorzug gibt, hängt wohl vor allem davon ab, auf wie weite Sicht er vorausplanen will. Am Beginn steht wohl meistens

die Kreuzung

Der Biologe versteht darunter die Paarung von Vertretern verschiedener Rassen (Neufundländer × Bernhardiner) oder gar die Paarung verschiedener Arten (Pferd × Esel). Der Züchter meint aber damit bereits die Paarung von Tieren derselben Rasse, die jedoch nicht miteinander verwandt sind.

Sie ist ohne Zweifel die heute noch weitaus am meisten praktizierte Zuchtmethode, und bei der heutigen Ausgeglichenheit vieler Hunderassen, zeitigt sie in der Regel auch recht brauchbare Ergebnisse.

Die Zuchtpartner werden dabei lediglich nach ihrem Erscheinungstyp ausgelesen, und zwar unbekümmert darum, was sie in ihrer Erbmasse an Anlagen mitbringen.

Leider wird dabei von Amateurzüchtern in den meisten Fällen das Wesen, das heisst die charakterlichen Anlagen der Zuchtpartner, völlig ausser acht gelassen, und das ist eine schwere, durch nichts entschuldbare Züchtersünde! Was nützt der schönste, standardgerechteste Hund, wenn er ein Charakterlump ist? Wenn er absolut keine Bindung an den Menschen hat? Wenn er überängstlich ist und daher in dauernder Todesangst leben muss? Wenn er nicht stubenrein zu kriegen ist? Durch solche, und was dergleichen Erbmängel mehr sind, kann für einen Besitzer der schönste Ausstellungshund völlig entwertet werden!

Wenn die Zuchtplanung nur darin besteht, dass man mit seiner Hündin zum jeweiligen Jahressieger geht, dazu vielleicht noch befangen im weitverbreiteten Irrtum, dem Vatertier komme die grössere Bedeutung zu, dann führt dies auf die Dauer zu nichts: Die Entwicklung der Rasse stagniert oder ist gar rückläufig. Dieser Sieger kann, wie wir weiter vorne ausführlich dargelegt haben, gerade in bezug auf die Vorzüge, die wir an ihm bewundern, erbunrein sein und vermag diese deswegen nicht an seine Nachkommen weiterzugeben. Der Misserfolg ist da, und der angehende Züchter wirft die Flinte vorzeitig ins Korn.

Andere Züchter gehen einfach zum nächsten Rüden, weil sie so am wenigsten Auslagen haben und weil dies am bequemsten ist.

Eine weitverbreitete, unheilvolle Meinung ist diejenige, ein Rüde müsse ab und zu seiner Gesundheit wegen eine Hündin decken! So überreden dann Rüdenbesitzer einen gutgläubigen Hündinnenbesitzer und stellen ihm den Rüden gar gratis zur Verfügung, nur damit dieser zum Deckakt kommt. Auf diese Weise kommt mancher wertlose Rüde zu ebenso wertlosen Nachkommen. Noch unheilvoller ist die Ansicht vieler Rüdenbesitzer, ihr nervöser, sexuell überreizter Rüde werde dann ruhiger, wenn er einmal eine Hündin gedeckt habe: Gerade das Gegenteil ist der Fall und, was weit schlimmer ist, er wird seine Nervosität oder seine Hypersexualität an seine männlichen Nachkommen weitervererben. Eine verhängnisvolle Rolle spielt bei vielen Züchtern auch der eigene Zuchtrüde. Man hat ihn gekauft, um Decktaxen zu sparen und deswegen wird er jetzt eben benützt, unbekümmert darum, ob er auch wirklich ein guter Vererber ist oder nicht.

Kleinen Züchtern, und das sind hierzulande die meisten, rate ich dringend vom Halten eines eigenen Deckrüden ab.

Einmal ist es für einen temperamentvollen Rüden eine Tortur, während zweimal drei Wochen im Jahr, oder noch häufiger, hitzige Hündinnen um sich zu haben, und wer schon mit dem Rappen rechnen will, der wird bald heraus haben, dass der Deckrüde nicht nur dann gut genährt werden muss, wenn er decken soll, sondern das ganze Jahr hindurch. So ist das Halten eines eigenen Deckrüden bestimmt kostspieliger als zwei bis drei Decktaxen pro Jahr zu bezahlen. Ein Züchter kann ja schliesslich auch, und das dürfte für die meisten die Ideallösung sein, einen guten Rüden unter der Bedingung einem Liebhaber verkaufen, dass dieser die Zusicherung gibt, ihm den betreffenden Rüden jeweils gratis oder gegen eine bescheidene Taxe, so- und sovielmal im Jahr zum Decken seiner Hündinnen zur Verfügung zu stellen. Entsprechende Abmachungen sind aber in jedem Falle vor der Übergabe des Hundes schriftlich festzuhalten. Es empfiehlt sich sogar, ein Doppel des Vertrages dem Stammbuchsekretariat zuzustellen, damit auch dieses über die Rechtsverhältnisse orientiert ist.

Ein solcher Kaufvertrag mag etwa folgenden Wortlaut haben:

Zuchtrechtsvertrag

Der unterzeichnete Eigentümer des Cocker Spaniel-Rüden Ador v.

_____ SHSB-Nr. _____, geworfen am

_____, verpflichtet sich, denselben jederzeit

und ohne Entschädigung (gegen eine Entschädigung von Fr. _____

pro Deckung) Herrn _____, Inhaber des ge-

schützten Zuchtnamens «_____», zum Decken von
Hündinnen, die in dessen Eigentum stehen oder an denen er ein Zucht-
recht besitzt, zur Verfügung zu stellen.

Er verpflichtet sich weiterhin, den Rüden, ohne ausdrückliche Einwilli-

gung des Herrn _____, für keine anderen Hündin-
nen zur Verfügung zu stellen.

_____, den _____.

Der Eigentümer des Rüden: _____.

Doppel zur Kenntnis an das Schweizerische Hundestammbuch SHSB.

Bringt eine Fremdzuchtpaarung (Outbreeding) oder Kreuzung, die mit einiger Umsicht, Überlegung und Sachkenntnis vorgenommen wurde, mehrheitlich gute Welpen, so ist nicht einzusehen, warum nun bei nachfolgenden Paarungen die Zuchtpartner gewechselt werden sollten. Im Gegenteil, ich empfehle in solchen Fällen, diese bewährte Verbindung so oft als möglich zu wiederholen, da ja der Erfolg beweist, dass sich die beiden Zuchttiere vorzüglich ergänzen, und das ist eigentlich ein recht seltener Glücksfall, den man unbedingt ausnützen sollte! Massgebend bei der Beurteilung des Zuchtergebnisses darf aber nicht ein einziger Sieger aus einem solchen Wurfe sein, sondern der überdurchschnittliche Wert des ganzen Wurfes.

69

Das Inzuchtgespenst

Immer wieder lesen wir in Verkaufsinseraten: «Welpen zu verkaufen. Keine Inzucht!» Und als Züchter werde ich von Käufern immer wieder ängstlich gefragt, ob denn der zu kaufende Welpe doch ja «inzuchtfrei» sei.

Die Inzucht ist und bleibt für den grössten Teil der Hundezüchter und für viele Hundekäufer ein Schreckgespenst. Die Gründe, die gegen diese ins Feld geführt werden, sind immer die gleichen: Nervosität, Ängstlichkeit, Anfälligkeit gegenüber Krankheiten, vor allem gegenüber der gefürchteten Staupe, allgemeine Körperschwäche und Lebensuntauglichkeit, mangelnde Dressurfähigkeit, schlechte Futterverwertung usw.

Zugegeben, das können Folgen der Inzucht sein, dann nämlich, wenn diese unter Missachtung der primitivsten Kenntnisse der Genetik vorgenommen worden ist!

Wenn jedoch die Inzuchtpaarungen mit grösster Umsicht und Kenntnis vorgenommen wurden, können aber auch kräftiger Körperbau, Frohwüchsigkeit, Resistenz gegen Krankheiten, Nervenfestigkeit, Fruchtbarkeit, hohe Dressurfähigkeit Folgen der Inzucht sein!

Ob die Ergebnisse einer Inzuchtpaarung positiv oder negativ ausfallen, das hängt einzig und allein von der Auswahl der Zuchttiere ab.

Unter Inzucht verstehen wir, um es doch noch deutlich zu sagen, die Paarung nahe verwandter Tiere; unter Inzestzucht die Paarung nächster Verwandter, zum Beispiel Bruder/Schwester, Vater/Tochter, Mutter/Sohn. Zwischen Inzucht und Inzestzucht besteht also nur ein gradueller Unterschied.

Der Praktiker unterscheidet nun verschiedene Inzuchtgrade. So ergibt eine Vollgeschwisterpaarung einen Inzuchtgrad von 25%, eine Halbgeschwisterpaarung einen solchen von 12,5%; der Inzuchtgrad entspricht somit der Hälfte des Verwandtschaftsgrades des Paarungspartners. Für den Hundezüchter sind diese Grade ohne praktische Bedeutung.

Die Inzucht bewirkt eine Aufspaltung der gemischten Erbanlagen: die ungleichen Genpaare werden zugunsten gleicher Paare reduziert. In der Praxis bewirkt dies, dass Fehler, die bei Kreuzungszucht bei etwa 1% der Nachkommen auftreten, je nach Inzuchtgrad, bei einer Vollgeschwisterpaarung beispielsweise bei 25% der Nachkommen sichtbar werden. Es kann jedoch nicht genug betont werden, dass keine neuen Fehler durch die Inzucht entstehen, sondern dass diese die Fehler lediglich aufdeckt. Die Inzucht ermöglicht deshalb dem zielstrebigen Züchter, seine Zuchtlinien rasch und gründlich von Fehlern zu «reinigen».

Inzucht und Inzestzucht kommen, entgegen landläufiger Meinung, unter Wildtieren viel häufiger vor, als wir denken. Bei Herdentieren (Boviden und

Cerviden) deckt dasselbe männliche Tier während Jahren seine Töchter, seine Enkelinnen und seine Schwestern, ohne dass sich deswegen irgendwelche nachteiligen Folgen für den Bestand der Art zeigen würden. Sogar da, wo anscheinend ein sehr starker Wechsel herrscht, wie zum Beispiel bei den Zugvögeln, sorgt die starke Ortstreue dafür, dass sich nahe Verwandte immer wieder am Brutort treffen und sich miteinander paaren. Die Entstehung lokaler Rassen unter Wildtieren kann nur auf diese Weise erklärt werden.

Ein Schulbeispiel für die Lebenstüchtigkeit der Inzuchttiere ist das schweizerische Steinwild, das sich aus winzigen Beständen innert weniger Jahren zu grossen, lebenskräftigen Kolonien entwickelt hat.

Ein weiteres Beispiel liefern die verwilderten Ziegen auf der Insel Pinta im Galapagos-Archipel. Im Jahre 1958 setzten Fischer hier drei Ziegen und einen Bock aus. Zehn Jahre später lebten auf der Insel Pinta zwischen vier- und fünftausend Ziegen. Sie hatten den ursprünglichen Pflanzenwuchs beinahe vernichtet und sieben endemische, d. h. nur auf Pinta vorkommende Pflanzen, endgültig zerstört. Von irgendwelchen Degenerationserscheinungen bei diesen Ziegen ist keine Rede, im Gegenteil, sie sind dermassen vital, dass ihnen kaum beizukommen ist und ihre, im Interesse der endemischen Tierwelt notwendige Dezimierung beinahe ausgeschlossen ist.

Jedermann kennt den Goldhamster, eines der beliebtesten und problemlosesten Heimtiere. Alle die tausend und abertausend Goldhamster, die heute in Zoo-Handlungen angeboten werden, stammen von einem Männchen und zwei Weibchen ab, die 1930 gefangen wurden. Neue Wildfänge gab es seither nicht mehr.

Die abergläubische Furcht vor der Inzucht gründet zum Teil in der Vorstellung, dass in den Bevölkerungen abgelegener Alpentäler, in denen Verwandtenehen zwangsläufig fast die Regel waren, körperliche und geistige Anomalien auffallend häufig waren. Hier lag wohl ein zufälliges Zusammentreffen von Inzuchtgebiet mit andern, umweltbedingten Faktoren (Kropf bei jodarmem Gletscherwasser) vor.

Die Geschichte kennt jedenfalls andere Beispiele. Pharao Ramses II. heiratete zwei seiner Schwestern und zwei seiner Töchter, von Degeneration seiner Nachkommen – und es waren zahlreiche – ist nichts bekannt.

Der letzte Inkafürst entstammte der 14. Geschwisterinzuchtlinie; hätte er körperliche oder geistige Defekte aufgewiesen, so hätten die Spanier dies bestimmt vermerkt.

Dr. med. Brücker, ein bekannter Züchter von Reisebrieftauben, züchtet in seinen Schlägen getrennt zwei Stämme, den Stamm «Fabry» und den Stamm «Bricoux». Der Stamm «Fabry» geht auf zwei Paare zurück, die er

1957 aus Lüttich bezog. In der Zuchtperiode 1974 steht dieser Stamm in der 15. reinen Inzuchtgeneration. Den Stamm «Bricoux» züchtet Dr. Brükker jetzt in der 14. Generation rein. Die Ausgangstiere dieses Stammes erhielt er von einem deutschen Züchter, der seinerseits den Stamm schon während Jahren rein gezüchtet hatte. Dr. Brücker schätzt, dass während 30 Generationen kaum jemals ein Fremdtier eingekreuzt worden ist.
Beide Taubenstämme sind vital, fruchtbar und stellen Jahr für Jahr immer wieder Preisflieger. Immerhin muss man hier den Selektionsdruck des «Reisekorbes» nicht gering einschätzen. Was untauglich ist, geht auf der Reise verloren, und nur die besten Flieger kommen zur Weiterzucht.
Wesentlich ist für uns jedoch die Einsicht, dass bei rigoroser Selektion – in der Hundezucht muss der Züchter den «Selektionsdruck» ausüben – selbst bei engster Inzucht über viele Generationen nicht unbedingt Inzuchtschäden auftreten müssen, dass vielmehr die Tiere höchsten Leistungsansprüchen genügen können.
Im «Rassehund»* wurde freilich die gegenteilige Meinung vertreten. Inzucht sei eine widernatürliche Zuchtmethode und werde in der freien Natur nach Möglichkeit vermieden. Die «Natur» strebe vielmehr eine möglichst grosse Streuung des Erbgutes an, war da zu lesen. Es ist durchaus möglich, dass die Gleichförmigkeit einer natürlichen Wildtierpopulation nicht Folge eines stark homozygoten Erbgutes ist, sondern vielmehr durch eine starke Gemischterbigkeit hervorgerufen wird. Je heterozygoter ein Tier ist, bezogen auf den Genbestand der gesamten Population, desto mehr wird es sich phänotypisch dem Durchschnitt der Population in allen quantitativen Merkmalen nähern. Möglich ist auch, dass Gemischterbigkeit einen höheren Selektionswert haben kann als Reinerbigkeit, indem sie eine grössere Anpassungsfähigkeit des Individuums gewährleistet.
Auf den Rassehund bezogen, würde das aber so aussehen: Wir streben eine möglichst grosse Mischerbigkeit an und erhalten in wenigen Generationen einen Hund, der dem wilden Ausgangstiere sehr ähnlich sein müsste. Wir müssen uns bei solchen Theorien doch stets bewusst sein, dass der Durchschnitt der Gattung «Hund» eben jene Gleichförmigkeit ist, wie sie schon der Hund der Pfahlbauer offensichtlich nicht mehr darstellte.
Diesen Weg zurück kann man mit Haustieren sehr wohl gehen. Überlassen wir eine aus verschiedenen Rassen gemischte Population Haustauben völlig sich selbst, so setzt sich schon nach kurzem der Typ der Felsentaube

* Offizielles Organ des Verbandes für das Deutsche Hundewesen (VDH).

72

eindeutig durch. Fremde Farbmuster und Federstrukturen werden sehr bald vom Durchschnitt «verdaut». Das zeigt jede verwilderte Haustauben-population in jeder beliebigen Stadt.

Genau den gleichen Vorgang beobachten wir beim Hauskaninchen. In meiner Jugend hielt man noch vielerorts Kaninchen frei laufend im Vieh-stall oder um den Speicher herum. Schon nach wenigen Generationen setzte sich ein mittelgrosser, wildgrauer Typ durch.

Die Rückzüchtung des Urs aus verschiedenen primitiven Rinderrassen geht übrigens den gleichen Weg.

Genau das gleiche würde mit dem Hund geschehen, wollten wir die angeb-lich so erstrebenswerte grosse Mischerbigkeit anstreben. Aber gerade das wollen wir ja nicht. Wir wollen Rassehunde züchten, die sich in mehre-ren bestimmten, von uns gewünschten Merkmalen deutlich vom Durch-schnitt der Gattung Hund abheben und die diese Merkmale auch konstant auf alle ihre Nachkommen vererben. Je grösser nun die Reinerbigkeit, um so sicherer wird diese Konstanz.

Verfolgen wir die Reinzucht vieler Hunderassen, zum Beispiel diejenige der heutigen Setter* oder vieler Terrier, so sehen wir mit einigem Staunen, wie vielfach und wie zielbewusst sich die alten Züchter der Inzucht bedient haben. Von einer degenerativen Wirkung der Inzucht kann, insofern die Ausgangstiere gesund sind, keine Rede sein.

Treten bei der Inzucht unerwünschte Eigenschaften auf, so liegt dies nicht am Zuchtsystem, sondern an der Auswahl der Zuchttiere, die ohne Be-rücksichtigung ihrer Fehler, einseitig nach einigen körperlichen Eigenhei-ten ausgewählt wurden.

Wenn wir daran festhalten, dass das Erbgut eines Tieres unabänderlich gegeben ist und etwelche Veränderungen, sogenannte Mutationen, äus-serst selten vorkommen und zumeist nur ganz geringfügige Merkmalsän-derungen hervorrufen, so ist eigentlich klar, dass Inzucht weder im Guten noch im Schlechten etwas Neues schaffen kann. Sie bringt lediglich zu Tage, was die Zuchttiere an Erbgut in sich führen.

Dass sie bei den meisten Züchtern verrufen ist, beruht darauf, dass rezes-sive, also bis jetzt verborgene Mängel, nun plötzlich gehäuft sichtbar wer-den, da eng verwandte Tiere sich hinsichtlich ihres Erbgutes ähnlicher sind als einander fremde Tiere. Dasselbe gilt aber nicht nur in bezug auf Mängel, sondern ebenso in bezug auf Vorzüge. Durch fortgesetzte Inzucht müssen die Erbmassen der folgenden Generationen immer einheitlicher

* Der Englische Setter wurde von Laverack aus zwei Wurfgeschwistern gezüchtet, wobei er jedoch eine harte Auslese anwandte.

werden; immer mehr Tiere werden hinsichtlich erwünschter und uner-
wünschter Merkmale doppelt dominant oder doppelt rezessiv (reinerbig).
Der Phänotyp wird immer mehr getreues Abbild des Genotyps. Das beste
Beispiel mögen die Langhaardackel von Crastamunt aus der Zucht des leider zu früh verstorbenen Dr. med. Hans Pfosi sein, die in der fünften Inzest-
generation eine Ausgeglichenheit zeigen, die wohl kaum mehr übertroffen
werden kann. Schliesst man in solchen Inzuchtlinien systematisch und ri-
goros alle fehlerhaften Tiere von der Zucht aus (sie müssen ja nicht abge-
tan werden), so kann der Züchter, der auf längere Sicht plant, innert relativ
weniger Generationen Zuchttiere erhalten, die hinsichtlich vieler Eigenschaften erbrein sind.

Dem Zufall wird immer weniger Raum belassen: das Ergebnis einer bestimmten Paarung kann mit immer grösserer Genauigkeit errechnet werden.

Man muss freilich bei engen Inzuchtversuchen das zu erstrebende Ziel klar
umschreiben und sich auf einige wenige Merkmale konzentrieren; alles
auf einmal erreicht man nie.

So ist es durchaus denkbar, Hunde auf eine ganz bestimmte Leistung hin
zu züchten, ohne sich vorerst um Haarfarbe, Haarstruktur, Gebiss und anderes zu kümmern. Es wird aus einem solchen Zuchtversuch schliesslich
eine Art Rasse resultieren, weil eine extreme Leistung eine ganz bestimmte
Körperform bedingt. Ohne Zweifel ist ein Grossteil der heutigen Hunderassen ursprünglich aus solchen Leistungsrassen entstanden und stellt
noch heute weitgehend Gebrauchstypen dar.

Leistung im züchterischen Sinne können nun auch eine intensive Haarfarbe oder eine besonders schöne Haarstruktur sein. Sie können durch
fortgesetzte Inzucht und scharfe Selektion bis zu einem gewissen Punkte
gesteigert werden, dann tritt vorerst ein Stillstand, häufig nach diesem ein
Rückschritt ein. Der Inzuchtstamm hat das Maximum erreicht; fahren wir
weiter, so sinkt er unter Umständen auf das sogenannte Inzuchtminimum
ab, das sich dann in herabgesetzter Fruchtbarkeit, geringen Geburtsgewichten und herabgesetzter Widerstandskraft äussert. Soweit lassen wir
es aber gar nicht kommen, sondern kreuzen rechtzeitig mit einer andern
Inzuchtlinie, wobei durch den Heterosisfaktor (siehe S. 49) sogar nochmals eine Leistungssteigerung eintreten kann – kann, nicht muss!

Enttäuscht durch anfängliche Misserfolge geben leider die meisten Züchter ihre Bemühungen um die Inzucht auf, bevor diese beginnen kann, ihre
Früchte zu tragen. Wie lange es dauert, bis sich die ersten Erfolge einstel-
len, hängt nur von der Qualität der Ausgangstiere ab. Es wird ja in der Praxis nie möglich sein, alle erwünschten Eigenschaften gleichzeitig erbrein
zu züchten und zugleich alle Fehler auszuschalten. Die Überlegung des

Züchters muss daher lauten: Welches Ziel soll zuerst erreicht werden? Züchten ist deshalb planen auf weite Sicht und der sicherste Weg zum dauernden Erfolg führt über die Inzucht.

Eines kann aber nicht oft genug betont werden: Inzucht fixiert die schlechten Eigenschaften genau so wie die guten; sie ist deshalb die Zuchtmethode des gewissenhaften, verantwortungsbewussten Züchters; Dilettanten sollen die Finger davon lassen!

Zweitens muss sich der Züchter bewusst sein, dass ihm Inzucht nichts Neues in seine Zucht hereinbringt. Fehlen hier wichtige Merkmale, so kommen sie nur durch eine Kreuzung in die eigene Zuchtlinie herein, und dann müssen sie durch Inzucht fixiert werden.

Nachteile der Inzucht

Inzucht ohne scharfe Selektion (man muss nicht gleich töten, aber zur Weiterzucht sperren!) ist gefährlicher als jedes andere Zuchtsystem. «Sie ist in der Hand des Durchschnittzüchters wie das Rasiermesser in der Hand des Affen», sagt Simon v. Nathusius.

Sie häuft die guten und die schlechten Eigenschaften der Ausgangstiere in den Nachkommen, es dürfen deshalb nur Tiere ohne grobe Erbfehler (ganz fehlerfreie wird man ja kaum finden!) für Inzuchtversuche herangezogen werden. Inzuchtversuche sollten relativ breit angelegt werden können, weil viele Fehlerträger zur Weiterzucht ausscheiden.

Die schon erwähnte *Inzuchtdepression* (Inzuchtminimum) kann nach einiger Zeit die Weiterführung des Programms in Frage stellen. Immerhin dauert das eine Weile. Bei Labormäusen beginnt die Depression mit der 12. Inzuchtgeneration und erreicht ihr Maximum bei der 30. Generation. Von da steigt die Wurfstärke wieder auf die ursprüngliche Zahl an.

Inzuchtversuche haben nur dann einen Sinn, wenn alle Welpen eines Wurfes aufgezogen werden, damit Fehler, die bei der Geburt der Welpen nicht sichtbar sind (Hüftgelenkdysplasie, Netzhautatrophie, Taubheit, Monorchismus und Kryptorchismus etc.) überhaupt erkannt werden. Dieser Bedingung stehen vielfach die Bestimmungen der Zuchtreglemente entgegen, die nur die Aufzucht von sechs oder acht Welpen erlauben.

In Anbetracht des Misstrauens, das heute der Inzucht entgegengebracht wird, muss der Züchter damit rechnen, für seine Junghunde keine Käufer zu finden.

Inzucht ist deshalb kaum die Methode des Durchschnittszüchters. Er will Erfolge sehen und nicht Misserfolge tragen. Er will Junghunde möglichst zu Höchstpreisen verkaufen können; für ihn ist deshalb der Weg über die Inzucht zu langwierig und zu kostspielig.

Dagegen sollten sich die Rassezuchtvereine (Spezialklubs) in vermehrtem Masse solchen Fragen zuwenden, statt Geld und Zeit in nutzlosem, zeit- und geldaufwendigem, administrativem Leerlauf zu vertrödeln.

Eine gemilderte Form der Inzucht ist die

Linienzucht

Sie ist praktisch Fremdzucht, bei der aber die Zuchttiere innerhalb der engeren oder weiteren Verwandtschaft ausgesucht werden, und zwar nach der Theorie, dass verwandte Tiere, die phänotypisch ähnlich sind, es auch genotypisch sein müssen. Das kann zu einem guten Teil sicher erwartet werden, andererseits muss man sich aber im klaren sein, dass es hier länger geht, gute Eigenschaften zu fixieren und schlechte auszumerzen, als es dies bei einer engen Inzucht der Fall wäre. Die Zahl der krassen Versager wird bei der Linienzucht kleiner sein, demzufolge auch das finanzielle Risiko; aber auch die Zahl der erbreinen Tiere wird viel kleiner sein und demzufolge auch der züchterische Gewinn!

Genetisch gesehen lassen sich zwischen Fremdzucht, Linienzucht und Inzucht keine absoluten Grenzen ziehen. Ebensowenig gibt es eine feste Grenze zwischen den Begriffen Kreuzung und Reinzucht.

Wenn man trotzdem solche Grenzen zieht, geschieht dies mehr oder weniger willkürlich, ist aber aus praktischen Gründen erforderlich.

Ein praktischer Vorschlag

Der Erfolg jeglicher Tierzucht hängt von der richtigen Zuchtpartnerkombination und der nachfolgenden Selektion ab.

Beim Aufbau der eigenen Zucht sind wir davon ausgegangen, gleich anfangs zwei getrennte Inzuchtlinien zu schaffen, die dann später unter sich vermischt werden sollen. Auf diese Weise konnten in der einen Linie erwünschte Eigenschaften, zum Beispiel reine Farbe, gutes Haar, dunkle Augen, fixiert werden, die wir in der andern Linie vernachlässigten. Dagegen duldeten wir in dieser ersten Linie vorläufig Fehler, zum Beispiel krumme Läufe und weicher Rücken, die wir in der andern Linie konsequent ausmerzten.

Sobald sich die beiden Linien mit einiger Sicherheit als erbrein in bezug auf die erwünschten Eigenschaften erwiesen, begannen wir mit der gegenseitigen Vermischung.

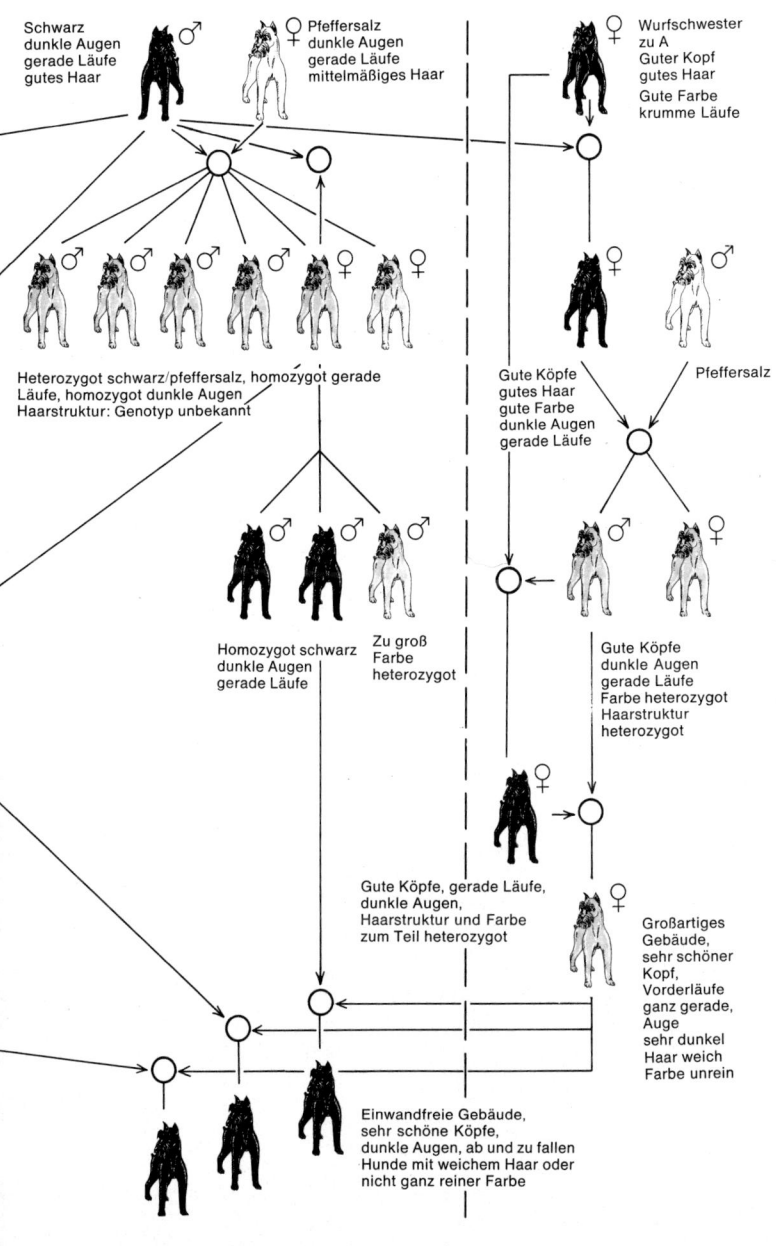

Schwarz
dunkle Augen
gerade Läufe
gutes Haar

Pfeffersalz
dunkle Augen
gerade Läufe
mittelmäßiges Haar

Wurfschwester
zu A
Guter Kopf
gutes Haar
Gute Farbe
krumme Läufe

Heterozygot schwarz/pfeffersalz, homozygot gerade
Läufe, homozygot dunkle Augen
Haarstruktur: Genotyp unbekannt

Gute Köpfe
gutes Haar
gute Farbe
dunkle Augen
gerade Läufe

Pfeffersalz

Homozygot schwarz
dunkle Augen
gerade Läufe

Zu groß
Farbe
heterozygot

Gute Köpfe
dunkle Augen
gerade Läufe
Farbe heterozygot
Haarstruktur
heterozygot

Gute Köpfe, gerade Läufe,
dunkle Augen,
Haarstruktur und Farbe
zum Teil heterozygot

Großartiges
Gebäude,
sehr schöner
Kopf,
Vorderläufe
ganz gerade,
Auge
sehr dunkel
Haar weich
Farbe unrein

Einwandfreie Gebäude,
sehr schöne Köpfe,
dunkle Augen, ab und zu fallen
Hunde mit weichem Haar oder
nicht ganz reiner Farbe

Helle Augen
gute Farbe
gutes Haar
kurzer Kopf
gerade Läufe

A
Dunkle Augen
gutes Haar
schlechte Farbe
guter Kopf
krumme Läufe

Dunkle Augen
gutes Haar
gute Farbe
guter Kopf
krumme Läufe

Helle Augen
gutes Haar
gute Farbe
guter Kopf
gerade Läufe

Helle Augen
gutes Haar
gute Farbe
kurzer Kopf
krumme Läufe

Dunkle Augen, schöne Köpfe,
gutes Haar, gute Farbe,
leicht krumme Läufe, geringe Größe

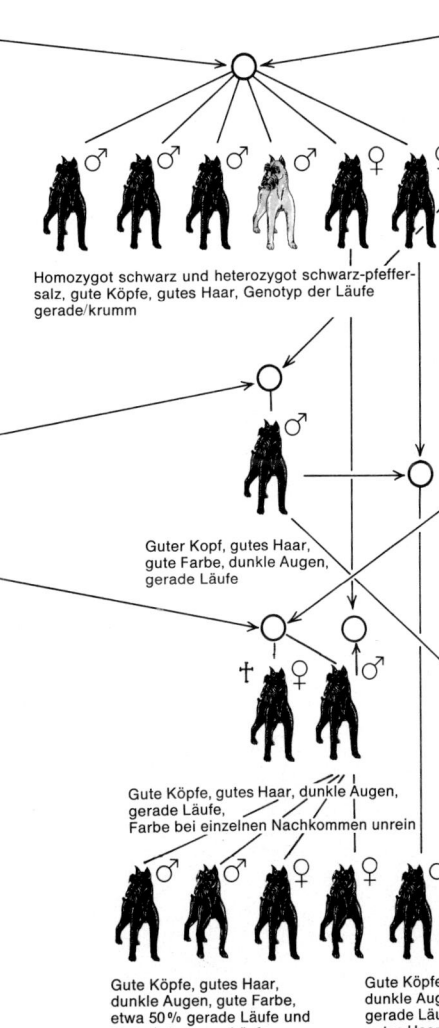

Homozygot schwarz und heterozygot schwarz-pfeffer-
salz, gute Köpfe, gutes Haar, Genotyp der Läufe
gerade/krumm

Guter Kopf, gutes Haar,
gute Farbe, dunkle Augen,
gerade Läufe

Gute Köpfe, gutes Haar, dunkle Augen,
gerade Läufe,
Farbe bei einzelnen Nachkommen unrein

Gute Köpfe, gutes Haar,
dunkle Augen, gute Farbe,
etwa 50 % gerade Läufe und
50 % ± krumme Läufe

Gute Köpfe
dunkle Augen
gerade Läufe
gutes Haar
gute Farbe

Abbildung 13
Schema eines Zuchtaufbaus mit
Inzucht- und Kreuzungs-Linien.
Berücksichtigt wurden: Kopfform,
Vorderläufe, Augenfarbe, Haar-
struktur und -farbe.

Die erste schwarze Schnauzer-Hündin, die wir anschafften, hatte einmalig gutes Haar und einen sehr schönen, langen Kopf, dagegen einen schlechten Rücken, krumme Vorderläufe und eine unreine Farbe, um nur ihre hervorstechendsten guten und schlechten Eigenschaften zu nennen.

Im ersten Kreuzungswurf fielen nach einem, mir selber nicht näher bekannten Rüden – schwarze Schnauzer waren damals dünn gesät – drei Welpen. Alle drei waren rein schwarz, das Pfeffersalz-Gen der Mutter war offensichtlich bereits ausgefallen. Der junge Rüde und die eine Hündin hatten schöne Köpfe wie die Mutter und ebenfalls deren prächtiges Rauhhaar, der Rüde überdies einen kurzen, strammen Rücken und dunkle Augen, als hervorstechenden Fehler aber die krummen Läufe seiner Mutter; die Hündin hatte zudem helle Augen, ein Zeichen dafür, dass die dunkeläugige Mutter wie der Rüde ein Gen für helle Augen führten. Die dritte Hündin hatte einen zu kurzen Kopf, helle Augen und krumme Läufe, war also für die Weiterzucht wertlos.

Nun paarten wir den Sohn mit der Mutter. Ergebnis: Zwei Siegertiere, der dritte Welpe, ein Rüde, kam nur deshalb nie zu Ausstellungserfolgen, weil er ein Ohr schlecht trug und deswegen überhaupt nie ausgestellt wurde. Die schönen Köpfe der Mutter/Grossmutter, ihre dunklen Augen, das gute Haar und die schwarze Farbe waren nun offensichtlich doppelt dominant vorhanden, dagegen zeigten immer noch alle drei eine mehr oder weniger starke Anlage zu weichen Fesseln und leicht gekrümmten Unterarmen, auch mangelte es ihnen etwas an Grösse, nicht aber an Substanz.

Neben dieser ersten Linie, die wir nach ihrer Stamm-Mutter die «Aga»-Linie nennen wollen, zogen wir eine zweite Linie heran, die mischerbig in bezug auf die Farbe, dagegen reinerbig in bezug auf gerade Läufe und dunkle Augen war, auch waren hier kaum jemals zu kleine Nachkommen zu befürchten. Es war dies die Kreuzung des schwarzen Rüden Igo mit der pfeffersalzfarbigen Hündin Lola. Wir wollen diese Linie die «Lola»-Linie nennen.

Die erste Generation dieser Kreuzung war selbstverständlich erbunrein in bezug auf die Farbe, bestimmt aber reinerbig für gerade Läufe, dunkle Augen und guten Rücken und normal gewinkelte Hinterhand. Gesetzt der Fall, das Merkmal «gerade Läufe» erwies sich gegenüber den krummen Läufen als dominant (Krummläufigkeit darf wohl unter die Subletalfaktoren eingereiht werden, denn es ist eine erbliche Deformation der vorderen Gliedmassen. Letal- und Subletalfaktoren unterliegen aber alle dem rezessiven Erbgang), und dass Schwarz gegenüber Pfeffersalz dominant war, bewies ja bereits der erste Kreuzungswurf; so musste eine Kreuzung der beiden Linien schon recht bald brauchbare Ergebnisse zeitigen.

Eine Vater/Tochter-Paarung der zweiten Linie brachte als einziges, wertvolles Ergebnis einen Rüden mit einem doppeldominanten Gen für Schwarz – was ein grosser Glücksfall war! –, der sich dann in der Folge als überaus wichtiger Vererber erwies. Um weitere Ausweichmöglichkeiten zu schaffen, paarte ich die Stammutter Aga mit dem Stammvater der «Lola»-Linie, Igo, und die Inzuchttochter Trix (unterdessen Internationaler Champion geworden) ebenfalls mit dem Rüden Igo, dann die Kreuzungstochter (Igo–Lola) Ulla mit dem Inzuchtrüden Till (Bruder der Trix), ebenso die im ersten Wurf gefallene Bina (schöner Kopf, relativ gute Läufe, aber helle Augen) mit dem Rüden Igo. Dann zogen wir einen Wurf aus der Trix nach dem mischerbigen Rüden Urs aus der ersten Schwarz/Grau-Kreuzung.

Dann setzten wir eine dritte Hündin, die in starkem Masse einer «Aga»-Schwester-Inzuchtlinie entstammte, in unsere Zucht ein. Diese Hündin – selber kein Star – brachte praktisch mit jedem unserer jungen Rüden gute Nachkommen.

Es erübrigt sich hier, den weiteren Fortgang der Zucht zu schildern, für den Aussenstehenden wird der ganze Aufbau mit jeder neuen Generation unübersichtlicher. Wesentlich war zu zeigen, wie man schon mit zwei verschiedenen Inzuchtlinien getrennt, einzeln erwünschte Merkmale festigen kann, um dann, wenn man einigermassen die Gewissheit hat, dass diese nun reinerbig vorhanden sind, die beiden Linien zu kreuzen und schliesslich aus dieser Kreuzung eine neue Inzuchtlinie aufbaut. So gehen auch heute noch, trotz mannigfacher Durchmischung, als zwei rote Fäden, die «Aga»- und die «Lola»-Linie durch unsere ganze Zucht.

Die Zuchtrecht-Abtretung

Schon der soeben geschilderte Aufbau einer kleinen, aber sehr zielstrebigen Liebhaberzucht zeigt, dass mit einer raschen Generationenfolge gearbeitet werden muss, demzufolge fallen viele Hündinnen schon nach dem zweiten oder dritten Wurf wieder aus. Freilich muss stets mit Zufälligkeiten gerechnet werden. So fallen mitunter gerade dann keine Hündinnen in den Würfen, wenn man eine neue Hündin haben sollte, oder ein Zuchttier fällt wegen Unfall oder Krankheit aus, auf das man grosse Hoffnungen gesetzt hat. Nebst der raschen Generationenfolge muss deshalb stets, gleichsam als mobile Reserve, eine als gut erkannte Verbindung weiterhin gepflegt und in Bereitschaft gehalten werden. Das hiess in unserem Fall: Unter Wahrung eines fortschreitenden, zielgerichteten Vorgehens haben wir stets mit einer oder mit zweien der bewährten Hündinnen weitergezüchtet, damit bei unvorhergesehenen Ausfällen nicht wieder alles ganz vorne begonnen werden musste.

Doch auch so ist der «Hündinnenverschleiss» (wenn man es so sagen darf) recht gross. So stellt sich dem Züchter die dringende Frage, was mit den von der Zucht ausgeschlossenen, aber noch lange nicht alten Hündinnen geschehen soll.

Der kleine Züchter kann es sich aus räumlichen Gründen nicht leisten, neben den Zuchttieren noch ein Altersheim für ausgediente Zuchthündinnen zu führen. Gesunde Hündinnen im Alter von sechs oder sieben Jahren zu töten, weil er ihrer nicht bedarf, das wird ein Züchter, der nicht nur mit dem rechnenden Verstand, sondern auch mit dem Herzen dabei ist, nicht über sich bringen. Er wird auch aus demselben Grunde Mühe haben, Hündinnen in diesem Alter noch weiterzugeben: er hängt an ihnen und weiss zudem nicht, wie leicht oder wie schwer sie diesen Wechsel ertragen würden. Die ideale Lösung aus diesem Dilemma ist ohne Zweifel die Zuchtrecht-Abtretung.

Wir haben von allem Anfang an zu diesem Mittel gegriffen und bis heute damit die besten Erfahrungen gemacht.

Wir haben gute Junghündinnen, von denen wir glaubten, sie würden der Zucht nützen, jeweils nur unter der Bedingung abgegeben, dass die Ausübung des Zuchtrechtes weiterhin uns vorbehalten bliebe. Dieses System weist für den kleinen Züchter, vor allem aber auch für die Hündin eigentlich nur Vorteile auf. Die Hündin kommt in einem Alter von vier bis fünf Monaten an ihren festen Platz. Da wir uns mit unseren Junghunden sehr intensiv abgeben, kennen uns Hündinnen, die in diesem Alter abgegeben werden, ihr Leben lang wieder und begrüssen uns jeweils mit überschwenglicher Freude.

Die Hündin wächst jetzt in einer Familie auf, sie kann sich im steten Kontakt mit den Menschen voll entwickeln, und das Schicksal eines öden Zwingerlebens wird ihr erspart.

Im Alter von zwei bis drei Jahren wird sie erstmals gedeckt und kommt dann einige Tage vor der Geburt der Welpen wieder zu uns. Da sie sowohl uns, wie auch ihre alte Heimat sofort wieder erkennt und freudig begrüsst, gibt es für sie kein Neueingewöhnen-Müssen. Nach dem Absäugen, wenn die Bindungen der Mutter zu ihren Sprösslingen sichtbar lockerer werden, die Junghunde ohnehin einer nach dem andern weggehen, kehrt die Hündin wieder zu ihren Eigentümern zurück. Vielleicht wird sie jetzt noch einen Tag lang ihre Kinder suchen, meistens aber bedeutet die Rückkehr in ihre gewohnte Umgebung und zu ihren Leuten für sie eine derartige Umstellung, dass sie keine Zeichen irgendwelcher Unruhe zeigen wird. Dieser Vorgang wiederholt sich, je nach dem Zuchtwert der Hündin, zwei bis drei Male. Spätestens mit dem dritten Wurf hat die Hündin ihren Beitrag zum Zuchtaufbau geleistet und ihre Altersversorgung ist auch gelöst. Sie hat ihren festen Platz im Haus und in den Herzen ihrer Eigentümer und wird bis zu ihrem Ableben gut gehalten und gepflegt. Ältere Hunde lieben Ruhe und meiden Betriebsamkeit; auch aus diesem Grund ist die alternde Hündin im Kreise ihrer Familie glücklicher als im unruhigen Zwingerbetrieb.

Ich weiss, dass viele Züchter von dieser Methode nichts wissen wollen, doch liegt der Fehler bei bisweilen auftretenden Schwierigkeiten nicht am System, sondern an den Menschen. Der Züchter, der seine Junghunde prinzipiell nur an gute Plätze abgibt (natürlich kann man ab und zu trotzdem hereinfallen), hat Differenzen mit den Eigentümern der Hündinnen kaum zu fürchten, und zudem müssen solche Zuchtrecht-Abtretungen *vor* der Abgabe der Hündin schriftlich niedergelegt werden. Der zweite, rechtlich ebenfalls zulässige Weg, um eine wertvolle Hündin, die man verkauft hat, später trotzdem wieder für die Zucht benützen zu dürfen, führt zum Abschluss einer temporären Zuchtrecht-Abtretung für einen Wurf. Diese Zuchtrecht-Abtretung hat in jedem Fall vor dem Belegen der Hündin schriftlich zu erfolgen, und die Abtretung ist unverzüglich dem Stammbuchsekretariat und eventuell auch dem zuständigen Spezialklub zu melden.

Streitigkeiten entstehen regelmässig nur dann, wenn solche Verträge ungenau abgefasst werden oder wenn sie erst dann abgeschlossen werden, wenn die Junghunde zum Verkauf gelangen sollen, beziehungsweise wenn sie wegen Meinungsverschiedenheiten überhaupt nicht abgeschlossen werden können.

Nach dem internationalen Zuchtrecht der FCI gilt als Züchter eines Wurfes in Zweifelsfällen derjenige, in dessen Besitze die Hündin zum Zeitpunkte des Belegens stand.

Ich empfehle deshalb mit guten Gründen und mit einiger Erfahrung als langjähriger Präsident eines Spezialklubs und als verantwortlicher Leiter des Schweizerischen Hundestammbuches, einen solchen Zuchtrecht-Vertrag stets vor dem Belegen der Hündin schriftlich abzuschliessen und ein Doppel des Vertrages unverzüglich beim Stammbuchsekretariat zu hinterlegen. Rechte und Pflichten der beiden Vertragspartner, wie auch allfällige Entschädigungen sind ganz genau zu umschreiben. Als Beispiele mögen die zwei nachfolgenden Vertragsentwürfe dienen:

Zuchtrecht-Abtretung

Der unterzeichnete Eigentümer der Berner Sennen-Hündin
_____ SHSB-Nr. _____ geworfen am _____, überläßt diese deren
Züchter, Herrn _____, ohne jegliche /
gegen eine einmalige Entschädigung von Fr. _____*
zum Züchten eines / _____* Wurfes / Würfe.
Die Nachkommen der Hündin sind Eigentum des Züchters
und werden unter dem Zuchtnamen «_____» ins
Schweizerische Hundestammbuch eingetragen.
Der Züchter verpflichtet sich, während der Trächtigkeit und
Säugezeit für den Unterhalt der Hündin aufzukommen, insbesondere geht jede, infolge von Trächtigkeit oder Geburt
notwendige tierärztliche Behandlung zu Lasten des Züchters.
Der Züchter verpflichtet sich, die Hündin nach dem Absetzen
des Wurfes in einwandfreiem Zustande wieder ihrem Eigentümer zurückzubringen.

_____, den _____

Der Eigentümer der Hündin: _____

Der Züchter: _____

(Unterschrift)

Doppel zur Kenntnis an das Schweizerische Hundestammbuch.

(* Nichtzutreffendes bitte streichen.)

Zuchtrecht-Abtretung

Der unterzeichnete Käufer der schwarzen Mittelschnauzer-Hündin _____ SHSB-Nr. _____ geworfen am _____, bestätigt hiermit, die Hündin erstmals im Jahre _____ ihrem Züchter, Herrn _____, zum Züchten eines Wurfes gratis zur Verfügung zu stellen.

Bewährt sich die Hündin zur Zucht, so hat der Züchter das Recht, in den folgenden Jahren noch _____ Würfe mit ihr zu züchten. Die Nachkommen der Hündin sind Eigentum des Züchters und werden unter dem Zuchtnamen «_____ _____» im Schweizerischen Hundestammbuch eingetragen.

Durch Trächtigkeit oder Geburt verursachte tierärztliche Betreuung der Hündin geht zu Lasten des Züchters, ebenso verpflichtet er sich, bei einem allfällig durch Trächtigkeit oder Geburt verursachten Tode der Hündin, diese zu ersetzen. Muss der derzeitige Eigentümer der Hündin diese aus irgendeinem Grunde weiterverkaufen, so steht dem Züchter das Vorkaufsrecht zu. Macht er davon nicht Gebrauch, so wird diese Zuchtrecht-Abtretung hinfällig.

_____, den _____

Der Eigentümer der Hündin: _____

Der Züchter der Hündin: _____

(Unterschrift)

Doppel zur Kenntnis an das Schweizerische Hundestammbuch.

Nach der vielen Theorie wollen wir uns nun aber wiederum der Praxis zuwenden, und vom Ausgangspunkt jeder Hundezucht ausgehen, und das
ist

Die Zuchthündin

Wir wollen in diesem Kapitel keineswegs nochmals von den Anforderungen reden, die an eine Zuchthündin gestellt werden müssen, sondern wir
wollen uns nun mit den physiologischen Vorgängen befassen, die vor,
während und nach dem Deckakt bei der Hündin ihren gesetzmässigen Ablauf nehmen, und über die der Züchter einigermassen Bescheid wissen
muss.

Vorerst ein Wort zum *Alter der Züchthündin*. Darüber können keine allgemein gültigen Regeln aufgestellt werden, auch wenn verschiedene Klubs
dies aus einem überspitzten Dirigismus heraus immer wieder versuchen.
Grundsätzlich ist festzuhalten, dass die Hündin in bester Kondition (körperlicher Verfassung) sein muss, und dass sie völlig erwachsen sein soll.
Das Erwachsensein bezieht sich dabei keineswegs lediglich auf Körpergrösse und Gewicht, sondern ebensosehr auch auf die psychische Entwicklung. So wie der Körper sichtbar heranwächst und heranreift, so fin-
det, für uns kaum sichtbar, im Instinktgefüge der Hündin ein
Reifungsprozess statt. Für uns sichtbar, wird ihre jugendliche Verhaltensweise allmählich abgebaut und macht den Verhaltungsweisen erwachsener Hunde Platz, unsichtbar aber reifen Instinkte mit, deren Vorhanden-
sein wir vorerst nicht bemerken, die jedoch bei Bedarf schlagartig
einsetzen müssen und sinnvolles Handeln, zum Beispiel bei der Geburt,
bewirken.

Normalerweise sollte diese Instinktreife parallel zur körperlichen Entwicklung laufen. Das ist aber bei Haustieren (und auch beim Menschen) nicht
mehr in allen Teilen der Fall, vor allem nicht im Bereiche des Fortpflanzungskreises. Eine Hündin einer mittelgrossen Rasse kann bereits mit
sechs Monaten in Brunst (Paarungsbereitschaft) geraten und ist dann
auch rein körperlich durchaus fähig, Junge auf die Welt zu bringen, ihre
Brutpflegeinstinkte (mütterliche Triebe) aber, sind in diesem Alter noch
keineswegs voll entwickelt. Ganz abgesehen davon, dass eine Trächtigkeit
eine derart junge Hündin auch körperlich schädigen kann, wird eine zu
junge Hündin «nicht wissen», was sie mit ihren Kindern anfangen soll. Sie
läuft von ihnen weg, zeigt möglicherweise sogar Furcht vor ihnen, putzt
und pflegt die Kleinen nicht und will sie nicht säugen lassen; kurz gesagt:
Ihre körperlich-geschlechtliche Reife ist der seelischen um Monate vor-

aus. Oft spielt dabei auch die allzu enge Bindung an den Menschen mit eine Rolle. Wir dürfen hier ruhig eine Parallele zur Akzeleration (Entwicklungsbeschleunigung) des modernen Menschen ziehen, die Erziehern und Psychiatern heute schwere Probleme aufgibt.

Bis zur vollen körperlichen und seelischen Reife brauchen die verschiedenen Rassen eine unterschiedlich lange Zeit. Man darf da etwa die Regel aufstellen, dass kleine bis mittelgrosse Rassen mit 18 Monaten, grosse und schwere Rassen aber erst mit 22 bis 30 Monaten voll erwachsen sind. Damit ist eigentlich auch der Beginn einer ersten Zuchtverwendung gegeben.

Als Regel soll ebenfalls gelten: Hündinnen grossköpfiger und kurznasiger Zwergrassen (Brüsseler Griffon, King Charles Spaniel, Mops) sollten *vor* Ablauf ihres zweiten Lebensjahres ihren ersten Wurf haben, weil mit der zunehmenden Stabilisierung des Beckens die Gefahr der Geburtsschwierigkeiten stark zunimmt. Zur Regel sollte man sich auch machen, dass eine Hündin spätestens im Alter von vier bis fünf Jahren erstmals gedeckt werden sollte. Die Elastizität der Bänder und Gelenke im Bereiche des Beckens nimmt mit zunehmendem Alter ab und demzufolge mehren sich die Komplikationen bei der Geburt.

Bis zu welchem Alter eine bewährte Hündin noch zur Zucht verwendet werden soll, entscheidet lediglich ihre Kondition. Es gibt Hündinnen, die schon mit sieben Jahren schlecht säugen und es gibt solche, die mit zehn Jahren noch ausgezeichnete Mütter sind. Hier muss der gewissenhafte Züchter selber entscheiden.

Wie oft soll eine Hündin gedeckt werden?

In der Regel wird eine Hündin alle sechs Monate hitzig. Es gibt aber viele, namentlich junge Hündinnen, bei denen das Intervall (zeitlicher Abstand zwischen zwei Befruchtungsphasen) nur vier Monate beträgt; bei andern wiederum dauert dieses acht und mehr Monate. Bei ein und derselben Hündin sind die Intervalle über Jahre hinaus zeitlich gleich, werden dann aber vom 7. bis 8. Lebensjahr an häufig zusehends grösser.

Die relativ häufige Fortpflanzungsbereitschaft der Hündin ist eine Folge der Domestikation (Haustierwerdung). Schon bei gefangenen Wildtieren beginnt unter dem Einfluss des gefahrlosen und bequemen Gefangenschaftslebens recht häufig der ganze Fortpflanzungsrhythmus zu zerfallen: Hirsche werden schon Ende August, statt erst im Oktober brunftig und setzen dann ihre Kälber viel zu früh, Wildschweine werfen ihre Frischlinge bereits im Januar, statt erst im Mai. Beim Haustier ist dieser Zerfall des einst festgefügten Zyklus' noch viel weiter fortgeschritten. Während beim

Wildtier die Paarungsbereitschaft des Männchens zeitlich ziemlich genau mit der des Weibchens zusammenfällt, sind beim Haustier die Männchen das ganze Jahr hindurch paarungsbereit. Eine Ausnahme machen nur die Vögel, die sich während der Mauser kaum geschlechtlich betätigen, weil sich ihre Keimdrüsen während dieser Zeit bis zur Funktionsuntüchtigkeit zurückbilden.

Entsprechend der dauernden Paarungsbereitschaft beim Männchen, sind jetzt beim Weibchen die ehedem jahreszeitlich festgesetzten Paarungs- und Wurfzeiten nun über das ganze Jahr hin verstreut.

Die relativ kurzen Ruhepausen der Hündin sind unter dem Gesichtspunkt einer domestikationsbedingten Hypersexualität zu bewerten.

So ist es denn nicht mehr «die Natur», die eine derart rasche Wurffolge will, sondern es ist die eindeutige Folge unnatürlicher Lebensverhältnisse; ja, eine eigentliche Zerfallserscheinung.

Der seriöse Züchter, der nicht um des Profites willen Hunde züchtet, wird deshalb seine Hündin nicht bei jeder Hitze decken, sondern den naturgewollten Rhythmus von einem Wurf pro Jahr nach Möglichkeit einhalten.

Das schliesst nicht aus, dass einer Hündin, die sich in bester Kondition befindet, ab und zu ein zweiter Wurf pro Jahr zugemutet werden kann, aber das soll die spärliche Ausnahme und keineswegs die Regel sein.

Es ist dabei nicht nur die Belastung des mütterlichen Organismus während der Säugezeit, sondern vor allem auch während der Trächtigkeit zu beachten. Der gesetzte Wurf kann bis zu einem Viertel des mütterlichen Körpergewichtes betragen, diese Substanz während neun Wochen aufzubauen, beansprucht den Körper der Hündin sehr stark. Eine zu rasche Wurffolge schwächt zuerst die Hündin und dann unweigerlich die Welpen.

Sommer- oder Winterwurf?

Die Läufigkeit der Hündin ist nicht mehr eindeutig jahreszeitlich festgelegt. Immerhin lässt sich feststellen, dass ein Grossteil der Hündinnen zwischen Januar und April und dann wieder zwischen August und Oktober in Hitze kommt. Eine schwache Anlehnung an die Jahreszeiten lässt sich also noch erkennen. Demzufolge hat der Züchter die Wahl zwischen Sommer- und Winterwürfen.

Sommerwürfe gelten als gesünder und frohwüchsiger als Winterwürfe. Ich halte das für ein Märchen! Massgebend für die Entwicklung der Welpen sind, neben erblichen Veranlagungen, Fütterung und Haltung. Wir ziehen seit Jahren sowohl Winter- wie Sommerwürfe auf und haben nie einen merkbaren Unterschied im Wachstum und in der Vitalität der Junghunde feststellen können. Deshalb entscheiden die persönlichen Verhältnisse und Wünsche des Züchters über diese Frage.

Es gilt einfach, einige wenige, aber wichtige Punkte vorher zu überlegen: Winterwürfe bedingen einen heizbaren, gegen Kälte und Nässe gut isolierten Aufenthaltsraum und einen rasch trocknenden, sonnseitig gelegenen Auslauf. Hingegen macht das Aufbewahren von Futterfleisch, auch in grösseren Mengen, im Winter keine Schwierigkeiten. Es verdirbt nicht so rasch, und mit den lästigen Fliegen und anderem Ungeziefer muss nicht ein dauernder Kampf geführt werden.

Sommerwürfe können ohne Heizung aufgezogen werden, auch brauchen weniger hohe Anforderungen an das Hundehaus gestellt zu werden. Das Reinigen der Ausläufe erfordert weniger Arbeit und ist im Sommer entschieden angenehmer als bei winterlicher Kälte und Nässe. Zum Aufbewahren des Futterfleisches benötigen wir aber einen guten Kühlschrank, besser noch eine Tiefkühltruhe oder ein gemietetes Kühlfach. Zubereitetes Frischfutter kann, namentlich im Hochsommer, rasch verderben und darüber hinaus ist ein täglicher Kampf gegen Fliegen und sonstige Schmarotzer zu führen. Zudem bedingen Sommerwürfe Verzicht auf Sommerferien.

So haben beide Möglichkeiten ihre Vor- und Nachteile, man soll sich die Sache also reiflich überlegen!

Die Hitze (Brunst, Läufigkeit) der Hündin

Die Zweigeschlechtigkeit der Wirbeltiere bedingt eine genaue Synchronisation der Fortpflanzungsbereitschaft beider Geschlechter. Diese kann auf verschiedene Arten erreicht werden. Einmal kann die «Geschlechtsuhr» bei beiden Geschlechtern auf die genau gleiche Zeit eingestellt sein. Dies trifft beispielsweise bei vielen Vögeln zu, wo Männchen und Weibchen oft nur während einer sehr eng begrenzten Zeit fortpflanzungsfähig sind und ganz unabhängig voneinander und ohne gegenseitige Beeinflussung in Paarungsbereitschaft kommen. Ähnlich liegen die Verhältnisse bei den Hirschen und Rehen. Ausserhalb der relativ kurzen Brunftzeit kümmert sich das männliche Tier nicht um die Weibchen.

Bei andern bestimmt das eine Geschlecht den Rhythmus des andern, das heisst der fortpflanzungsbereite Teil hat durch bestimmte Signale den Partner ebenfalls in Fortpflanzungsstimmung zu bringen. Dieser Sachverhalt trifft wohl auch beim Hund weitgehend zu. Die sogenannte Läufigkeit der Hündin weckt den Paarungstrieb der Rüden und bahnt überdies zwei wichtige Ereignisse an: Die Befruchtung und die Trächtigkeit.

Es ist unbedingt notwendig, dass der Züchter über die physiologischen Vorgänge während der Läufigkeit einigermassen im Bilde ist.

Die Eizellen reifen in den beiden Eierstöcken, die in der Nähe der Nieren liegen, in Bläschen (Follikel) heran.

Über den Eiervorrat bei der Hündin haben wir bereits weiter vorne gesprochen.

Ist ein Ei reif, so platzt das Bläschen und das Ei wird frei. Diesen Vorgang bezeichnet man als Follikelsprung oder Ovulation. Das freigewordene Ei gelangt durch einen sinnreichen Mechanismus, der beim Hund absolut sicher wirkt, in den Eileiter, durch den es allmählich in die Gebärmutter absteigt. Während der eigentlichen Befruchtungsphase befinden sich mehrere reife Eier auf ihrem Weg zur Gebärmutter in den beiden Eileitern. Nur jetzt, das heisst während ihres Durchganges durch die Eileiter, können sie befruchtet werden. Ist dies nicht der Fall, so sterben sie ab. Die Lebensdauer eines reifen Eies wird von verschiedenen Autoren recht verschieden angegeben. Ihre Angaben schwanken zwischen 2 und 48 Stunden. Nach neuesten Untersuchungen glaubt man, sogar nur eine Lebensdauer von höchstens 6 Stunden annehmen zu dürfen. Ob nur 2 oder im Maximum 48 Stunden, das ist für den Praktiker nicht so wesentlich, für ihn ist wichtig zu wissen, dass einerseits die Lebensdauer eines reifen Eies beschränkt ist, und dass sich andererseits der Ovulationsprozess über mehrere Tage hinstrecken kann. Die zu Beginn ausgestossenen Eier können demzufolge längstens zugrunde gegangen oder befruchtet worden sein, wenn die letzten in den Eileiter und somit zur Befruchtung gelangen. Wir werden später nochmals auf die praktische Bedeutung dieser Tatsache zurückkommen müssen. Die Begattungsbereitschaft der Hündin sollte mit der Ovulation beginnen und so lange anhalten, als sich befruchtungsfähige Eier in den Eileitern befinden. Darauf kann man sich freilich nicht unbedingt verlassen, in dem sich auch hier bei vielen Hündinnen ein arger Instinktzerfall bemerkbar macht. Wir werden auch hier nochmals darauf zurückkommen.

Im Moment, da die ersten befruchteten Eier die Gebärmutter erreichen, muss deren Schleimhaut zur Aufnahme der Eier vorbereitet sein. Das Bindegewebe verdickt sich, die Blutgefässe füllen sich und die Drüsen entwickeln eine erhöhte Tätigkeit. Mangelhafter Aufbau der Gebärmutterschleimhaut kann zum Absterben befruchteter Eier oder zur späteren Resorption schon entwickelter Eier führen.

Der blutig-schleimige Ausfluss aus der Gebärmutter, zuerst während etwa einer Woche dunkelrot, dann hellrot-schleimig und gegen das Ende der Hitzeperiode hin häufig wieder sehr dunkel, fast schwärzlich, stellt, verbunden mit einer starken Anschwellung der äusseren Geschlechtsteile und einem spezifischen Brunstgeruch, das bereits erwähnte Signal an die

Rüden dar, welches diese nun ihrerseits in Paarungsbereitschaft versetzen wird.

Es ist falsch zu glauben, nur der Ausfluss der Hündin trage den Brunstgeruch, bestimmt ändert sich der ganze Körpergeruch der Hündin während dieser Zeit. Es ist deshalb zwecklos, zur Abhaltung zudringlicher Rüden die Hündin an den Hinterschenkeln mit Duftmitteln zu bestreichen und dabei die Fussohlen ausser acht zu lassen, mit denen die Hündin ihre Brunstspur ebenso deutlich legt, wie mit einigen Bluttropfen.

Der sichtbaren Brunst geht eine Vorbrunst voraus, die häufig übersehen, von den Rüden aber bereits am veränderten Körpergeruch der Hündin registriert werden kann. Bei der Hündin selber äussert sie sich etwa darin, dass sie viel häufiger und nur in kleinen Mengen Harn absetzt, wobei sie oft versucht, ein Hinterbein zu heben und nachher nach Art der Rüden mit den Hinterbeinen über die Harnstelle scharrt und so eine sehr breite Duftmarke setzt.

Durch die Brunstsignale der Hündin kommt nun auch der Rüde in Brunststimmung. Er wird unruhig und sein Körpergeruch ändert sich, selbst für menschliche Nasen wahrnehmbar, ganz deutlich. Der nun aktivierte Paarungstrieb kann zeitweilig alle andern Triebe völlig verdrängen, der Rüde «vergisst» Hunger, Schlaf und Anhänglichkeit, er ist nicht mehr wachsam und wird unempfindlich gegen Kälte, Nässe und Hitze, das heisst sein ganzes Wesen wird vorübergehend vollkommen verändert. Aus diesem Grund rate ich dem kleinen Züchter vom Halten eines eigenen Deckrüden neben den Hündinnen ab.

Doch wenden wir uns wieder der Hündin zu. Nach dem Eisprung verwandelt sich das leere Eibläschen in eine Hormondrüse, den sogenannten Gelbkörper. Dieses Gelbkörperhormon bereitet die Gebärmutterschleimhaut zur Aufnahme allfällig befruchteter Eier vor und steuert in der Folge die Vorgänge der Trächtigkeit.

Erfolgt keine Befruchtung, so bildet sich der Gelbkörper wieder zurück und es tritt eine rund 19–20 Wochen dauernde Ruhepause ein, bis dann nach Ablauf dieser Zeit wieder neue Follikel heranreifen.

Das sind, kurz und einfach geschildert, die Vorgänge, die sich während der Läufigkeit der Hündin abspielen. Für den Züchter stellen sich nun einige praktische Probleme. Das wichtigste ist die Frage nach dem günstigsten Zeitpunkt der Paarung.

Der richtige Zeitpunkt

Etwa am fünften Tag der 15–18 Tage dauernden Reifezeit der Eier setzt die Läufigkeitsblutung ein. Das in den Follikeln gebildete Follikelhormon regt den Aufbau der Gebärmutterschleimhaut an, löst das Brunstverhalten aus und sensibilisiert die Gebärmuttermuskulatur. Wir können also annehmen, dass etwa 10–15 Tage nach Eintritt der Blutung die ersten Eier in die Eileiter gelangen. Vorher ist eine Befruchtung unmöglich. Viele Hündinnen zeigen den Eintritt der Follikelsprungphase durch eine deutliche Verhaltensänderung an. Sie werden unruhig, pfeifen sobald sie einen Rüden sehen oder riechen, reiten auf andern Hündinnen herum und zeigen gegenüber diesen oder gegenüber vertrauten Menschen den Begattungsduldungsreflex. Sie ziehen dabei den Rücken leicht hoch, biegen den Schwanz zur Seite und schwenken den Hinterteil unter trippelnden Bewegungen hin und her. Viele Hündinnen verlieren ihren Appetit, werden ungehorsam oder sind reizbar. Oft zeigen sie in dieser Zeit ganz ausgefallene Verhaltensweisen. So beginnt eine unserer Hündinnen während dieser zwei bis drei Tage beim Ertönen der Mittagsglocke der Kirche laut zu heulen. Das tut sie sonst das ganze Jahr hindurch nie und ihr Heulen ist deshalb für uns das sicherste Zeichen, dass sie jetzt deckreif ist.

Leider gibt es aber, ich habe weiter vorne darauf hingewiesen, viele sexuell sehr passive Hündinnen. Sie zeigen mit keiner Verhaltensänderung ihre Deckbereitschaft an, selbst nicht einmal gegenüber Rüden.

Andere Hündinnen dagegen sind vom ersten bis zum letzten Tage ihrer Hitze bereit, sich von jedem x-beliebigen Rüden decken zu lassen. Beide, die vollkommen frigide wie die überreizte Hündin (sie können daneben in ihrer Wesensverfassung durchaus normal sein) sind Beweise für den Instinktzerfall im Bereiche des Fortpflanzungskreises. Hier muss eben der Züchter den richtigen Zeitpunkt bestimmen. Eine allgemein gültige Regel gibt es leider nicht.

Oft übersieht auch der erfahrene Züchter den Beginn der Hitze, weil die Hündin jede Spur sofort wegleckt.

Namentlich bei Zwerghunden muss vermehrtes Lecken der Geschlechtsteile als Beginn der Hitze vermerkt werden. In den meisten Zuchtanleitungen liest man, der 11. bis 13. Tag der Läufigkeit sei der richtige Zeitpunkt, um die Hündin dem Rüden zuzuführen. Ich warne vor solchen Rezepten. Wir haben unsere Hündin Ines am 13. und 15. Tage decken lassen, ohne Erfolg! Bei der nächsten Hitze wurde sie, weil wir dachten, wir seien zu voreilig gewesen, am 15., 16. und 17. Tage gedeckt: wiederum ohne Erfolg! Allemal nahm die Hündin den Rüden sofort an. Bei der dritten Hitze deckten wir am 9. Tag. Ergebnis: Sechs Welpen! Die Hündin Lola benahm sich am 8. Tage ihrer Hitze derart mannstoll, dass ich sie, nur um Ruhe zu haben, zum Rüden liess. Sie wurde sofort gedeckt und warf sechs Welpen. Die Aga liess sich nie vor dem 17. Tage, einmal sogar erst am 21. Tage mit Erfolg decken. Die Pia blieb, am 12. Tage gedeckt, leer; am 18. Tag gedeckt, warf sie jedoch fünf Welpen. Pia II hatte von ihrem sechsten Lebensjahr an stark verlängerte Hitzeperioden. So wurde sie im Alter von sechs Jahren am 26. Tage und mit sieben Jahren sogar am 35. Tage nach Eintritt der Hitze mit Erfolg gedeckt. Sie warf das eine Mal drei, das andere Mal fünf Welpen. Derartige Verzögerungen der Ovulation sind freilich seltene Ausnahmen, aber man muss dennoch mit ihnen rechnen. Die Griffon-Hündin Evi liess sich während ihrer ganzen Läufigkeit an jedem beliebigen Tage decken; den richtigen Zeitpunkt zu treffen, war bei ihr äusserst schwer, sie blieb denn auch mehrmals leer.

Ich glaube damit deutlich gezeigt zu haben, wie wenig man sich auf solche anscheinend exakte Angaben stützen darf. Nur die genaue Beobachtung der Hündin hilft! Solange diese dunkelrot blutet, ist ein Deckakt erfolglos, auch wenn sie den Rüden annimmt; der richtige Zeitpunkt ist dann gegeben, wenn die äussern Geschlechtsteile der Hündin bereits wieder etwas abschwellen und der Ausfluss hellrötlich wird.

Jetzt heisst es handeln! Möglicherweise nimmt die Hündin auch jetzt den Rüden nicht an, das will aber noch lange nicht heissen, dass sie trotzdem nicht deckreif ist. Wir werden bei der Besprechung der Deckschwierigkeiten darauf zurückkommen.

Nachdem wir wissen, dass die Lebensdauer der Eizellen und der Samenzellen auf wenige Stunden begrenzt ist, wird uns klar, dass das Treffen des richtigen Zeitpunktes für die Wurfgrösse sehr wichtig ist. Am günstigsten, aber zeitlich wohl nur zufällig zu treffen, ist es, den Deckakt zeitlich unmittelbar vor den Follikelsprung anzusetzen. Die, die Eileiter aufsteigenden Samenzellen, werden dann auf die zur Gebärmutter absteigenden Eizellen treffen und diese befruchten. Wir erhalten so die grösste Welpenzahl.

Geschwister mit verschiedenen Vätern

Da sich die Ovulation der Hündin über mehrere Tage hinziehen kann, andererseits die männlichen Samenzellen höchstens 24 Stunden befruchtungsfähig bleiben, leuchtet es ein, dass eine Hündin im gleichen Wurf Kinder nach verschiedenen Vätern haben kann. Würden wir sie in dieser Zeit nämlich wirklich laufen lassen, das Wort Läufigkeit deutet ja auf den gesteigerten Lauftrieb der Hündin während ihrer Paarungszeit hin, so liesse sie sich während Tagen durch mehrere Rüden wahllos decken. Bei grossen Intervallen zwischen den einzelnen Follikelsprüngen wäre es dann durchaus möglich, dass jeder Welpe im kommenden Wurf einen andern Vater hat.

Diese Tatsache hat wohl Anlass zu der falschen Meinung von der Telegonie (siehe Seite 27) gegeben. Eine Hündin ist deshalb vor und nach dem Decken durch den von uns gewählten Rüden unbedingt unter strengster Kontrolle zu halten. Andererseits aber erhöht ein zwei- oder gar mehrmaliges Decken der Hündin – in Abständen von 24–36 Stunden – in der Regel die Anzahl der Welpen pro Wurf.

Dass dies durch den gleichen Rüden zu geschehen hat, möchte ich, obschon eigentlich selbstverständlich, noch ausdrücklich gesagt haben. Namentlich wenn der Deckrüde weit weg ist, die Reise zu ihm kostspielig und zeitraubend, sollten wir nicht unterlassen, die Hündin zweimal decken zu lassen, um so das Risiko des Leerbleibens der Hündin zu verringern.

Deckschwierigkeiten

Wer mit seiner Hündin zum Rüden fährt, dem rate ich, für selbigen Tag keine weiteren Verabredungen mehr zu treffen. Es ist nämlich durchaus nicht so, dass sich die Sache in einer knappen halben Stunde erledigen lässt. Im Gegenteil, oft heisst es warten und nochmals warten; übrigens eine sehr schöne Gelegenheit, um sich in Geduld zu üben.

Der Schwierigkeiten sind viele, und wir können hier kaum alle eingehend erörtern. Immerhin sollen doch die häufigsten und am leichtesten vermeidbaren erwähnt werden:

Wohl am meisten klappt die Sache dann nicht, wenn die Hündin noch gar nicht deckreif ist. Namentlich der Anfänger neigt in seiner Ungeduld und in der Furcht, den richtigen Zeitpunkt zu verpassen, gerne dazu, seine Hündin dem Rüden zu früh zuzuführen. Er kann damit unter Umständen das ganze Unternehmen komplett vereiteln. Die Hündin wird sich, je nach Temperament, wütend gegen die Annäherungsversuche des Rüden zur Wehr setzen. Alte Routiniers beeindruckt das wenig, aber junge und noch unerfahrene Rüden lassen sich dadurch derart einschüchtern, dass sie sich auch in den nächsten Tagen nicht mehr an die Hündin heranwagen und ihr aus dem Wege gehen. Darum sollte man unbedingt zuwarten, bis alle Zeichen deutlich für die Deckreife der Hündin sprechen. Im Zweifelsfalle mache man vielleicht die biologische Probe, indem man die Hündin kurz einem Rüden, möglichst einem viel kleineren oder auch viel grösseren gegenüberstellt und ihr Verhalten gut beobachtet! Zeigt sie sofort den bereits erwähnten Begattungsduldungsreflex, dann ist die Zeit gekommen. Es heisst bei dieser Probe aber sehr aufpassen. Routiniers unter den Rüden nehmen die Gelegenheit oft blitzschnell wahr und schon ist das Unglück geschehen! Die Tiere dann auseinanderreissen zu wollen, ist Unsinn, ja geradezu im höchsten Grade gefährlich. Auch das oft praktizierte Begiessen mit kaltem Wasser nützt dann nichts.

Im Gegensatz zum Neuling neigt der alte Züchter oft zu Sorglosigkeit. Die Tatsache, dass Hündinnen über mehrere Tage «stehen» und selbst bei Deckungen ganz am Ende der Läufigkeit noch gute Würfe bringen, verleitet ihn dazu, die Reise zum Deckrüden auf den Zeitpunkt hinauszuschieben, der *ihm* am besten passt. Das kann so und so oft ohne nachteilige Folgen sein, bleibt eine Hündin dann aber leer, so wird dem Deckrüden die Schuld gegeben. Der Mann vergisst aber, dass es Hündinnen gibt, die sich innerhalb der dreiwöchigen Läufigkeit nur während weniger Stunden mit Erfolg decken lassen.

Es ist auch darauf zu achten, dass sich die Hündin richtig entleeren kann, bevor man sie dem Rüden zuführt. Ist dieses Geschäft erledigt, so klappt die Sache oft recht bald! Das gleiche gilt auch für den Rüden. Man sollte deshalb, wo immer sich die Möglichkeit dazu bietet, die Paarung irgendwo im Freien – freilich ohne grosses Publikum – vornehmen. Gut erzogene Hündinnen vergessen ihre «Zimmerreinheit» eben auch jetzt nicht, und das Nichtlösenkönnen kann die Ursache sein, dass es dann nicht zur Paarung kommt.

Viele Hündinnen wollen umworben sein. Bei den Wölfen gehen dem Deckakt tagelange Paarungsvorspiele voraus. Eingedenk dieser Tatsache sollte man sich bewusst sein, dass eine Hündin nicht eine Kuh oder ein Kaninchen ist, die man einfach vor den Stier oder Rammler hinstellen kann. Man sollte deshalb Rüde und Hündin miteinander spielen lassen. Wir haben es häufig erlebt, dass eine Hündin, die sich jeweils vorerst dem Rüden gegenüber heftig sträubte, nach einer Stunde intensiven gemeinsamen Spielens plötzlich willfährig wurde. Diese Paarungsspiele können aber mitunter auch mehrere Stunden dauern.

Merkwürdigerweise fassen viele Deckrüdenbesitzer es als eine Art persönliche Schande auf, wenn der Rüde anscheinend nicht begreifen will, was von ihm verlangt wird. Sie reden dann auf den Rüden ein, lenken ihn damit von der Hündin ab und verhindern so die Paarung. Ebensosehr verliert der Besitzer der Hündin oft die Geduld und versucht, die Paarung zu erzwingen. Durch solches Gehaben vergrämt er den Rüden nur und muss meistens unverrichteter Dinge wieder abziehen. Ich bin überzeugt, dass der Grund vieler Paarungsschwierigkeiten nicht bei den Hunden, sondern bei den anwesenden Besitzern zu suchen ist.

Der Rüdenbesitzer sollte auch darauf achten, dass der Rüde nicht unmittelbar vor dem Decken noch eine Mahlzeit erhält. Es kommt vor, dass Rüden dann infolge der Auf- und Erregung sich erbrechen müssen. Manchmal deckt ein Rüde nach dem Erbrechen sofort, manchmal aber ist's mit seiner Decklust für Stunden aus.

Wir vergessen oft leicht, dass wir es bei Hunden mit sehr sensiblen Wesen zu tun haben, die sich durchaus nicht immer unserem Willen fügen, sondern ihren eigenen Kopf und ihren eigenen Willen haben.

So haben wir einmal einen guten halben Tag versäumt, um unsere alte Aga durch einen uns sehr gut passenden Rüden decken zu lassen. Es ging einfach nicht, obschon der Rüde alle Anstrengungen unternahm und die Hündin ganz offensichtlich deckreif war. Sobald der Rüde aufreiten wollte, schnappte die Hündin nach ihm und floh. In der Annahme, wir seien eben doch zu früh mit ihr zum Rüden gegangen, kehrten wir nach Hause zurück. Kaum waren wir zu Hause, liess sie sich sofort von unserem Rüden, mit dem sie eben dauernd zusammenlebte, decken. Den von uns gewählten Rüden lehnte sie ganz offensichtlich aus Antipathie ab.

Solche Sympathien und Antipathien und oft noch andere Hemmungen, deren Art wir nicht kennen, spielen mitunter eine grössere Rolle als wir ahnen.

Bekannte von mir hatten zwei Riesenschnauzer, Mutter und Sohn. War Mädi, die Mutter, läufig, so durfte man sie ruhig frei laufen lassen. Der mächtige und ungemein starke Rüde Kobi begleitete sie auf Schritt und Tritt und liess keinen fremden Rüden an sie herankommen. Er selber aber deckte seine Mutter durch all die Jahre hindurch nie. Dabei war er ein richtiger Hunde-Don-Juan. War irgendwo eine fremde Hündin hitzig, so scheute er kein Hindernis, um zu ihr zu gelangen und Riesenschnauzer-Bastarde gab es dazumal in unserem Dorfe etliche.

Derartige psychische Hemmungen sind unbedingt in Rechnung zu stellen. Darunter haben wir auch die bei Hündinnen erwähnte, mangelnde sexuelle Reife zu zählen. Es gibt aber auch viele Rüden, die mit 1$\frac{1}{2}$ Jahren wohl körperlich völlig erwachsen, deren Paarungsinstinkte aber in diesem Alter noch nicht völlig ausgereift sind. Solche Rüden spielen mit der Hündin, machen etwa auch auf Distanz einige spielerische Begattungsversuche, aber zu einer richtigen Paarung kommt es nicht. Ein halbes Jahr später benehmen sich solche Rüden oft wie alte erfahrene Deckrüden: der Reifungsprozess im Sexualbereich ist dann abgeschlossen.

Es gibt unter den Rassehunden viele mit sehr schlecht entwickelten Sexualinstinkten. Ich habe schon die Hündin erwähnt, die, obschon alle Zeichen darauf hinweisen, dass sie deckreif ist, einfach nicht «stehen» will. Hat man einen feurigen Deckrüden, so kann eine solche Hündin festgehalten werden und der Rüde wird sie decken. Sie wirft in der Regel, trotz der erzwungenen Deckung, einen zahlenmässig normalen Wurf. Ich weiss, es gibt viele Züchter und Tierärzte, die davon abraten, mit einer solchen Hündin oder einem sexuell passiven Rüden zu züchten, weil sich diese Passivität vererbt. Das ist ohne Zweifel so. Es ist aber eine Frage, ob eine solche sexuelle Passivität tatsächlich ein schwerwiegender Mangel ist. Ich behaupte nein. Die wenigsten Rüden, die ein Züchter aufzieht und später verkauft, werden überhaupt je einmal als Deckrüden eingesetzt. Als Haushund, als Begleiter und als Kamerad ist mir aber ein sexuell eher passiver Rüde hundertmal lieber als ein unverbesserlicher, feuriger Don Juan, der jeder Hündin nachläuft. Zudem sind es in der Regel die sexuell sehr aktiven Rüden, die ständig soziale Auseinandersetzungen mit ihresgleichen suchen und dann mit der Zeit die unerwünschten Rempler und Raufer abgeben. Der sexuell passive Rüde ist in der Regel auch gegenüber andern Rüden sehr verträglich.

Es ist auch behauptet worden und wird immer wieder behauptet, dass sexuell passive Hündinnen schlechte Mütter seien. Diese Annahme erweist sich in der Praxis als völlig unzutreffend. Ich habe mehrmals mit Hündinnen, die beim Decken Schwierigkeiten machten, gezüchtet, sie waren allesamt gute Mütter. Sexual- und Mutterinstinkt gehören zwei verschiedenen Funktionskreisen an, und das Fehlen des einen bedingt noch lange nicht das Fehlen des andern.

Sind aber Hündin und Rüde sexuell passiv, so ist eine Paarung vielfach aussichtslos. Hier könnte nur die künstliche Besamung helfen, der man aber bei uns noch sehr skeptisch gegenübersteht, und die wir hier auch gar nicht diskutieren wollen.

Es ist ein Trugschluss, der sexuell passive Rüde sei impotent. Er kann, gerät er an eine sexuell sehr aktive Hündin, sehr wohl Nachkommen zeugen. Wir hatten einen solchen Rüden einst aus Belgien importiert; er deckte während seines Lebens nur zwei Hündinnen, wohl nicht zufällig Wurfschwestern, bei allen andern Hündinnen versagte er. Beide von ihm gedeckten Hündinnen brachten aber Würfe.

Neben diesen, aus psychischen Bereichen entspringenden Paarungsschwierigkeiten, gibt es natürlich auch körperliche Gebrechen, die eine Paarung verunmöglichen. Zu erwähnen ist etwa Scheidenvorfall bei der Hündin oder Verkrümmung oder Bruch des Penisknochens beim Rüden. Auch Bandscheibenschäden in der Wirbelsäule können dem Rüden beim Aufsteigen Schmerzen bereiten und eine Paarung vereiteln. Weil hier nicht der Züchter, sondern nur der Tierarzt, korrigierend einwirken kann, brauchen wir nicht weiter darauf einzutreten.

Der normale Deckakt

Nach mehr oder weniger langem Paarungsvorspiel, wobei ausgiebiges Beschnuppern der Halsseiten und der Ohren typisch ist, wird der Rüde aufreiten. Es empfiehlt sich, jetzt zum Handeln bereit zu sein! Die meisten Hündinnen stehen solange ruhig, bis die Schwellkissen in der Scheide der Hündin und der Schwellkörper am Penis des Rüden anschwellen. Jetzt wollen sie sich losreissen, oft beissen die Hündinnen auch nach dem Rüden. Der Hündinnenbesitzer muss dies unbedingt verhindern, indem er die Hündin am Halsband festhält und beruhigend auf sie einspricht, solange der Rüde hängt. Das kann 5 bis 50 Minuten dauern. Während dieser Zeit erfolgt die Samenabgabe des Rüden in drei Phasen. Zuerst wird ein klares wässeriges Sekret abgegeben, dann folgt das erste Ejakulat, ihm folgen weitere Ejakulate, bei denen nach neuesten Angaben, etwa 7–15 cm^3 Flüssigkeit in die Gebärmutter der Hündin gelangen, wobei pro 1 mm^3 mit 100 000 Spermien gerechnet werden kann. Die eigentliche Samenflüssigkeit ist stark verdünnt mit Sekreten aus der Vorsteherdrüse. Die Natur ist ungemein verschwenderisch. Man nimmt an, dass der Rüde 1–1,5 Milliarden Samenzellen abgibt, von denen etwa 6–12 zur Verschmelzung mit einer Eizelle kommen.

Hat sich der Rüde von der Hündin gelöst, so tut man gut daran, die Hündin noch etwas festzuhalten und zu beruhigen. Viele Hündinnen sausen jetzt nämlich laut bellend herum und mehr als eine hat mir dabei ein Loch in die Hosen oder in den Ärmel gerissen.

Und wenn der Rüde nicht hängen bleibt?

Zum vollständigen Deckakt gehört das Hängenbleiben des Rüden während mindestens fünf Minuten. Es heisst aber nicht, dass beim Wegfall dieser Phase der Deckakt erfolglos geblieben sei. Der Rüde Till blieb nie hängen, eine Deckung dauerte bei ihm jeweils höchstens zwei bis drei Minuten, aber die von ihm gedeckten Hündinnen waren immer trächtig. Es ist offensichtlich so, dass die zweite Phase, nämlich die Abgabe von etwa 1 cm^3 dichter Samenflüssigkeit vor der Bildung des Knotens erfolgt und weil dabei eine grosse Zahl, das heisst bereits Hunderttausende Samenzellen in die Gebärmutter gelangen, wird dies meistens zur Befruchtung genügen. Der biologische Sinn des Hängenbleibens liegt wohl darin, dass die relativ grosse Menge der nachfolgenden wässerigen Sekrete sich dem ersten Ejakulat beimengen und den Transport der Samenzellen durch die Gebärmutterhörner hinauf sehr stark beschleunigen, und zudem wird das Auspressen des Spermas nach dem Deckakt verhindert. Es ist eine Sicherung, welche die Wahrscheinlichkeit einer Befruchtung stark erhöht, nicht aber eine unbedingte Notwendigkeit.

Trotz normalem Deckakt bleibt die Hündin leer

Genaue Untersuchungen über die Fruchtbarkeit des Hundes fehlen bis heute. Dagegen weiss man in der Rinder-, Pferde- und Schweinezucht diesbezüglich ziemlich genau Bescheid, weil hier grosse wirtschaftliche Interessen mitspielen.

In der Rinderzucht liegt die Fruchtbarkeit zwischen 60 und 90%, je nach der tierärztlichen Überwachung und Betreuung der Zuchtbestände. In der Schweinezucht rechnet man mit 80 bis 90% erfolgreichen Paarungen und bei den Pferden bringen 50 bis 60% der gedeckten Stuten ein Fohlen zur Welt.

Es ist anzunehmen, dass wir auch bei den Hunden mit ähnlichen Prozentsätzen werden rechnen müssen.

Immerhin ist das Leerbleiben einer Hündin besonders für den kleinen Züchter, der nur mit einer Hündin züchtet, meistens eine arge Enttäuschung und es sollen deshalb hier einige Gründe für das Leerbleiben der Hündin besprochen werden.

Suchen wir zuerst bei der Hündin nach den Gründen: Die häufigste Ursache für das Leerbleiben liegt sicher im Verpassen des richtigen Zeitpunktes der Paarung (siehe Seite 89). Ein weiterer Grund besteht in der falschen Ernährung der Hündin. Nach Angaben der Tierärzte sind rund 60% der Hunde falsch ernährt und zu fett. Der Züchter macht sich hier falsche Vorstellungen, in dem er meint, Eierstöcke, Eileiter und Gebärmutter der Hündin seien dermassen verfettet, dass die Eier nicht in den Eileiter und die Samenzellen nicht durch den Eileiter hinauf gelangen können. Die Sektion solchermassen verfetteter Hündinnen zeigt aber, dass die Fortpflanzungsorgane meistens fettfrei sind. Der Grund liegt in einer Störung der Schilddrüse, die bei Überfettung nicht richtig funktioniert. Die Verfettung ist demnach nicht Ursache der Sterilität, sondern, wie diese selber, ein Zeichen des gestörten Hormonhaushaltes. Das Schilddrüsenhormon kontrolliert den gesamten Stoffwechsel des Körpers. Ist die Funktion der Schilddrüsen gestört, so laufen alle Stoffwechselvorgänge verlangsamt ab, unter anderem auch die Reifungsprozesse in den Keimdrüsen der Hündin und des Rüden.

Sehr häufig sind auch Gebärmutterentzündungen und Vereiterungen Ursache der Unfruchtbarkeit. Sie treten häufig im Anschluss an Hormonbehandlungen zur Unterdrückung einer ungewollten Trächtigkeit (bei Fehldeckungen) auf. Oft sind lange Zeit keine äusseren Zeichen sichtbar, manchmal macht eitrig weisslicher Ausfluss den Züchter auf das Vorliegen einer solchen Gebärmuttererkrankung aufmerksam. Ihre Behandlung ist unbedingt Sache des Tierarztes.

Es kommt auch vor, dass befruchtete Eier sich in der Gebärmutterschleimhaut nicht ansetzen können und absterben. Bei Fleischfressern, also auch beim Hund, rechnet man mit einem Absterben von bis zu 12% der befruchteten Eier im Uterus.

Wir haben es auch schon mehrmals erlebt, dass Hündinnen anfänglich alle Zeichen einer Trächtigkeit aufwiesen, sogar an Leibesumfang von der vierten Woche an leicht zunahmen, und dann in der Mitte der Trächtigkeit, so zwischen der vierten und fünften Woche, alle Trächtigkeitszeichen wiederum verschwanden. Man nimmt zwar an, es würden auch normalerweise mehr Eier befruchtet als dann Welpen zur Welt kommen. Das frühe Absterben der Foeten wird für den Züchter erst dann von praktischer Bedeutung, wenn die Zahl der geworfenen Welpen regelmässig weit unter dem Durchschnitt liegt, oder wenn überhaupt sämliche Foeten in der Mitte der Trächtigkeit absterben und resorbiert werden. Über die Gründe dieses Absterbens weiss man zur Zeit noch sehr wenig.

Ein Grund liegt, nach Laarmann, darin, dass die Ablösung der Funktionen des Gelbkörperhormons durch ein in der Plazenta (Mutterkuchen) gebildetes Hormon nicht zur richtigen Zeit erfolgt, wodurch es zu Muskelkontraktionen in der Gebärmutter, verbunden mit Ablösung der Foeten kommt.

Auf Rat des verstorbenen, bekannten Dackelzüchters Dr. med. Hans Pfosi, geben wir Hündinnen, die regelmässig zur Resorption der Foeten neigen, mit Beginn der Läufigkeit eine Tablette «Rovigon», ein Vitamin-A- und -E-Präparat, das degenerative Veränderungen der Blutgefässe, des Bindegewebes und der Fortpflanzungsorgane beheben soll.

Der Erfolg scheint dieser Behandlung recht zu geben. Die Hündin Pia, die leicht zu Fettleibigkeit neigt, brachte nach einem ersten Sechserwurf nur noch drei, dann nur noch zwei Welpen. Nach der Rovigonbehandlung warf sie wiederum sieben und im folgenden Wurf fünf Welpen. Ich glaube kaum, dass das nur Zufall war.

Ältere Hündinnen neigen oft zu Unfruchtbarkeit, obschon die Hitze regelmässig eintritt und durchaus normal verläuft. Offenbar sind hormonale Störungen die Ursache.

Auf den Rat des Betreuers einer «Hundefarm» der chemischen Industrie behandelte ich eine unserer Hündinnen, die zweimal ohne Erfolg gedeckt worden war, bei der nächsten Hitze mit «Anti-Baby-Pillen». Unmittelbar mit dem Eintritt der Hitze verabreichte ich ihr am 1., 2. und 3. Tag je eine Pille. Darauf setzte die Hitze aus, um jedoch zehn Tage später erneut, und zwar ziemlich stark einzusetzen. Sechzehn Tage später zeigte sich die Hündin deckreif und wurde gedeckt. Sie brachte einen guten Wurf. Die «Anti-Baby-Pillen»-Behandlung soll in den Beagle-Farmen der chemischen Industrie seit langem mit Erfolg angewendet werden. Hier steht ja Fruchtbarkeit an erster Stelle, jede Hündin muss pro Jahr zwei Würfe produzieren. Warum sollen wir nicht aus den Erfahrungen dieser «industriellen» Hundezucht unseren Nutzen ziehen? Die Anwendung der «Anti-Baby-Pille» ist einfach und höchst billig und für die Hündin unschädlich und bringt offensichtlich Erfolg! Die Gründe für das Leerbleiben können natürlich auch beim Deckrüden liegen. W. Koch hat die Samenflüssigkeit eines Rüden über Wochen hin täglich untersucht und dabei die interessante Feststellung gemacht, dass der Rüde ab und zu an einem Tag Samenflüssigkeit ohne lebende Spermien lieferte, am andern Tage aber durchaus wieder befruchtungsfähig war. Ob dies sogar der Normalfall ist, wissen wir nicht. Das weiter vorne empfohlene zweimalige Decken in Abständen von 24 bis 36 oder gar 48 Stunden würde auch in solchen Fällen das Risiko des Leerbleibens stark herabmindern.

Es gibt auch Rüden mit fehlgeformten Spermien oder solche, bei denen diese überhaupt fehlen. Hier gibt die mikroskopische Untersuchung der Samenflüssigkeit eindeutigen Aufschluss. Im übrigen habe ich schon darauf hingewiesen, dass auch der verfettete Rüde steril sein kann; der Deckrüde muss deshalb, genau wie die Hündin, in bester Kondition sein. Es scheint, wenn auch selten, Fälle zu geben, wo eine bestimmte Paarung regelmässig erfolglos bleibt, obschon sowohl der Rüde mit andern Hündinnen, wie auch die Hündin mit andern Rüden Welpen bringen. Hier liegt offenbar eine Eiweissunverträglichkeit der Keimzellen vor, die zu einem raschen Absterben der befruchteten Eier führt.

Neues Leben

Die Befruchtung

Der Transport der Samenzellen zum Befruchtungsort in den Eileiterampullen geht sehr rasch vor sich. Die ersten Spermien sollen bereits 25 Sekunden nach der Ejakulation bei der Eileitermündung in den Gebärmutterhörnern eintreffen. An diesem raschen Transport beteiligt sind einmal die relativ grosse Flüssigkeitsmenge und dann die rhythmischen Kontraktionen der Gebärmuttermuskulatur. Wie weit hier eine Eigenbewegung der Spermien mitspielt, ist ungewiss. Der Weitertransport der Spermien durch die Eileiter hinauf erfolgt nun durch Eigenbewegung der Spermien mit ihrem langen Geisselschwanz. Der Flimmerstrom des Eileiterepithels ist uteruswärts, das heisst der Spermienbewegung entgegengerichtet. In der Eileiterampulle, also sehr nahe an den Eierstöcken, treffen die Spermien im allgemeinen auf die zur Gebärmutter absteigenden Eier. Offenbar angezogen durch chemische Reize stürzen sich die Spermien auf die reifen Eier und bohren sich in die Eihülle ein. Nur der Kopf der Samenzelle gelangt in die Eizelle, der nur der Fortbewegung dienende Schwanz wird ausserhalb der Eihülle abgeworfen. Über diese sehr komplizierten Vorgänge können wir uns hier nicht weiter befassen. Wesentlich für den Züchter ist, zu wissen, dass, obschon mehrere Samenzellen sich um Ei bemühen, es nur einer einzigen gelingt, bis zu dessen Zellkern vorzudringen. Sobald eine Samenzelle den Kern einer Eizelle erreicht hat, bildet sich um das Ei die Befruchtungsmembran, die das Eindringen weiterer Samenzellen verhindert.
Trotz der Verschmelzung der männlichen Samenzelle mit der Eizelle verändert sich diese äusserlich vorerst kaum. In ihrem Innern aber werden nun schöpferische Urkräfte frei. Die winzige, nur etwa 180 Tausendstel Millimeter im Durchmesser messende Eizelle furcht sich in der Mitte ein. Gleichzeitig bilden sich die Chromosomenschleifen (siehe Seite 40), die sich mit denen des männlichen Kerns vereinigen, sich dann der Länge nach spalten und neu anordnen. Das mütterliche Erbgut hat sich nun mit dem väterlichen Erbgut gemischt, das heisst, die für die betreffende Art typische Chromosomenzahl (beim Hund 78) ist wiederhergestellt, und damit ist die eigentliche Befruchtung vollzogen. Aus der befruchteten Eizelle entstehen jetzt zwei Furchungskugeln, dann vier, acht, sechzehn, und am Ende der etwa acht Tage dauernden Wanderung des Keimes durch den Eileiter zur Gebärmutter hinunter hat er die Form einer winzigen Brombeere

oder Maulbeere, lateinisch Morula, angenommen. Der Umfang dieser Morula ist immer noch nicht wesentlich grösser als derjenige des unbefruchteten Eies. Kurz vor dem Eintritt der Morula in die Gebärmutter verwandelt sie sich in eine Blase, die Blastula oder Keimblase, die dann den Eileiter verlässt und sich während der folgenden Tage in der Gebärmutterschleimhaut festsetzt. Die endgültige Verankerung erfolgt ungefähr am 18. Tage nach der Befruchtung. Die Schleimhaut muss jetzt zur Aufnahme der Keimlinge vorbereitet sein, sonst sterben diese rasch ab. Mit dem Festsetzen der Keime in der Gebärmutter beginnt jetzt die eigentliche Trächtigkeit.

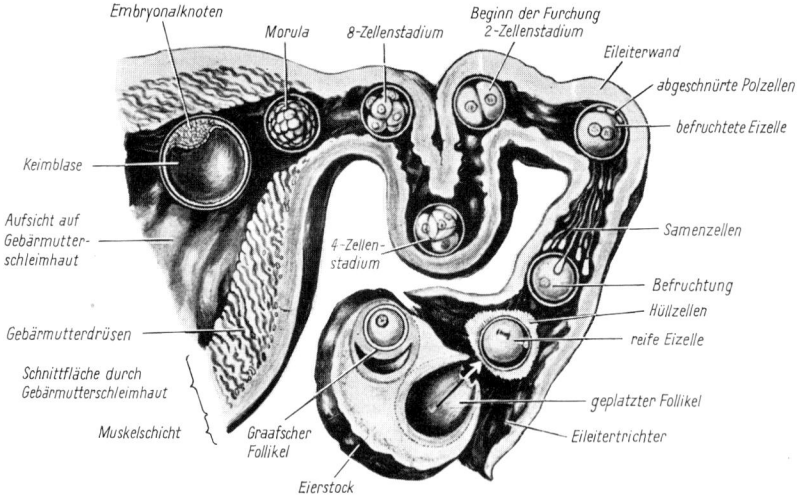

Abbildung 14
Schematische Darstellung der Befruchtung und Furchung (nach Krölling): Beim Hund sind zur Zeit der Brunst (Läufigkeit) eine grössere Anzahl Eizellen im Eileiter vorhanden. Ei- und Samenzellen sind hier im Verhältnis zur Umgebung viel zu gross gezeichnet.

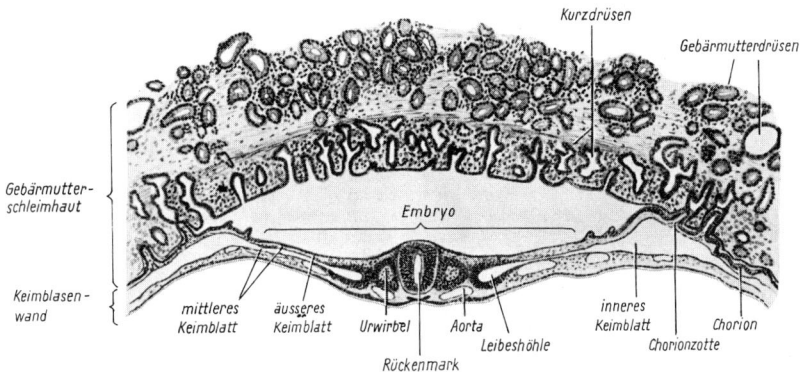

Kurzdrüsen

Gebärmutterdrüsen

Gebärmutter-
schleimhaut

Embryo

Keimblasen-
wand

mittleres   äusseres
Keimblatt   Keimblatt   Urwirbel   Aorta   inneres
                                                        Leibeshöhle   Keimblatt   Chorion
                                Rückenmark   Chorionzotte

Abbildung 15

Mikroskopisches Bild eines Querschnittes durch den Embryo der Katze zu Beginn
der Implantation in der Gebärmutterschleimhaut, Alter etwa 20 Tage (nach Krölling).
Der Embryo liegt noch als scheibenförmiges Gebilde an der Oberfläche der Keimblase. Er ist noch nicht vom Amnion umschlossen. Von den Primitivorganen sind
hier nur Rückenmark, Urwirbel, Aorta und Leibeshöhle zu erkennen. Die Chorionzotten der Keimblasenwand haben jedoch schon in die Gebärmutterschleimhaut
einzuwachsen begonnen.

Die Trächtigkeit

Bevor wir uns mit den für den Züchter wesentlichen Seiten der Trächtigkeit
befassen, wollen wir kurz und einfach die weitere Entwicklung des Keim-
lings (Embryo oder Foetus) bis zur Geburt verfolgen.

Bis zum Eintritt in die Gebärmutter ernährte sich die Morula aus eigenen
Vorräten, die beim Säugetier sehr gering sind, und von Sekreten des Eileiterepithels gebildet werden. In der Gebärmutter übernehmen zunächst die
Uterusdrüsen und ihre Sekrete die Versorgung mit Nähr- und Aufbaustoffen.

Die Gebärmutter des Hundes besteht aus zwei langen Röhren, den Gebärmutterhörnern und einem gemeinsamen Stück, dem Gebärmutterhals mit
Ausgang in die Scheide. Die Embryonen liegen nun gleichmässig verteilt
in den Gebärmutterhörnern, zunächst noch fast völlig voneinander abgeschnürt, jeder in seiner Fruchtkammer, so dass die Gebärmutter in diesem
Frühstadium der Trächtigkeit wie eine Perlenschnur aussieht.

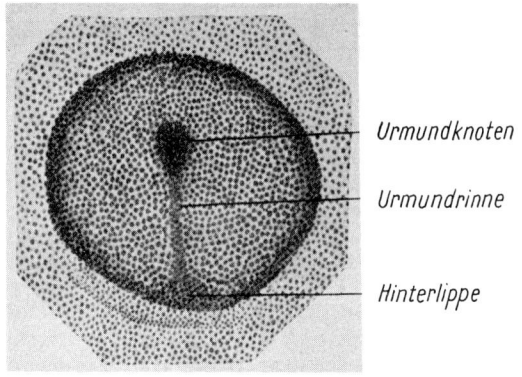

Urmundknoten

Urmundrinne

Hinterlippe

Abbildung 16
Aufsicht auf den runden Embryonalschild vom Hund mit Primitivstreifen, bzw. Ur-
mundbildung. Beginn der Gastrulation (nach Bonnet). Die Punkte sind Zellkerne.
Die Urmundrinne gibt die Mittelebene des späteren Körpers an, der sich im Gebiete
vor dem Urmundknoten entwickeln wird. Alter etwa 12 Tage.

Mit zunehmender Grösse der Foeten verschwinden die Einschnürungen
immer mehr, und gegen Ende der Trächtigkeit können sich die einzelnen
Fruchtblasen schliesslich berühren. Von Verwachsungen habe ich freilich
noch nie etwas gehört; oberflächliche Verklebungen kommen jedoch
vor.
Die Vorgänge, die von der etwa 0,7–0,8 mm messenden Keimblase zur
Ausbildung eines hochentwickelten Säugetierkörpers führen, sind sehr
kompliziert und im Rahmen dieses einfachen Büchleins nicht darzustellen.
Wir wollen uns lediglich auf das Wesentlichste beschränken. Während der
zweiten und dritten Woche wird nun der gesamte Bauplan des Körper-
chens allmählich sichtbar: es bilden sich die Anlagen des Rückenmarks,
des Gehirns, der Wirbelsäule, des Darmes, des Herzens und der Blutgefässe, des Auges und des Ohres; Kopf und Rumpf und Gliedmassen werden am etwa 7–10 mm langen Embryo sichtbar.
Jeder Foetus ist, das wird der Züchter später bei der Geburt selber feststellen können, in einem dünnhäutigen Sack verpackt. Die innere, sehr dünne
Hülle, Amnion genannt, füllt sich nun allmählich mit Flüssigkeit, in welcher
der Embryo «schwimmt», die äussere, zähere Hülle heisst Chorion. Zwischen beide hinein schiebt sich eine aus dem Enddarm herauswachsende

Fruchtkammer

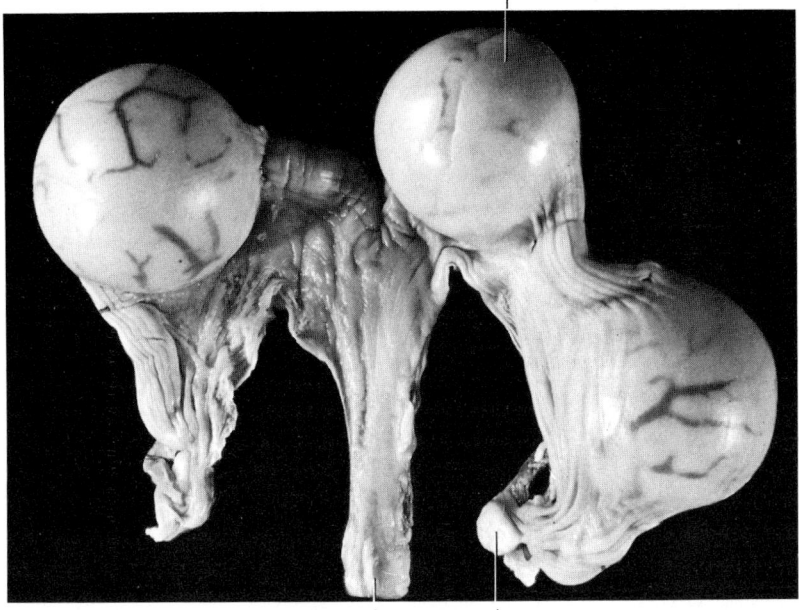

Gebärmutterhals   Eierstock

Abbildung 17
Uneröffnete, trächtige Gebärmutter des Hundes mit drei gut markierten Fruchtkammern. 4. Trächtigkeitswoche.

Blase, die Allantois, die während der Trächtigkeit die Ausscheidungen (Harn) des Embryos aufnimmt. Da sie beim Hund das ganze Amnion umwächst, ist der Foetus durch einen zweiten Flüssigkeitsmantel gegen äussere mechanische Einflüsse sehr gut geschützt.
Die Ernährung und die Versorgung der Foeten mit Sauerstoff übernimmt die Gebärmutterschleimhaut; Verbindungsstück zwischen ihr und dem Foetus ist die Nabelschnur, die beim Hund relativ kurz ist. Die Blutgefässe der Nabelschnur verästeln sich in der Gürtelzone der äusseren Fruchthülle (Chorion). Kleine Zotten, Villi genannt, wachsen aus dem Chorion in die Gebärmutterschleimhaut hinein. Sie bilden schliesslich mit dieser ein schwammiges, sehr stark durchblutetes Gewebe, die Plazenta oder den Mutterkuchen, wobei die Chorionzotten direkt von den mütterlichen Ka-

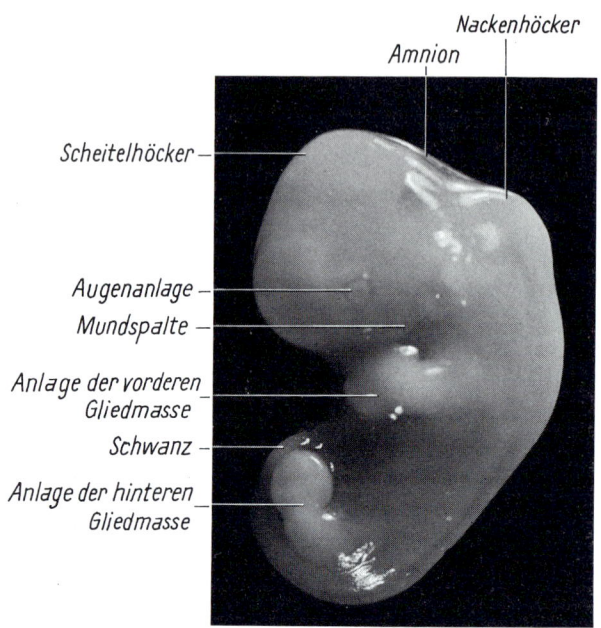

Nackenhöcker
Amnion

Scheitelhöcker —

Augenanlage —
Mundspalte —

Anlage der vorderen
Gliedmasse
Schwanz —

Anlage der hinteren
Gliedmasse

Abbildung 18
Seitenansicht eines Hundeembryos von 17 mm Scheitelsteisslänge im enganlie-
genden Amnion. Alter 4 Wochen. Auffallend ist das Missverhältnis zwischen Kopf
und übrigem Körper.

pillaren umsponnen werden. Beim Hund beschränkt sich die Ausbildung
der Villi nur auf eine gürtelförmige Zone rund um die Mitte des Foetus, man
spricht deshalb hier von einer Gürtelplazenta. Durch die Plazenta erfolgt
der Austausch der Nährstoffe, des Sauerstoffes und der Kohlensäure, jedoch ohne dass sich das Blut der Embryonen mit dem Blut der Mutter
mischt. Durch die Plazenta erfolgt aber auch, darüber kann kein Zweifel
bestehen, bereits ein Übertritt von Krankheitserregern und Giftstoffen
(zum Beispiel Wurmtoxinen) von der Mutter zum Embryo. Die Plazenta
produziert ferner ein Hormon, das nun an Stelle des mit der Zeit ausfallen-
den Gelbkörperhormons die Vorgänge der Trächtigkeit überwacht und die
Trächtigkeit sicherstellt.
So entwickeln sich, kurz und stark vereinfacht geschildert, im Verlaufe von
etwa neun Wochen aus den befruchteten Eiern lebensfähige Hundewelpen.

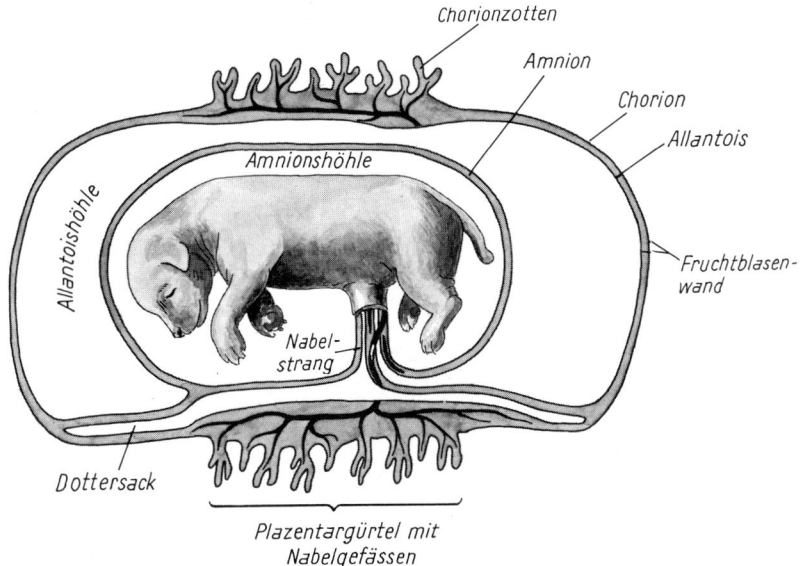

Chorionzotten

Amnion

Chorion

Allantois

Amnionshöhle

Allantoishöhle

Fruchtblasen-
wand

Nabel-
strang

Dottersack

Plazentargürtel mit
Nabelgefässen

Abbildung 19
Schematische Darstellung der Embryonalhüllen des Hundes: Die Fruchtblase ist im
Längsschnitt wiedergegeben.

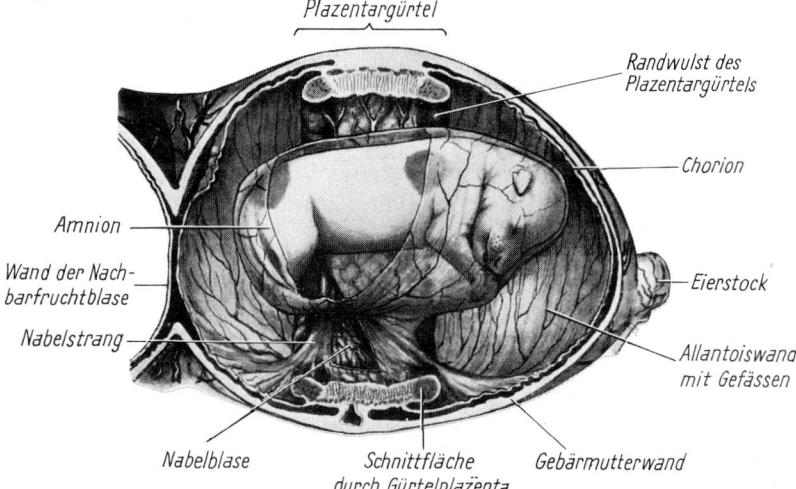

Plazentargürtel

Randwulst des
Plazentargürtels

Chorion

Amnion

Wand der Nach-
barfruchtblase

Eierstock

Nabelstrang

Allantoiswand
mit Gefässen

Nabelblase

Schnittfläche
durch Gürtelplazenta

Gebärmutterwand

Abbildung 20
Eröffnete Fruchtkammer des Hundes im vorgerückten Trächtigkeitsstadium (nach
Krölling). Amnions- und Allantoishöhle sind geöffnet. Bei der Geburt ist der Welpe
nur eng von seinem Amnion umhüllt; die kurz vor dem Ausstossen der Frucht ge-
platzten Fruchthüllen (Allantois und Chorion) werden zusammen mit dem Plazentargürtel unmittelbar nach dem Foetus als Nachgeburt ausgestossen.

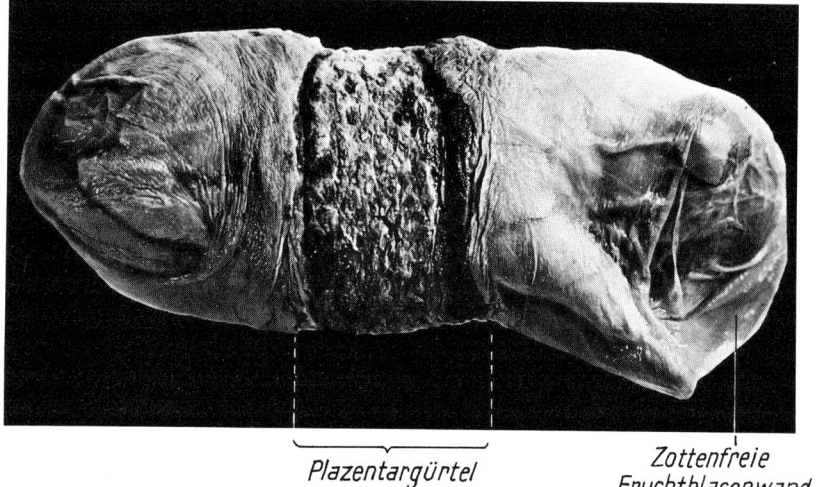

Plazentargürtel   Zottenfreie
                         Fruchtblasenwand

Abbildung 21
Geburtsreife Fruchtblase des Hundes aus der Gebärmutter herausgelöst. Der Randwulst des Planzentargürtels ist gut sichtbar. Durch die Embryonalhüllen schimmern
die Umrisse des Welpen deutlich durch. Wir erkennen links Fersengelenk und
Schwanz, rechts einen Vorderlauf und die Umrisse des Kopfes mit dem noch sehr
kleinen Ohr.

Doch kehren wir jetzt zurück zur züchterischen Praxis: Da stellt sich vorerst einmal die Frage nach den sichtbaren Zeichen der Trächtigkeit. Der
Züchter wird sich bald einmal fragen:

Ist die Hündin trächtig?

Die ersten zwei Wochen nach Schluss der Läufigkeit wird man bei der
Hündin kaum Veränderungen wahrnehmen.
Die Läufigkeitsblutung ging nach dem Decken weiter, aus ihrem Ausblei-
ben oder Stärkerwerden nach dem Deckakt können keine Schlüsse auf
eine erfolgte oder nicht erfolgte Befruchtung gezogen werden.
Mit der dritten Woche aber wird der aufmerksame Züchter bereits mit eini-
ger Sicherheit auf Grund von Verhaltensänderungen der Hündin auf eine
Trächtigkeit schliessen können. Die Hündin zeigt jetzt ein auffallendes
Schlafbedürfnis und sucht, namentlich in der sonnenarmen Zeit, zum Lie-

106

gen mit Vorliebe eine besonnte Stelle auf. In der dritten Woche, also dann, wenn die Gebärmutter die Ernährung der Embryonen übernehmen muss, wird die Hündin mindestens einmal, wenn nicht während kurzer Zeit sogar täglich, morgens Galle und Schleim erbrechen, ein Zeichen, dass sich ihr Stoffwechsel den veränderten Bedingungen anpasst. Sehr viele Hündinnen verlieren jetzt jeglichen Appetit, es gibt solche, die nun während zwei bis drei Wochen fast jede Nahrung verweigern und mit einem Minimum auskommen. Das ist keineswegs beunruhigend, die Hündin wird das Manko in den letzten vier Wochen der Trächtigkeit mehr als nur wieder aufholen. Anfänger suchen jetzt sorgenvoll nach einer Zunahme der Leibesfülle und sind enttäuscht zu sehen, dass ihre Hündin statt zuzunehmen nun abnimmt!

Das hat weiter nichts zu bedeuten, und die fehlende Leibesfülle zu diesem Zeitpunkt sagt gar nichts über die Stärke des kommenden Wurfes aus. Übrigens erfolgt die erste sichtbare Weitung des Körpers nicht am Bauch, sondern unmittelbar hinter den Rippen; die trächtige Hündin wird jetzt hier merkwürdig breit. Viele Hündinnen zeigen jetzt auch seltsame, für uns vielleicht eher abstossende Gelüste. Sie beginnen Pferdemist zu verschlingen und noch schlimmere Dinge. Von der vierten/fünften Woche an beginnen sich die Milchzitzen an der Basis leicht zu röten, eventuell lässt sich schon jetzt aus ihnen ein wässeriges Sekret herausdrücken.

Alle diese Zeichen können aber bei einzelnen Hündinnen völlig ausbleiben, bei andern sind sie nur Zeichen einer Scheinträchtigkeit. Wir haben deshalb immer und immer wieder nach absolut sicheren Zeichen einer Trächtigkeit gesucht und dabei herausgefunden, dass bei allen unseren Hündinnen ein zäher, glasiger Ausfluss aus der Scheide ein absolut sicheres Zeichen ist. Scheinträchtige Hündinnen hatten diesen Ausfluss, der etwa von der dritten Woche weg beobachtet werden kann, nie.

Geübte Züchter können um die fünfte Woche herum beim vorsichtigen Betasten der Bauchwand die einzelnen Fruchtblasen fühlen.

Erst von der fünften/sechsten Woche an, manchmal sogar erst in der siebenten Woche erfolgt jetzt, je nach Zahl der Foeten, eine rasche Zunahme der Leibesfülle, und von der achten Woche an spürt man bei Handauflegung die Bewegungen der Foeten. Der Umfang der Mutterhündin sagt jedoch oft wenig aus über die Zahl der Welpen. Fettansatz bei zu reichlicher Ernährung und relativ viel Fruchtwasser können einen grossen Wurf erwarten lassen, und dann kommen nur zwei oder drei Welpen*. Dagegen

---

* Normalerweise besitzen die Fleischfresser nur sehr geringe Mengen Fruchtwasser. 50–70 cm^3 Amnionsflüssigkeit und 30–120 g Allantoisflüssigkeit bei mittelgrossen Rassen.

können, namentlich junge Hündinnen, bei denen die Muskeln noch sehr straff sind, relativ geringen Körperumfang zeigen und trotzdem viele Welpen werfen.

Die Trächtigkeit dauert durchschnittlich 63 Tage. Es ist aber mit ziemlich grossen Abweichungen nach oben und nach unten zu rechnen. Unsere Griffon-Hündinnen warfen in der Regel vor dem 60. Tage; sie brachten auch am 58. Tage durchaus kräftige, lebenstüchtige Welpen. Eine Trächtigkeitsdauer von weniger als 60 Tagen ist bei Zwerghunden sehr häufig, vielleicht fast üblich. Es sind Geburten von lebensfähigen Welpen am 51. Tage bekanntgeworden. Als längste, bisher festgestellte Tragzeiten sind diejenigen einer Dobermann-Hündin mit 75 Tagen und einer Collie-Hündin mit 77 Tagen.

In der Regel ist bei einer übermässig langen Tragzeit mit einem kleinen Wurf, vielfach gar nur mit einem einzigen Welpen zu rechnen; es gibt aber auch immer wieder Ausnahmen von dieser Regel! So warf zum Beispiel die Collie-Hündin neun Welpen! Immerhin ist gerade das Beispiel der soeben erwähnten Dobermann-Hündin sehr aufschlussreich. Sie warf (nach Naaktgeboren) nach einer Tragezeit von 61 Tagen sieben Welpen, nach 64 Tagen sechs Welpen, nach 66 Tagen drei Welpen und am 75. Tage nur einen Welpen. Trotz dieser sehr grossen Variationsbreite der Tragzeit beim Hund sind Würfe, die vor dem 57. Tage geboren werden, als Frühgeburten – mit der ihnen eigenen geringen Lebenstüchtigkeit – zu betrachten. Trägt eine Hündin länger als 66 Tage, so ist der Tierarzt zu konsultieren, möglicherweise liegt dann eine Komplikation vor, die bei raschem Handeln (Kaiserschnitt) weder für Hündin noch Welpen nachteilige Folgen haben muss.

Nach Erfahrungen, die ich und andere Züchter seit Erscheinen der ersten Auflage dieses Büchleins machen mussten, rate ich dringend zum Kaiserschnitt, wenn die Tragzeit 66 Tage überschreitet, und zwar auch dann, wenn die Hündin nicht die geringsten Anzeichen einer Störung zeigt. Mit jedem Tag, der noch weiter zugewartet wird, steigt die Gefahr, dass die Welpen sterben, und es ist kein erfreulicher Anblick, wenn der operierende Arzt einen toten Welpen nach dem andern herausnimmt und man sich bei jedem vorwerfen muss: Einen Tag früher, und er würde leben! Darum: Nach 66 Tagen Kaiserschnitt! Handelt es sich um eine ältere Hündin, dann empfehle ich, bei gleicher Gelegenheit die Gebärmutter zu entfernen. Ältere Hündinnen, die bereits einen Kaiserschnitt hinter sich haben, sollte man ohnehin nicht mehr decken, die Gefahr von Verwachsungen, die eine Geburt erschweren oder gar verhindern, ist zu gross. Zudem schalten wir die Gefahr einer späteren Erkrankung (Pyometra, Krebs) radikal aus und verlängern damit vielleicht der Hündin das Leben um etliche Jahre.

Unter 108 von Naaktgeboren kontrollierten Geburten fielen 24$\frac{1}{2}$% auf den 63. Tag, 73$\frac{1}{2}$% fielen zwischen dem 60. und 65. Tag. Der Rest verteilte sich auf Würfe vor dem 60. und nach dem 65. Tag. Dagegen lässt sich eine direkte Abhängigkeit der Tragzeit von der Wurfgrösse aus den Angaben Naaktgeborens nicht unbedingt herauslesen. Es ist zwar schon so, dass die grösste Anzahl der grossen Würfe um den 63. Tag herum fallen, aber es können auch grosse Würfe bis über den 65. Tag hinaus getragen werden, auch fallen sehr oft sehr kleine Würfe vor dem 60. Tag. Wie die Angaben über die Tragzeiten der oben erwähnten Dobermann-Hündin zeigen, kann die gleiche Hündin oft recht verschiedene Tragzeiten aufweisen. Wir haben solche Verschiebungen, sowohl nach oben als auch nach unten, auch an unseren eigenen Hündinnen beobachtet.

Neben Hündinnen, die diesbezüglich fast wie eine Uhr genau waren, hatten wir solche mit starken Abweichungen von der Norm.

Es ist jedenfalls nicht leicht, eine allgemein gültige Regel aufstellen zu wollen!

Haltung und Fütterung der trächtigen Hündin

Viele Hündinnen zeigen namentlich zu Beginn der Tragzeit ein grosses Schlafbedürfnis. Es wäre aber durchaus falsch, die Hündin jetzt vor jeglicher körperlicher Anstrengung verschonen zu wollen. Sie soll und muss sich auch während dieser Zeit ausgiebig bewegen, das tut ihr nur gut! Auch soll sie auf Spaziergängen mitgenommen werden, und wer sie daran gewöhnt hat, neben dem Fahrrad herzulaufen, der darf dies während der ersten fünf Wochen ruhig so beibehalten. In der zweiten Hälfte der Tragzeit muss man aber dem sich rasch vergrössernden Leibesumfang der Hündin und der damit verbundenen vermehrten Belastung von Herz und Lunge Rechnung tragen. Viele Hündinnen knicken gegen Ende der Tragzeit in den Fersengelenken sehr stark ein, sie stehen und gehen jetzt ausgesprochen kuhhessig, was sich aber nach dem Werfen rasch wieder verliert. Sie sollen, obschon ihnen das Gehen jetzt offensichtlich Mühe macht, trotzdem noch auf kurze Spaziergänge, wenn möglich täglich mehrmals, mitgenommen werden.

In der berechtigten Sorge um die körperliche Entwicklung der Welpen möchten die meisten Züchter der Hündin jetzt möglichst viel und möglichst das beste Futter zukommen lassen. «Sie muss jetzt für viele fressen», hört man sie immer wieder sagen. Sie werden dabei oft arg enttäuscht, indem die Hündin, wie schon erwähnt, während Wochen auch das beste Futter verweigert oder es nur mit sichtbarem Widerwillen zu sich nimmt. Wir wollen uns deswegen nicht allzu viele Sorgen machen, jedenfalls ist es besser, die Hündin magere während der Trächtigkeit eher etwas ab als dass wir sie mästen. Eine leichte Abmagerung kann ihr kaum Schaden zufügen, eine Verfettung dagegen ist besonders jetzt, da alle Stoffwechselprozesse im Hinblick auf die heranwachsenden Foeten keine Störung erleiden dürfen, besonders schädlich! Wenn die Hündin während der ersten Trächtigkeitswochen fastet, so ernährt sie den eigenen Körper und die Foeten aus körpereigenen Reserven. Es leuchtet deshalb ein, dass eine Zuchthündin nicht nur während der Trächtigkeit, sondern das ganze Jahr hindurch richtig ernährt werden muss, damit im Bedarfsfalle genügend Reserven an Aufbaustoffen verfügbar sind.

Grundfutter ist, auf jeden Fall besonders während der Trächtigkeit, Fleisch, welches das nötige Eiweiss zum Aufbau der heranwachsenden Körper der Welpen zu liefern hat. Dabei dürfen wir nicht in den Fehler verfallen, unserer Hündin jetzt in vermehrtem Masse das nach unseren Begriffen «gute» Fleisch zu füttern: Ausgeblutetes Muskelfleisch, und wäre es das schönste Filetstück, ist in diesem Falle schlechter als ein Stück Milz, Leber oder als eine Niere, welche alle noch sehr viel mineralien- und vitaminreiches Blut enthalten. Dabei ist rohes Fleisch dem gekochten in jedem Falle vorzuziehen, weil Salze und Fette beim Kochen in die Brühe abgehen und hitzeempfindliche Vitamine zerstört werden. Nicht grossen Wert hat Lunge, immerhin ist sie noch besser als gar kein Fleisch. Unappetitlich ist die Sucht vieler trächtiger Hündinnen, allerhand Aas und Kot zu fressen. Dies ist jedoch sicherlich eine Mangelerscheinung: die Hündin sucht in diesen, für uns höchst widerlichen Dingen Stoffe, die in ihrer Nahrung fehlen und die sie jetzt offensichtlich dringend benötigt. Durch das Verfüttern roher Mägen von Wiederkäuern (Rind, Schaf, Ziege), denen oft noch viele pflanzliche Futterreste anhaften, dämmen wir die Sucht nach Aas und Kot oft weitgehend ein. Bisweilen hilft auch ein Stücklein sehr reifen Käses.

Fruchtwasserbildung und gesteigerte Ausscheidungstätigkeit der Nieren bedingen bei der Hündin einen höheren Flüssigkeitsbedarf. Es ist nicht unbedingt nötig, dass wir ihr nun mit speziellen Getränken, zum Beispiel mit allerhand Tee aufwarten: gutes, sauberes Leitungswasser genügt vollauf, enthält es doch in der Regel noch in kleinsten Spuren wertvolle Mineralien. Ob Absud aus Brombeer- und Himbeerblättern – der etwa empfohlen wird – wirklich einen Einfluss auf die Geburt hat, konnten wir kaum jemals mit Sicherheit sagen. Unsere Hündinnen werfen in der Regel leicht, Komplikationen gab es etwa bei der Aga, die regelmässig zu schwache Wehen hatte und der deswegen mit einer Hormonspritze nachgeholfen werden musste, oder bei der Mirsa, die ihren ersten Wurf erst mit vier Jahren hatte und die zudem etwas zu fett war. Wir lassen unsere Hündinnen auf Spaziergängen aus Bächen und Pfützen Wasser schlappern und zu Hause kriegen sie frisches Leitungswasser, oder, falls sie es wünschen, frische rohe Milch. Auf Tee verzichten wir bei einer gesunden Hündin. Bei reichlicher Fleischnahrung ist jedoch das Flüssigkeitsbedürfnis recht gering, enthält doch das Fleisch selbst bereits sehr viel Wasser. Füttert man aber reichlich Flocken oder gar ein sogenanntes trockenes Fertigfutter, so wird die tragende Hündin sehr viel Flüssigkeit verlangen. Diese Fertigfutter ergeben oft ein recht grosses Darmvolumen, da sie viele Rohfaser enthalten, und weil die Hündin in den letzten Wochen vor der Geburt ohnehin ihren Bauchraum ordentlich ausfüllt, muss sie dann auch oft nachts mehrmals ins Freie. Ich bin deshalb eher für eine Ernährung mit Fleisch als Hauptfutter und etwas Zerealienflocken und Gemüse als Beifutter. Das ergibt wenig Abfall und belastet den Darm der Hündin nicht allzu sehr.

Ob wir nun noch spezielle Futterzusätze mitgeben sollen oder nicht, hängt wohl vom Hauptfutter ab. Bluthaltige Milz, Leber und Niere decken vermutlich weitgehend den Bedarf an Salzen und Spurenelementen, die ebenfalls in den Flocken (Zerealien) enthalten sind. Kalzium und Phosphor, welche die Baustoffe für die Knochen liefern, erhält die Hündin ausreichend und erst noch in natürlicher Form und Verbindung durch Kalbsknochen; vor allem die mit blutbildendem rotem Knochenmark ausgefüllten Gelenkköpfe und Rippen von Kälbern dürfen ruhig verfüttert werden. Allerdings ergeben auch diese wiederum einen recht voluminösen Darminhalt. Wollen oder können wir keine Knochen füttern, so geben wir als Ersatz ein Kalziumpräparat, wie sie in Drogerien und Apotheken käuflich sind. Vor einem Zuviel an solchen Präparaten ist aber eher abzuraten.

Eine ewig strittige Frage ist die nach dem Nutzen oder Schaden des Kochsalzes. Das darin enthaltene Chlor bedarf der Hund zur Bildung von Magensäure. Fleisch enthält zudem viele Kaliumverbindungen, die nur durch leichte Gaben von Kochsalz abgebaut werden können. Kochsalz in kleinen Mengen ist deshalb auch für die trächtige Hündin nicht nur zuträglich, sondern durchaus nötig, Gewürze dagegen gehören nicht ins Futter.

Ob mit Vitaminpräparaten nachgeholfen werden soll oder nicht, hängt von den Umständen ab. Im Winter, also in der sonnenarmen Zeit (Faustregel: während der Monate, deren Namen ein R enthält), geben wir trächtigen Hündinnen täglich einen Teelöffel voll Lebertran. Im Sommer ersetzt die intensive Sonnenbestrahlung diese zusätzliche Vitamingabe vollauf, ebenso wird die Hündin im Sommer ihren weiteren Vitaminbedarf mit grünen Gräsern und Blättern, zum Beispiel Topinamburblättern, vollständig decken können. Fehlen im Winter namentlich Vitamin-D-haltige Gemüse, so geben wir in Ermangelung von solchen ein künstliches Vitamin-D-Präparat. Eine Tablette Calcium-D-Redoxon (Roche) während der Trächtigkeit jeden zweiten Tag gegeben, wird den Kalziumbedarf einer mittelgrossen Hündin vollauf decken. In der zweiten Hälfte der Tragzeit wächst die Belastung des Herzens und der Lunge immer mehr und immer rascher. Wir sollten jetzt deshalb die Hündin mehrmals am Tage und dafür in kleineren Portionen füttern; gegen den Schluss zu sind Futterstoffe, die ein grosses Darmvolumen geben, wie zum Beispiel Knochen, am besten wegzulassen.

Ich weiss, man stösst mit solchen Futteranweisungen bei einer bestimmten Kategorie von Züchtern auf taube Ohren! Sie berufen sich darauf, dass die Welpen ihrer schlecht genährten Hündinnen (sie drücken sich freilich nicht so aus!) genauso gross und kräftig seien, wie diejenigen der mit teurem Fleisch genährten Hündinnen der «reichen» Leute. Sie haben damit nicht in allen Teilen Unrecht. Unter der schlechten Ernährung der tragenden Hündinnen leiden nämlich die Foeten in allerletzter Linie: Was diese benötigen, wird dem mütterlichen Organismus entzogen; die Natur will dem neuen Leben mit allen zur Verfügung stehenden Mitteln die besten Startbedingungen geben. Deshalb können die Welpen schlecht ernährter Hündinnen bei der Geburt tatsächlich fast ebenso kräftig sein, wie diejenigen gut ernährter. Dies jedoch nur bei der Geburt! Die Schwächung des mütterlichen Organismus' wirkt sich in der kommenden Säugezeit sehr bald zuungunsten der Welpen aus, und beim zweiten, spätestens aber beim dritten Wurf werden dermassen «ausgelaugte» Hündinnen unweigerlich auch geschwächte Welpen gebären!

Machen wir aus der Fütterung der trächtigen Hündin keine komplizierte Krankendiät und keine Geheimwissenschaft, aber Sparen ist hier wirklich ganz fehl am Platz!

Wie gross wird der Wurf sein?

Anfänger, aber zuweilen auch ältere Züchter mögen es oft nicht erwarten zu wissen, wie viele Welpen ihnen ihre Hündin bescheren wird. Neugier ist eben ein urmenschlicher Charakterzug. Ich habe soeben gesagt, dass die Leibesfülle der trächtigen Hündin über die zu erwartende Wurfgrösse nicht viel aussagt. Auch das Abtasten der Bauchdecke bringt keine Klarheit. Aussagekräftiger ist natürlich eine Röntgenaufnahme, aber auch die ist nicht immer gültig. Zwei oder drei Welpen wird sie zuverlässig zeigen, aber bei grösseren Würfen versagt sie. Die «Noa» wurde zwei Wochen vor dem Werfen geröntgt und die Aufnahme im Tierspital ausgewertet. Das Bild zeigte fünf Welpen, geworfen hat die Noa aber deren sieben! Wozu also röntgen, wenn nur Neugier der Grund ist? Lieber abwarten!

Trumler will Hündinnen, die mehr als acht und weniger als drei Welpen
werfen, samt ihren Nachkommen von der Zucht ausschliessen, weil grosse
und kleine Würfe unbiologisch sind. Da hätten wir binnen kurzem keine
Riesen- und keine Zwergrassen mehr! Es bestehen nämlich offensichtlich
sehr feste, erblich bedingte Korrelationen zwischen Körpergrösse der
Mutter und Wurfgrösse. G. Kaiser ist diesen Zusammenhängen in seiner
ausgezeichneten Arbeit über die Reproduktionsleistung der Haushunde
gründlich nachgegangen. Er hat dazu 2875 Würfe mit total 17 106 Welpen
untersucht. Dabei zeigte sich nun eindeutig, dass die durchschnittliche
Welpenzahl pro Wurf mit abnehmender Körpergrösse der Rassen sinkt.
Sie liegt am höchsten bei den Riesen (St. Bernhardshunde) mit 8,03. Über
21% der Hündinnen dieser Rasse werfen im Durchschnitt mehr als zehn
Welpen pro Wurf (im Maximum 20!). Die kleinsten Würfe produziert die
kleinste Rasse, nämlich der Chihuahua, bei dem der Mittelwert 2,4 Welpen
pro Wurf beträgt und ein Viererwurf bereits als eine Sensation gilt. Der
mittlere Wert aller Rassen entspricht mit 5,95 Welpen der von Trumler verlangten Norm, er manifestiert sich jedoch nur bei den mittelgrossen Rassen.
Eine Ausnahme von der Regel macht einzig der Appenzeller Sennenhund.
Dieser mittelgrosse Hund müsste eigentlich eine mittlere Wurfgrösse von
ungefähr sechs Welpen aufweisen, tatsächlich liegt aber der Mittelwert bei
8,04, also noch höher als beim Bernhardiner. Das weist darauf hin, dass
neben der eindeutig bestehenden Korrelation von Körpergrösse und
Wurfgrösse noch eine erbliche Disposition zu grossen Welpenzahlen innerhalb einer ganzen Rasse vorhanden sein kann. Nach Trumler müssten
rund 65% der Appenzeller Hündinnen samt ihren Nachkommen von der
Zucht ausgeschlossen werden! Es ist unsinnig, Rassenhundezucht mit
den Massstäben des Fortpflanzungsverhaltens wilder Caniden messen zu
wollen, damit negieren wir 10000 Jahre Haustiergeschichte.
Eine erbliche Disposition zu grösseren Würfen kann auch innerhalb einer
Rasse unter verschiedenen Zuchtlinien bestehen, und zwar scheint mir
heute, sie werde in der mütterlichen Linie vererbt. Alle meine Hündinnen
aus der «Aga-Linie» sind deutlich fruchtbarer als die Hündinnen aus der
«Pia-Linie». Als Züchter ziehe ich die fruchtbaren Hündinnen vor, und
zwar keineswegs aus kommerziellen Gründen. Ein Achterwurf sagt mehr
aus über den Zuchtwert einer Hündin und eines Rüden als ein Fünferwurf,
zudem fällt es dem Züchter wesentlich leichter, aus einem grossen Wurf
zwei bis drei Welpen zu eliminieren als aus einem Wurf mit nur fünf Welpen. Gerade bei Rassen, bei denen die Zeichnung eine grosse Rolle spielt,
ist eine grosse Reproduktionsleistung der Hündinnen Vorbedingung zu
einer zielstrebigen Zucht. Die Feststellung der korrelativen Beziehungen

zwischen Körpergrösse und Reproduktionsleistung wirft natürlich die Frage nach deren Regulierungsmechanismen auf. Dieser Frage will Kaiser in einer weiteren Arbeit nachgehen. Zwei Faktoren dürfen jedoch schon heute als gesichert gelten:

Werden Hündinnen in jeder aufeinanderfolgenden Hitze gedeckt, so nimmt die Wurfgrösse vom dritten Wurf weg ganz deutlich ab. Kaiser fand bei seinen Untersuchungen an 132 Berner Sennen-Hündinnen folgende bemerkenswerte Zahlen:

Bei drei aufeinanderfolgenden Würfen letzter Wurf noch 92,4% des ersten Wurfes.

Bei vier aufeinanderfolgenden Würfen letzter Wurf noch 88,4% des ersten Wurfes.

Bei fünf aufeinanderfolgenden Würfen letzter Wurf noch 71,9% des ersten Wurfes.

Mit der sinkenden Welpenzahl steigt zudem der prozentuale Anteil der Totgeburten.

46 Hündinnen, die bei vier aufeinanderfolgenden Hitzen gedeckt worden waren, gebaren beim ersten Wurf insgesamt 328 Welpen, davon waren 28 (8,5%) tot; die gleichen Hündinnen warfen im vierten Wurf noch insgesamt 129 Welpen, darunter 46 (36%) tote.

Diese gesicherten Zahlen sollen dem Züchter wegleitend sein. Nach zwei aufeinanderfolgenden Würfen muss der Hündin eine Ruhepause von mindestens einem Jahr zugebilligt werden.

Mit Sicherheit nimmt auch die Wurfgrösse mit zunehmendem Alter der Hündin ab. Von 15 Hündinnen konnte die Reproduktionsleistung über mehrere Jahre verfolgt werden. Die durchschnittliche Welpenzahl pro Wurf sank bei diesen Hündinnen von anfänglich 8 auf 4,5 im Alter von acht bis zehn Jahren ab. Die relative Zahl der Totgeburten blieb jedoch bei den jungen und den alten Hündinnen gleich hoch.

Es ist so weit!

Dem aufmerksamen Züchter können die Zeichen der herannahenden Geburt nicht entgehen. Bereits zwei Tage vorher beginnt die Hündin in den Flanken einzufallen, die Hüftknochen werden plötzlich deutlich sichtbar und die Hündin scheint abgemagert zu haben. Dieses Einfallen ist die Folge der Erschlaffung der Beckenbänder am Kreuz. Ursache ist das Wirken des Hormons Relaxin. Das gleiche Hormon fördert eine Erschlaffung der Cervix (Gebärmutterhals), was mitunter vermehrte Schleimabsonderung zur Folge hat. Verliert die Hündin plötzlich viel Schleim, so kann mit einer unmittelbar bevorstehenden Geburt gerechnet werden. Viele Hündinnen entwickeln jetzt einen starken Drang zum Nestbauen, sie scharren Gruben, mit Vorliebe irgendwo an einer ungestörten Stelle unter Sträuchern im Garten, mitunter auch im Keller. Aber auch wenn man sie im Zimmer hält, scharren und kratzen sie auf den Teppichen herum, und viele zerreissen in dieser Zeit die Matratze ihres Lagers. Rund 24 Stunden vor der Geburt verweigern sie die Nahrung, haben aber jetzt einen starken Drang sich zu lösen, auch wenn sie längstens keinen Kot und kaum mehr Harn absetzen können. Sie wollen alle Stunden ins Freie geführt werden, sind sie draussen, so zerren sie sofort an der Leine und wollen wieder nach Hause. Bewegung in diesem Stadium kann ihnen aber nur gut tun. Dem aufmerksamen Züchter wird jetzt ein feines Muskelzittern nicht entgehen und aus der Scheide der Hündin tritt ein zähflüssiger, manchmal etwas blutig gefärbter Schleim. Die ganze Haltung, der Gesichtsausdruck der Hündin sind verändert und streichen wir ihr mit der Hand über die Bauchdecke und die Brust, so fallen die Haare büschelweise aus. Die Geburt hat mit diesen Zeichen praktisch begonnen; es kann aber immer noch gute 24 Stunden dauern, bis der erste Welpe kommt. Vorläufig ist also noch kein Grund zur Beunruhigung vorhanden und es erübrigt sich, schon nach sechs Stunden mit Spritzen nachhelfen zu wollen. Man muss der Hündin Zeit lassen. Ein sicheres Zeichen für die bevorstehende Geburt ist auch das Sinken der Körpertemperatur. Das bedingt jedoch, dass wir vom 58. Trächtigeistage an regelmässig mindestens zweimal pro Tag der Hündin die Temperatur rektal messen. Zu diesem Zwecke ölen wir das Thermometer leicht mit Salatöl oder auch mit Vaseline ein und führen es der Hündin vorsichtig in den Enddarm ein. Das Quecksilber steigt sehr rasch an, und die ganze Prozedur dauert kaum mehr als eine bis zwei Minuten. Die Normaltemperatur liegt bei 38° C, kann auch einige Zehntelgrade höher oder tiefer sein. Schon eine Woche vor der Geburt, sicher aber zwei bis drei Tage vorher, sinkt die Körpertemperatur der Hündin um 1,5 bis 2,0 Grad unter die physiologische Norm, wobei die Temperaturkurve einen ziemlich unregelmässigen Verlauf aufweisen kann. Rund 48 bis 24 Stunden vor der Geburt wird ein deutlicher Tiefstand erreicht, unsere Olette zeigte zum Beispiel einmal nur noch 35,6° C. Nach diesem Tiefstand, der manchmal nur wenige Stunden anhält, erfolgt ein nicht zu übersehender kontinuierlicher Anstieg auf die Normaltemperatur von 38°. Dieser Anstieg darf als zuverlässiges Anzeichen für die unmittelbar bevorstehende Geburt betrachtet werden. Wenn nach Erreichen der Normaltemperatur innert der nächsten sechs Stunden keine Geburtswehen einsetzen, dann ist der Tierarzt zu konsultieren. Sollte schon vor der Geburt eines Welpen die Hündin grün gefärbten Ausfluss haben, so ist das ein sicheres Zeichen dafür, dass sich bereits eine oder mehrere Nachgeburten abzulösen beginnen und weiteres Zuwarten für die Welpen lebensgefährlich wird, wenn nicht alsbald eine Geburt oder ein Kaiserschnitt erfolgt.

Anfänger machen sich manchmal Sorgen, wenn die Hündin unmittelbar vor der Geburt immer noch keine Milch in den Zitzen hat. Diese Sorgen sind meistens unbegründet. Wir haben oft festgestellt, dass sich die Zitzen erst während der Geburt, manchmal sogar erst dann, wenn der erste Welpe schon da war, mit Milch füllten. Das hat keinen Einfluss auf die spätere Milchleistung der Hündin. Unsere Hündin Pia verliert schon Tage vor der Geburt Milch, weil ihr Gesäuge prall voll ist; sie ist aber eine relativ schlechte Säugerin, die stets schon nach ungefähr drei Wochen die Milchproduktion fast gänzlich einstellt.

Ihre Tochter Noa dagegen zeigte erst dann ein wenig Milch, als der zweite Welpe schon da war; sie hat aber ihren Wurf bis zum Alter von fast sechs Wochen ausschliesslich selbst ernährt und säugte auch nach acht Wochen noch.

Die Geburt

Man hört oft die Ansicht, Raubtiere würden ihre Jungen hauptsächlich in der Nacht gebären, die Welpen seien deshalb auf die Nacht zu erwarten. Das stimmt bei genauerem Zusehen nicht. Grob gesehen, lässt sich ein Zusammenhang zwischen der Haupt-Aktivitätszeit und der Geburt festlegen, indem zum Beispiel zwei bekannte Haustiere, das Kaninchen und der Goldhamster, ihre Jungen fast immer in den Vormittagsstunden zur Welt bringen. Kaninchen und Goldhamster sind aber ausgesprochene Nachttiere. Es scheint so zu sein, dass Tiere ihre Jungen meistens während ihrer normalen Ruhezeit gebären: Nachttiere also am Tage und Tagtiere in der Nacht. Die Geburten unserer eigenen Hündinnen streuen sich über sämtliche Stunden des Tages, die grösste Zahl der Welpen ist aber bis jetzt in den frühen Morgenstunden bis gegen Mittag zur Welt gekommen. Oft hofften wir schon, eine Geburt sei um Mitternacht zu Ende und es sei uns noch etwas Nachtruhe vergönnt, aber es wurde fast regelmässig Morgen um zwei oder drei Uhr, bis sich der erste Welpe meldete; bis dann der Wurf vollständig war, wurde es Mittag, wenn nicht gar Nachmittag. Durch ein besonderes Geburtshormon (Relaxine) gesteuert, erschlaffen mit Beginn der Geburt die Bindegewebe und die Beckenbänder. Ebenfalls der Gebärmutterhals erschlafft; Stunden später setzen die sogenannten Eröffnungswehen ein, welche die Geburtswege erweitern. In einem bestimmten Rhythmus folgen sich nun die Kontraktionen der Gebärmuttermuskeln.

Sobald der Gebärmutterhals offen ist, werden die Intervalle zwischen den einzelnen Wehen kürzer und die Wehen selber heftiger. Die Hündin spricht jetzt auf eine leichte Massage der Bauchdecke sofort mit Einsetzen der Wehen an. Sobald sich die Wehen in Intervallen von etwa zehn Minuten folgen, ist mit einem baldigen Austreiben des ersten Welpen zu rechnen. Zuerst wird die Fruchtblase in der Vulva sichtbar, und die Hündin leckt sich intensiv, sofern sie nicht dermassen dick ist, dass sie gar nicht mehr lecken kann. Viele Hündinnen beginnen jetzt plötzlich wieder emsig zu scharren und zu kratzen, und zerreissen auch – lässt man sie gewähren – die Tücher; man muss sie unbedingt daran hindern und sie beruhigen. Mit dem Einsetzen der Presswehen pflegen die äussere Fruchthülle und die Allantois zu platzen und ein Schwall von Fruchtwasser macht die Geburtswege schlüpfrig. Normalerweise wird kurz nach dem Abgehen des Fruchtwassers die innere Fruchtblase – der Welpe wird normalerweise im Amnion geboren – aus der Vulva austreten. Wir stellen jetzt fest, ob es sich um eine Kopf- oder Steissgeburt handelt. Selbst erfahrene Züchter betrachten eine Steisslage des Welpen als anormal, dem ist aber durchaus nicht so! Von den 400 Welpen, die wir bis jetzt aufgezogen haben, kamen wenig mehr als die Hälfte kopfvoran zur Welt.

Naaktgeboren gibt von 768 Welpen 511 Geburten in Kopflage an, das sind 66,5% (in seiner früheren Arbeit, in der er die Angaben über 555 Welpen verarbeitet hatte, lautete der entsprechende Prozentsatz auf 57,24%). Nach seinen Angaben verzeichneten die Gruppe der Zwerghunde und der Riesen (über 70 cm) je 52% Geburten in Kopflage, die «Grossrassen» (Schäferhunde) dagegen wiesen deren 74,7% auf. Möglicherweise sind das aber Zufallswerte.

Naaktgeborens Angaben über die kleinen und mittelgrossen Rassen decken sich weitgehend mit unseren eigenen Erfahrungen. Es können ab und zu sämtliche Welpen eines Wurfes in Kopflage geboren werden, es kommt aber auch – zwar sehr selten – vor, dass sie alle in Steisslage kommen. Sechs Stunden vor der Niederschrift dieser Zeilen hat unsere Zwergschnauzer-Hündin Orissa vier Welpen in Steisslage geboren. Die Geburten folgten sich ziemlich rasch und ohne jegliche Komplikationen; die vier Welpen weisen Normalgewicht auf. Im allgemeinen überwiegt die Kopflage leicht, aber auch die Steisslage ist bei Hunden durchaus normal. Das hat bei normalgebauten Rassen überhaupt nichts zu bedeuten. Die Austreibung der Welpen geht so rasch vor sich, dass kaum jemals ein Welpe seiner Steisslage wegen ersticken müsste. Dagegen spielt die Lage der Welpen bei den grossköpfigen Zwergrassen eine sehr wichtige Rolle. Steissgeburten waren bei unseren Brüsseler Griffons stets ein grosses Problem. Weil bei diesen der Kopf der Welpen, wie auch der übrige Körper, an sich sehr gross sind, bleiben die Köpfe bei Steisslage sehr oft im Becken stecken, das Amnion reisst (oft auch schon die Nabelschnur), bevor der Kopf des Welpen durch das Becken hindurch ist, und der Welpe muss ersticken.

Als prädestiniert für Geburtsschwierigkeiten gibt Naaktgeboren Pekinesen, Boston Terrier, Scottish Terrier, Französische und Englische Bulldoggen und Chihuahua an, weil bei diesen Rassen das Becken eine abnorme Form aufweist oder die Welpen relativ breit sind. Für Französische Bulldoggen gibt Hauck zum Beispiel Schädelbreiten der Welpen zwischen 30,3 und 38,6 mm an, während der Beckendurchgang einer erwachsenen Hündin zwischen 28,8 und 43,6 mm herum liegt. In etlichen Fällen ist hier eine Normalgeburt also gar nicht möglich.

Bei kurzbeinigen Rassen, und dazu gehört zum Beispiel der Scottish Terrier, hat das Becken einen quer-ovalen statt einen längs-ovalen Querschnitt, das macht ihn in bezug auf Geburten zur Problemrasse. Schwierigkeiten bietet oft die Geburt eines toten Welpen. Der lebende Welpe rotiert im Geburtsweg, der tote nicht. Er kann in Querlage kommen und bleibt dann stecken. Hier kann nur der Tierarzt Hilfe bringen. Vorsichtiges Ziehen an den Hinterbeinen kann manchmal helfen, jedoch nicht immer. Wir haben ab und zu einen Welpen wegen seiner Steisslage verloren. Bei Kopflage gab es auch bei den Griffons nie Schwierigkeiten. Diese Schwierigkeiten bei Steisslagen sind bedingt durch die starke Abweichung dieser Rassen vom ursprünglichen Bauplan der Caniden, deswegen berechtigt diese grundsätzlich nicht dazu, die Steisslage als anormal zu bezeichnen.

Gefährlicher als Steisslage ist bei allen Rassen vielmehr die verkehrte Lage der Welpen. Normalerweise soll der Rücken des Welpen gegen den Rükken der Mutter gerichtet sein, damit der Welpe beim Durchgang durch das Becken mühelos die Biegung des Geburtskanals mitmachen kann. Ist er jedoch falsch gelagert, also mit dem Bauch nach oben, so ergeben sich Schwierigkeiten: Es kommt zu einem Unterbruch im Geburtsablauf und solche Welpen sind, wenn sie dann endlich geboren werden können, tot! Ein rechtzeitig zugezogener Tierarzt kann einen solchen Welpen eventuell umdrehen, dann geht die Geburt normal weiter.

Den unmittelbar bevorstehenden Austritt eines Welpen zeigt uns die Schwanzhaltung der Hündin während der Presswehen an. Sie richtet jetzt den Schwanz steil nach oben, dadurch wird offenbar der Beckenraum etwas vergrössert.

Es gibt Hündinnen, die gebären liegend, andere sitzend, wieder andere nehmen die gleiche Stellung ein wie beim Kotabsetzen und wieder andere stehen gar auf.

Immer aber zeigt der krampfhaft aufgerichtete Schwanz den Durchtritt eines Welpen durch das Becken an. Die Austreibung dauert normalerweise nur wenige Minuten. Junge Hündinnen, die erstmals gebären, schreien oft beim Austritt des ersten Welpen, beruhigen sich aber dann sofort wieder. Ist der erste Welpe geboren, so braucht es zur Austreibung der nachfolgenden meistens nur noch zwei bis drei Presswehen. Bei den Schnauzern haben wir manchmal den Eindruck, sie liessen die Welpen regelrecht herausfallen, so mühelos geht es. Bei Brüsseler Griffons braucht es aber auch beim zweiten und beim dritten Welpen oft noch mehr als ein Dutzend kräftige Presswehen, die Hündinnen sind denn meistens auch nach einer normalen Geburt regelrecht erschöpft und mögen sich kaum um die Welpen kümmern. Ist dieser Erschöpfungszustand aber einmal vorbei, sind sie ausgezeichnete Mütter.

Normalerweise wird der Welpe im Amnion geboren. Die instinktsichere Hündin reisst die Hülle sofort auf und beginnt den Welpen von der Nase her kräftig abzulecken. Die Eihüllen frisst sie sofort auf. Schon während der Presswehen hat sich die Plazenta von der Gebärmutterwand gelöst. Sie hängt meistens an der Nabelschnur des Welpen und wird fast gleichzeitig mit diesem ausgestossen; manche Hündinnen reissen sie an der Nabelschnur heraus. Die Nabelschnur beisst die Hündin mit den Prämoralen durch. Durch die kauenden Bewegungen werden die Blutgefässe gequetscht und eine Nabelblutung gibt es in diesem Falle so gut wie nie. Ein einziges Mal hat bei uns eine Hündin mit normalem Kieferschluss die Nabelschnur zu nahe am Bauch abgebissen: Die Bauchwunde war zu gross und wir mussten den Welpen abtun. Anders liegt der Fall bei unserer Hündin Pia. Durch einen Aufzuchtfehler ist bei ihr der rechte Kieferast verschoben, so dass zwischen dem oberen und dem unteren Reisszahn eine etwa 2 mm breite Lücke klafft. Die Hündin kann mit dieser Kieferhälfte eine Nabelschnur nicht abquetschen und so ist es einmal vorgekommen, dass sie einem Welpen die ganze Bauchdecke aufriss. Die nährstoff- und hormonreiche Plazenta wird von der Hündin normalerweise sofort verschlungen. Die darin gespeicherten Hormone sollen einen Einfluss auf die Milchsekretion haben; wir haben aber in dieser Hinsicht nie einen Unterschied bemerkt zwischen Hündinnen, die die Plazenta auffrassen und solchen, die sie liegenliessen. Das Beseitigen der Nachgeburt, so ekelerregend es vielleicht für uns Menschen aussehen mag, ist biologisch wichtig. Diese blutgefüllten Gewebe würden sofort in Fäulnis übergehen und das Wurflager zu einem üblen Infektionsherd machen. Zwei unserer Hündinnen, die Aga und die Amiga, haben auch tot geborene Welpen sofort samt der Plazenta vertilgt. Es ist dies sicher ein, bei den wilden Caniden übliches, instinktmässiges Verhalten.

Auch Pflanzenfresser beseitigen nach der Geburt die Plazenta auf dieselbe

Weise. Ich habe dies einmal bei einem Hirsch, ein anderes Mal bei einem Reh gesehen; übrigens ein sehr merkwürdiger Anblick!

Die Abstände, in denen die Welpen geboren werden, sind sehr ungleich. Unsere Ria wirft so ziemlich genau in Abständen von 30 Minuten einen Welpen; bei andern folgen sich oft zwei Welpen in relativ kurzen Abständen von 10–15 Minuten, dann wird eine längere Ruhepause von ein bis zwei Stunden eingeschaltet. Die längste Pause machte die Sabina, die vier Welpen in Abständen von etwa 30 Minuten warf, zwischen dem vierten und dem fünften Welpen aber eine Pause von mehr als sechs Stunden einlegte.

Die schon erwähnte, etwas zu dicke Mirsa benötigte, von den ersten Eröffnungswehen an gerechnet, für die Geburt ihrer vier Welpen annähernd 40 Stunden. Dabei war sie selber auffallend munter und zeigte keine Anzeichen von Schwäche, von Müdigkeit oder Schmerzen; die zwei letztgeborenen Welpen lebten jedoch nur einige Stunden.

Von einer Collie-Hündin weiss ich, dass sie 24 Stunden nach einer anscheinend fertigen Geburt noch einen letzten, lebenstüchtigen Welpen warf!

Während der ganzen Geburt und auch noch Tage später hat die Hündin einen dunkelgrünen Ausfluss. Das ist normal und durchaus nicht Anzeichen einer Infektion, wie etwa angenommen wird.

Der Züchter und die werfende Hündin

Es gibt Leute, die sich etwas auf ihre kynologische Erfahrung einbilden und Anfängern den Rat geben, die werfende Hündin möglichst sich selber zu überlassen und «die Natur walten zu lassen». Das ist Unsinn! Denn gerade hier waltet die «Natur» anders. Bei Wildhunden ist der Vater während der Geburt seiner Nachkommen in der Nähe, und beide Eltern beteiligen sich an der Aufzucht der Welpen. Nach Zimen sollen sogar andere Rudelgenossen mithelfen. Es ist deshalb uralter Instinkt, wenn die Hündin vor dem Werfen die Nähe vertrauter Menschen sucht. Ich habe auf diesen Seiten schon mehrmals darauf hingewiesen, dass unsere Hunde, genau wie wir selbst, keine natürlichen Wesen mehr sind: Es muss bei ihnen mit domestikationsbedingten Instinktausfällen gerechnet werden. Will man das diesen Leuten begreiflich machen, so wird verächtlich von Degeneration geredet. Ich sehe nicht ein, wie und wann und warum ein Instinktausfall im Sexual- oder Brutpflegebereich den Wert einer Hündin als Gebrauchshund, als Wächter, als Begleiter und als Kamerad herabsetzen sollte. Wir halten Hunde doch nicht einfach als Nutzvieh!

Wem würde es zudem einfallen – man darf den Vergleich ganz ruhig ziehen–, seine Frau zur Geburt eines Kindes in den Keller hinunter oder in den Wald hinaus, statt in die Klinik zu schicken? Man würde einen solchen Barbaren mit Recht als nicht mehr zurechnungsfähig betrachten! Und überhaupt, wer kann genau sagen, wie viele schwere Geburtstragödien in der freien Wildbahn Mutter und Kind das Leben kosten, weil die vielgerühmte Natur mitunter eben versagt?

Ich glaube, damit ist der Platz des Züchters eindeutig bezeichnet: er gehört zu der werfenden Hündin, um im Notfalle helfend eingreifen zu können! Diese Hilfe beginnt schon beim Bereitstellen der Wurfkiste. Natürlich gehört diese nicht mitten ins Wohnzimmer. Die Hündin schätzt grossen Betrieb während ihrer schweren Stunde nicht, ja manche verhalten die Geburt, solange sich jemand im Raume aufhält, den sie nicht dabeihaben wollen. Diese Verhaltensweise haben wir einmal bei der Hündin Ulla eindeutig feststellen können. Doch schätzt die Hündin die Anwesenheit einer oder zweier, ihr gut vertrauter Personen; auch davon konnten wir uns immer und immer wieder überzeugen. Das Wurflager stellen wir also in einen, zur Zeit der zu erwartenden Geburt nicht von andern, der Hündin unvertrauten Menschen, benützten Raum. Bei kleinen Rassen ist es gar nicht abwegig, die Wurfkiste neben sein Bett ins Schlafzimmer zu stellen, so geniesst man selbst noch ein wenig Nachtruhe, kann aber doch bei Bedarf sofort eingreifen.

Doch ist alles den jeweiligen Umständen anzupassen; wir müssen uns einfach klar darüber sein, dass es ein langes Warten geben kann, somit sollte der Raum einigermassen wohnlich eingerichtet sein. Zumindest sollte man darin die Temperatur regeln können, und da die Welpen vermutlich in den frühen Morgenstunden kommen, ist auch eine gute Beleuchtung notwendig. Mit einer Taschenlampe in der Hand oder beim Scheine von Urgrossvaters Stallaterne kann man keine Geburtshelferdienste leisten. Manchmal behagt die Wurfkiste einer Hündin nicht, vielfach deshalb, weil sie ihr zu gross ist! Hündinnen wollen in der Kiste geschützt sein, sie wollen mit den Kistenwänden Kontakt haben, unter Umständen beim Auspressen der Welpen die Läufe dagegen stemmen können. In einer zu grossen Kiste kommen sie sich regelrecht verloren vor.

Als Wurflager haben wir für unsere Mittelschnauzer oben offene Kisten, Innenmass 90 × 70 cm und etwa 50 cm tief. Die Tiefe ist so bemessen, daß die Welpen während der ersten drei bis vier Wochen nicht von selber daraus steigen können. Da Blut- und grüne Fruchtwasserflecken an den Wänden unvermeidlich sind, kleiden wir diese vorsorglich mit Tüchern aus, die man nachher auswechseln kann. Als Wurflager dient ein mit Spreue gefüllter Sack, denn die Hündinnen lieben es, eine Mulde hineinzutreten.

Diesen Spreuesack überdecken wir mit einem alten Teppichstück und dieses wiederum mit einem Leintuch. Blosses Stroh, wie man es oft noch sieht, halte ich nicht für zweckdienlich. Erstens ist es nicht hygienisch und zweitens können sich die Welpen an den scharfen Strohhalmen lebensgefährliche Verletzungen zuziehen. Zudem muss das ganze Strohlager nach der Geburt vollständig erneuert werden. Bei unserem System müssen wir nur das Leintuch, eventuell noch die Teppichunterlage auswechseln. Bereitzuhalten sind ferner sauberes Wasser, um darin die Hände zu waschen, ein Handtuch, etwas Watte und eine Schere.

Die Hilfe des Züchters beschränkt sich vorerst im geduldigen Warten auf die Dinge, die da kommen sollen. Ab und zu wird er die Hündin am Zerkratzen und Zerreissen des Lagers hindern müssen; vermutlich will sie auch jetzt noch mehrmals ins Freie, obschon ihr Darm schon längstens vollkommen leer ist. Hat sich die Hündin Tage vorher irgendwo im Garten ein Loch gekratzt, so nehmen wir sie bei diesen nächtlichen Ausgängen an die Leine, denn sie wird nun danach trachten, ihr selbstgebautes Wurflager aufzusuchen und wird sich dann – einmal dort – beharrlich weigern, es wieder zu verlassen. Dem wollen wir von Anfang an zuvorkommen.

Lassen nach Stunden die Eröffnungswehen sichtbar an Intensität nach, so können eine leichte Massage der Bauchdecke oder ein kurzer Spaziergang sehr anregend wirken. Wir verspüren dann sofort, wie sich die Gebärmuttermuskulatur von neuem kräftig zusammenzieht.

Sobald der erste Welpe da ist, wird der Züchter sehen, ob seine Hilfe nötig ist oder nicht.

Instinktsichere Hündinnen reissen sofort die Amnionshülle bei der Nase des Welpen auf und beginnen den Welpen sauberzulecken. Rassen mit starkem Vorbiss – Boxer bilden hier gerade die Grenze – können aber die Fruchthaut nicht mit den Schneidezähnen fassen und durch blosses Lekken bringen sie die Amnionshülle nicht weg. Hier muss der Züchter unbedingt sofort eingreifen und den Welpen befreien, bevor er erstickt. Bei Brüsseler Griffons und Englischen Bulldoggen ist das regelmässig der Fall; dagegen habe ich von Pekinesen gehört, die ihre Welpen richtig auspacken und abnabeln, obschon doch diese Rasse einen sehr starken Vorbiss hat. Es scheint eben auch in dieser Hinsicht individuelle Unterschiede zu geben.

Namentlich erstgebärende Hündinnen sind oft recht ungeschickt und unbeholfen. Es gibt solche, die sich überhaupt nicht um einen soeben geborenen Welpen kümmern, sondern sich selbst intensiv belecken; andere – wie zum Beispiel unsere Finette – springen bei der Geburt des ersten Welpen aus der Kiste und laufen davon; wieder andere befassen sich mit der Nachgeburt und bis sie diese vertilgt haben, ist der Welpe erstickt. In allen

Abbildung 22
Die holländische Schäfer-Hündin massiert ihrem soeben geborenen Sprössling das
Bäuchlein, bis er sein Häuflein «Kindspech» absetzt.

diesen Fällen – und das merkt der Züchter sofort – müssen die Amnions-
hüllen bei der Nasenspitze des Welpen von Hand aufgerissen werden, damit dieser vorerst einmal atmen kann. Oft genügt es jetzt, der Hündin den
Welpen hinzuhalten, damit sie beginnt, ihn eifrig zu belecken; tut sie das
auch jetzt noch nicht, so streift der Züchter die Eihüllen vollends vom Welpen, reinigt ihm vorsichtig mit Watte Nase und Mäulchen und massiert ihn
dann mit einem Wattebausch, bis er kräftig quiekt. Oft erwachen auf diesen

Abbildung 23
Die Geburt ist vorbei. Die Welpen saugen bereits intensiv, und die Mutter erholt sich
von den Strapazen der Geburt. Viele Hündinnen haben nach der Geburt noch während etlicher Tage leicht erhöhte Temperatur und hecheln viel, das ist aber durchaus normal.

ersten Kinderschrei hin in der Hündin blitzartig die mütterlichen Instinkte
und sie besorgt das weitere Geburtsgeschäft absolut richtig. Kümmert sie
sich aber gar nicht um den Welpen, so muss der Züchter nun auch noch
die Nabelschnur durchtrennen. Er wartet damit zu, bis die Schnur völlig
blutleer, das heisst ganz weiss geworden ist. Vorsichtshalber unterbinden
wir sie trotzdem noch bauchseits, etwa 1 cm von der Bauchdecke entfernt,
mit Nähseide und durchtrennen sie dann, je nach Rasse, etwa 2 bis 3 cm

Abbildung 24
Kurznasige Zwergrassen werden mit relativ grossen Köpfen geboren. Bei ihnen ist die Geburt stets gut zu überwachen, weil Komplikationen möglich sind. Es ist aber durchaus nicht so, dass Zwerghunde bedauernswerte Geschöpfe sein müssen. Richtig aufgezogen und richtig ernährt, sind sie sehr temperamentvoll und erreichen durchschnittlich ein bedeutend höheres Alter als ihre grossen Artgenossen.

vom Bauch entfernt mit der Schere durch. Die Gefahr, dass so ein Welpe verblutet, besteht kaum. Frisst die Hündin die Plazenta nicht auf, so entfernen wir auch diese. Mir ist es sogar recht, wenn Hündinnen nicht sämtliche Mutterkuchen verschlingen, denn manche haben daraufhin an den nächsten zwei Tagen furchtbaren Durchfall; verschmähen sie aber die Nachgeburten, so bleibt auch meistens der Durchfall aus.
Es gibt auch Hündinnen, die in ihrem Eifer den Welpen an der Nabelschnur hochheben, heftig daran kauen und den Welpen dabei wie ein Stück Fleisch herumbaumeln lassen. Daran muss man sie unbedingt hindern, denn auf diese Weise kann dem Welpen die Bauchhaut aufgerissen werden.
Es gibt sogar Hündinnen, die gesunde Welpen samt der Plazenta auffressen. Das habe ich übrigens mit erstgebärenden Kaninchenmüttern öfters ebenfalls erlebt.

Ich glaube, mit diesen Ausführungen genügend dargetan zu haben, dass die Anwesenheit des Züchters bei der Geburt absolut notwendig ist. Muss er selbst nicht einschreiten, weil die Hündin instinktmässig richtig handelt, so ist er mindestens um ein schönes Erlebnis reicher geworden, und gerade das zählt in der Hundezucht mehr als gelegentliche Einnahmen.

Ist der Geburtsakt endgültig abgeschlossen – geübte Züchter können durch Betasten der Hündin genau feststellen, ob sich noch ein Welpe in der Gebärmutter befindet oder nicht –, so wechseln wir die verschmutzten Tücher aus und lassen Mutter und Kinder in Ruhe. Vorläufig braucht die Hündin noch kein Futter, dies vor allem dann nicht, wenn sie sämtliche Nachgeburten vertilgt hat.

Sie braucht jetzt nur einige Stunden Ruhe, um sich ungestört ihren Kindern widmen zu können.

Über schwierige Geburten wollen wir uns hier nicht unterhalten: Der Züchter tut gut, gegebenenfalls nicht den Kurpfuscher spielen zu wollen, sondern rechtzeitig einen in der Kleintierpraxis bewanderten Tierarzt beizuziehen, dies vor allem bei kurznasigen Rassen. Ein Kaiserschnitt bei Hunden ist heute beinahe eine alltägliche Sache und lässt sich in den weitaus meisten Fällen für Mutter und Welpen ohne nachteilige Folgen praktizieren. Man sollte deshalb bei auftretenden Schwierigkeiten nicht zu lange warten, bis man sich zum entsprechenden operativen Eingriff entschliesst!

Erste Auslese

In die Freude über eine glücklich verlaufene Hundegeburt mischt sich leider sehr häufig gleich ein bitterer Wermutstropfen:
Viele Zuchtvorschriften beschränken nämlich die Zahl der pro Wurf aufzuziehenden Welpen auf sechs. Wir wollen hier nicht über das Für und Wider eines solchen «numerus clausus» diskutieren. Die Praxis lehrt, dass es ebenso viele Züchter gibt, bei denen auch sechs Welpen schon zuviel sind, wie solche, bei denen man einer Hündin ruhig acht Welpen belassen dürfte. Wir müssen uns einfach mit der Tatsache abfinden, dass diese zahlenmässige Beschränkung eben besteht, und dass man demjenigen Züchter, der gegen diese Bestimmungen verstösst, das Stammbuch sperren wird.

Der Züchter kleiner bis mittelgrosser Rassen kommt glücklicherweise recht selten in den Fall, die Wurfstärke reduzieren zu müssen, weil hier Würfe mit sechs und mehr Welpen relativ selten sind.

Anders der Züchter grosser Rassen: Schon bei den Deutschen Schäfer-

Abbildung 25
Das attraktive Tupfenmuster des Dalmatiners fehlt den neugeborenen Welpen. Es wird erst im Laufe der ersten Lebenswochen allmählich sichtbar. Dalmatinerzüchter haben es deshalb nicht leicht, bei zu grossen Würfen die später am besten gezeichneten Welpen auszulesen.

hunden sind zehn und mehr Welpen in einem Wurf keine Seltenheit, St. Bernhardshunde und andere Riesen bringen es oft und gerne auf ein Dutzend und mehr; somit muss reduziert werden. Kein Züchter tut das gerne, vor allem dann nicht, wenn alle Welpen gesund und wohlgestaltet sind. Nach welchen Gesichtspunkten hat nun eine solche erste Auslese zu erfolgen? Conrad Gesner (1516-1565) gibt dazu folgende Anleitung: «Man macht ein ziemlichen weyten ring mit kleinem dürrem holtz, legt die jungen mitzen / zündt das holtz an / lasst dann die hündtin laufen / so tregt sy ye den edelsten zu ersten auss dem fheür / den geringsten aber zu letst.» Ich denke aber, wir gehen diesbezüglich anders vor: Zuallererst untersuchen wir sämtliche Welpen sehr genau auf etwa vorhandene anatomische Fehler. Selbstverständlich sind Welpen mit Hasenscharten, Gaumenspalten und Spaltnasen fraglos Todeskandidaten, und zwar auch dann, wenn die Welpenzahl kleiner als sechs ist. Skelettfehler, die man ebenfalls nicht dulden sollte, sind eine fehlende oder eine geknickte Rute, es sei denn, die verkrüppelte Rute sei als Rassemerkmal erwünscht. Zu kontrollieren sind auch alle vier Gliedmassen, dies schon deshalb, weil Afterkrallen gleich nach der Geburt mit einer scharfen Schere entfernt werden müssen. Ich bin in Sachen Kleintierzucht gewiss kein Neuling, und doch ist es mir einmal bei einer jungen Katze entgangen, dass ihr ein Hinterfuss vom Sprunggelenk weg völlig fehlte.

Bei Hunderassen mit einer streng umschriebenen Zeichnung, wie zum Beispiel bei den schweizerischen Sennenhunden und anderen, fallen alle schlecht gezeichneten Welpen ebenfalls weg, darüber hinaus dann auch diejenigen, die Träger einer vom Standard nicht anerkannten Farbe sind. Es ist hier wohl am Platze, sehr nachdrücklich auf den, bei einfarbigen Rassen häufigen, vorgeburtlichen *Pigmentstop* hinzuweisen. Schwarze Spitze, schwarze Schnauzer, rote Dackel, Neufundländer und andere haben bei der Geburt sehr oft weisse Zehenspitzen und mehr oder weniger grosse weisse Brustflecken. Die weissen Zehenspitzen verschwinden sozusagen immer, es kann aber bis zur fertigen Pigmenteinlagerung noch acht bis zehn Wochen dauern. Die Brustflecken verschwinden meistens nicht völlig, aber sie reduzieren sich häufig auf einen kleinen weissen Streifen, der den Wert des Hundes als Zucht- und Ausstellungstier in keiner Weise herabmindert. Es ist also kein Grund vorhanden, solche Welpen abzutun. Leider kommt das immer wieder vor, zumal wenn unwissende Zuchtwarte einen Anfänger falsch beraten.

Viel schwieriger als die Beurteilung der Zeichnung und der Farbe ist es, die Haarstruktur eines neugeborenen Welpen zu beurteilen. Bei rauhhaarigen Rassen sind die völlig glatthaarigen Welpen diejenigen, die später das erwünschte «harte» Haar haben werden. Wer schon bei der Geburt ei-

Abbildung 26
Weisse Pudel sind nicht Albinos, sie sollen sogar sehr viel Pigment haben, das sich jedoch, weil eine bestimmte Genkombination dies verhindert, nicht ins Haar, wohl aber in der Haut einlagert. Es ist jedoch nicht leicht, rein weisse und blonde Hunde mit schwarzen Nasen und schwarzen Lefzen zu züchten. Der Zug zum Vollalbino mit völlig pigmentloser Haut und roten Augen ist stets vorhanden.

nen wolligen Pelz trägt, der wird später unweigerlich mehr oder weniger lang- und seidenhaarig, niemals aber rauhhaarig sein.

ein wesentlicher Faktor bei der Auslese sind die *Geburtsgewichte.* Dabei ist nicht das absolute, sondern das relative Geburtsgewicht massgebend, denn die absoluten Zahlen variieren von Wurf zu Wurf sehr stark. Zwerghunde werfen relativ grosse Welpen, Riesenrassen relativ kleine. Eine unserer Zwerggriffon-Hündinnen mit einem Erwachsenengewicht von etwa 4,5 kg warf Welpen bis zu 270 g Geburtsgewicht, Schnauzer-Hündinnen mit 18–20 kg Erwachsenengewicht warfen nicht viel schwerere. Die leichtesten Mittelschnauzer, die wir jemals hatten, wogen bei der Geburt nur 145 g, 165 und 180 g; die leichtesten Griffons aber immer noch 130 und 150 g.

Das Geburtsgewicht des leichtesten Schnauzers betrug 1% des mütterlichen Gewichtes, dasjenige des leichtesten Griffons jedoch 3,3%.

Der schwerste Schnauzer, den wir jemals hatten, wog 2% des mütterlichen Gewichtes, der schwerste Griffon jedoch 5,4%.

Schon diese wenigen Zahlen zeigen die grosse Variabilität der Geburtsgewichte.

Nach Kaiser wiegen Welpen der grossen Rassen im Mittel etwa 1% des mütterlichen Gewichtes, bei Zwergrassen kann es jedoch auf 6% ansteigen (Pyrenäenhund 0,97%, Chihuahua 6,42%).

Als «normal» muss man deshalb bei jedem Wurf das Durchschnittsgewicht der Welpen ± etwa 10% annehmen. So lagen zum Beispiel in einem Wurf sechs Welpen, wovon deren fünf Geburtsgewichte zwischen 275 und 360 g aufwiesen, während einer nur 220 g wog. Den kleinsten aufzuziehen lohnte sich nicht, er würde den Rückstand nie völlig aufgeholt haben.

Ein Jahr später warf die gleiche Hündin sieben Welpen, darunter sechs mit Gewichten zwischen 355 und 370 g, der siebente aber war nur 280 g schwer. Aus Interesse liessen wir ihn vorläufig im Wurf. Er erwies sich jedoch als ein Schwächling, obschon sein absolutes Geburtsgewicht durchaus im Rahmen der Gewichte des letztjährigen Wurfes lag. Er ging am zehnten Tage an einer Darmstörung ein. Sein Gewicht betrug damals 490 g, während sein schwerster Bruder damals bereits 810 g wog. Beim Grossen war somit das Gewicht am zehnten Lebenstag das 2,3fache des Geburtsgewichtes, beim Kleinen aber nur das 1,8fache.

Unsere Pia hatte einmal in einem Wurf einen Welpen von 510 g und einen solchen von 370 g.

Weil 370 g für einen Mittelschnauzer eigentlich ein sehr gutes Geburtsgewicht ist, liessen wir den Welpen selbstverständlich am Leben. Es lohnte sich nicht. Am 21. Tage hatte der grosse Welpe ein Gewicht von 2250 g, der kleine von 1630 g, die relative Zunahme betrug demnach bei beiden

Abbildung 27
Wer später ein wirklich harsches Rauhhaar tragen wird, der wird nahezu glatthaarig
geboren. Welpen rauhhaariger Rassen, die bereits bei der Geburt ein langes Nak-
kenfell und Ansätze zu Augenbrauen haben, werden später bestimmt weichhaarig
sein.

genau gleich viel, nämlich 4,4mal das Geburtsgewicht; mit zehn Wochen jedoch wog der Grosse rund 7 kg, der kleine aber erst 2,5 kg, obschon beide unter den genau gleichen Bedingungen aufwuchsen.
Zum Vergleich mögen die beiden Welpen der Mirsa erwähnt werden. Der eine wog bei der Geburt 310 g der andere 370 g. Am 21. Tage war der leichtere 2120 g, der schwerere 2370 g und mit 10 Wochen waren beide fast auf das Gramm genau gleich schwer.
Welpen mit ausgeglichenen Geburtsgewichten entwickeln sich – keine Komplikationen vorausgesetzt – meistens auch sehr gleichmässig.
Als Beispiele mögen hier ein Fünferwurf der Hündin Ria, ein Viererwurf der Hündin Pia und ein Fünferwurf der Hündin Noa dienen.

Der Fünferwurf der Ria zeigte folgende Gewichte:

Bei der Geburt	310 g	300 g	300 g	320 g	310 g
nach 10 Tagen	900 g	850 g	810 g	850 g	790 g
nach 20 Tagen	1600 g	1330 g	1420 g	1450 g	1380 g
nach 30 Tagen	2160 g	1920 g	1850 g	1900 g	1750 g

Der Viererwurf der Hündin Pia:

Bei der Geburt	420 g	410 g	410 g	390 g
nach 10 Tagen	870 g	880 g	950 g	850 g
nach 20 Tagen	1360 g	1340 g	1440 g	1360 g
nach 30 Tagen	1750 g	1770 g	1920 g	1690 g

Noch fast eindrücklicher sind die Zahlen für den Fünferwurf der Hündin Noa. Ihre Welpen wogen bei der Geburt

	315 g	345 g	370 g	290 g	320 g

und nach

vier Wochen	1870 g	1920 g	1970 g	1730 g	1740 g

Ich führe hier absichtlich die Zahlen nur bis zu dem Zeitpunkt auf, da wir mit der Zufütterung begannen. Sie zeigen demnach die Entwicklung der Welpen während der reinen Säugeperiode.
Diese Zahlen belegen übrigens bereits die Tatsache, dass bei derart ausgeglichenen Geburtsgewichten schon nach kurzer Zeit die leichteren Welpen ihren kleinen Rückstand aufholen und manchmal sogar bald einmal ihre Brüder und Schwester leicht überflügeln.
Die Beispiele zeigen aber auch, wie ausgeglichen Würfe bei der Geburt sein können. Was hier an einem Vierer- und zwei Fünferwürfen gezeigt worden ist, kann natürlich auch bei Achter-, Zehner- und Zwölferwürfen

zutreffen. In solchen Fällen wird die Auslese sehr schwer. Ich rate hier jeweils zum vorläufigen Reduzieren auf etwa sieben bis acht Welpen. Manchmal zeigt sich bereits nach wenigen Tagen irgend etwas, das dem Züchter dann die Qual der Wahl erspart. Es kann eine Nabelinfektion auftreten; vielleicht nimmt einer der Welpen schlecht zu; bei schweren Rassen besteht zudem in den ersten Tagen immer die Gefahr, dass die Hündin einen Welpen erdrückt, auch können innere Organfehler vorliegen, die ein Züchter nicht feststellen kann. So verloren wir einmal einen Welpen wegen einer Darmeinstülpung, einen anderen wegen einer Leberdeformation.

Trumler sagt, der Welpe, der nicht in der ersten Lebensminute alles daransetze, eine mütterliche Zitze zu erreichen, sei erbgeschädigt. Das ist natürlich Unsinn! Gerade bei den kleinen Rassen mit ihren oft relativ grossen Welpen brauchen die Welpen nach der Geburt oft einige Minuten, bis sie sich so weit erholt haben, dass sie sich auf die Suche nach der mütterlichen Milchquelle machen können. Das kann mitunter bis zu einer Viertelstunde dauern. Wir haben das öfters erlebt, und in allen Fällen wuchsen sich die nach Trumler «erbgeschädigten» Welpen zu kräftigen Hunden aus, die zum Teil ein Alter von vierzehn und mehr Jahren erreichten. Nach Trumler hätte ich einen Käufer, der einen solchen Junghund kaufte, betrogen. Warum eigentlich? Was darf ich als Hundebesitzer denn mehr erwarten, als einen gesunden, langlebigen Hund zu erwerben? Spielt es wirklich eine derart eminente Rolle, ob er schon in der ersten Minute oder erst nach zehn Minuten seine erste Milch erhielt?

Ein gesunder Welpe fühlt sich nach 24 Stunden prall an, er führt mit den Hinterbeinen kräftige Stemmbewegungen aus und hat eine laute, energische Stimme. Sich schlaff anfühlende Welpen mit dünner Piepstimme sind Schwächlinge. Sehr häufig schiebt die Mutterhündin solche Welpen beiseite; wir haben es schon erlebt, dass sie sie in eine Ecke der Wurfkiste legte, und mit der Nase Streue oder einen Tuchzipfel auf sie schob, als wären sie zu verlochende Knochen.

Ärgerlich ist es dann, wenn wir schließlich den Wurf auf die erlaubte Stärke dezimiert haben, und sich im Laufe der Entwicklung der Welpen Erbfehler zeigen, die am neugeborenen Welpen nicht festzustellen waren, wie zum Beispiel Gebissanomalien, Hodenfehler, Farbfehler, schlechtes Wesen oder gar Hirnschädigungen.

Die Wahrscheinlichkeit, gute Welpen zugunsten minderwertiger getötet zu haben, kann einem Züchter hart zusetzen, doch auch das gehört eben zum «Züchtersein». Hier ist der Ort, auf die oft gehörte Meinung, die männlichen Welpen seien stets stärker als die weiblichen, kurz einzutreten: Unser stärkster Welpe war ein Rüde und der schwächste Welpe war eine Hündin, doch das mag Zufall sein; denn wenn ich wahllos die Geburtsge-

wichte von 20 Rüden und von 20 Hündinnen aus den Würfen von fünf verschiedenen Hündinnen zusammenzähle, so erhalte ich für die Rüden ein
Durchschnittsgewicht von 366 g, für die Hündinnen ein solches von 353 g.
Die Rüden haben demnach einen leichten Vorsprung inne, dieser ist aber
so gering, dass deswegen auf keinen Fall auf eine minder grosse Vitalität
der weiblichen Welpen geschlossen werden darf. Meistens ist es so, dass
in einem Wurf die schwerste Hündin schwerer ist als der leichteste Rüde,
und gar nicht immer ist der stärkste Welpe ein Rüde und der schwächste
eine Hündin, es kann durchaus – und dies gar nicht selten – das Gegenteil
der Fall sein.

Askariden – Die Geissel der Welpen

Trotz aller Aufklärung durch die Fachpresse, gehen auch heute noch Jahr
um Jahr viele, an sich durchaus lebenskräftige Welpen ein, oder sie serbeln wochenlang dahin und leiden ihr Leben lang an den Folgen einer
starken Frühverwurmung. Dabei ist die Bekämpfung der Spulwürmer
heute wirklich kein Problem mehr. Ich warne jedoch ausdrücklich vor den
«natürlichen» Methoden einiger Naturheilapostel. Mit Knoblauch und
Zwiebeln befreit man niemals einen stark mit Würmern befallenen Welpen
von seinen Plagegeistern.
Merkwürdigerweise ist der Spulwurmbefall bei Welpen, die unter genau
den gleichen Bedingungen aufgezogen werden, sehr verschieden. Es gibt
Hündinnen, deren Würfe regelmässig hochgradig mit Askariden befallen
werden, während die Welpen einer andern Hündin im gleichen Zwinger einen nur sehr geringen Befall aufweisen. Ganz offensichtlich ist die Anfälligkeit von Wurf zu Wurf, sicher aber auch von Rasse zu Rasse, sehr verschieden. Dr. H. Pfosi hat deshalb einmal zu Recht im «Schweizer
Hundesport» geschrieben, dass gewisse Individuen stets verwurmt, andere aber anscheinend überhaupt nicht mit Spulwürmern anzustecken
sind. Das stimmt! Es spielt dabei überhaupt keine Rolle, ob die Mutter
selbst in ihrem Kot Spulwurmeier aufweist oder anscheinend wurmfrei ist.
Sie kann während der Aufzuchtperiode mit dem Stuhl der Welpen, den sie
ja aufleckt, solange die Welpen nur mit Muttermilch ernährt werden, Millionen von Spulwurmeiern aufnehmen, dessen ungeachtet zeigt sie nachher trotzdem keinen Wurmbefall, weil sie über eine individuelle Resistenz
gegenüber Spulwürmern verfügt. Der eben zitierte Dr. Pfosi meint deshalb,
dass der Spulwurmbefall nicht in erster Linie ein Infektions-, sondern ein
Haftungsproblem sei.
Eine Hündin (deren Welpen stets sehr stark verwurmt waren) hatten wir

während der Trächtigkeit mehrmals entwurmt. Unmittelbar vor der Geburt der Welpen rasierte ich ihr die Bauchhaare weg und dann wusch ich ihr Gesäuge und Hinterschenkel gründlich mit Desogen. Diese Prozedur wiederholte ich in den ersten Wochen nach jedem Ausgang ins Freie. Resultat: Die Welpen blieben so verwurmt wie eh und je! – Alle hygienischen Vorbeugungsmassnahmen scheinen hier nutzlos zu sein.

Wir müssen uns einfach mit der Tatsache abfinden, dass richtig gefütterte, erwachsene Hunde in der Regel askaridenfrei sind, während Askaridenbefall bei Welpen mehr oder weniger normal ist.

Für mich steht es jedenfalls ausser Frage, dass die erste Invasion der Welpen mit Spulwurmlarven bereits intrauterin, also durch die Plazenta erfolgt. Auch wenn es heute noch Tierärzte gibt, die es nicht wahrhaben wollen, so haben entsprechende wissenschaftliche Untersuchungen eindeutig erwiesen, dass sich die Ruheformen der Askaridenlarven im Körpergewebe der erwachsenen Hündin abkapseln und dann durch den Reiz des durch die Trächtigkeit verursachten, veränderten Stoffwechsels wieder aktiv werden und via Plazenta in die Föten einwandern. Aus diesem Grunde hat es absolut keinen Zweck, die trächtige Hündin mehrmals zu entwurmen, man erreicht damit nur allfällig im Darm befindliche Schmarotzer, nicht aber die im Körpergewebe haftenden Askaridenlarven. Die Welpen kommen trotz mehrfachen Entwurmens der Mutterhündin mit einem massiven Larvenbefall zur Welt, und gleich nach der Geburt setzt die Entwicklung der gefährlichen Darmschmarotzer ein. Derart befallene Welpen haben einen überaus schlechten Start ins Leben, wenn der Züchter nicht sofort die richtigen Massnahmen trifft.

Seit einiger Zeit stellt die Firma Bayer unter dem Namen «Citarin» ein subkutan zu spritzendes Wurmmittel her, das auch die in den Körpergeweben ruhenden Askaridenlarven verlässlich abtöten soll. Die Wurmlarven sterben ab und werden resorbiert. Wie weit sich dieses Mittel in der Praxis bereits bewährt hat, weiss ich nicht. Sollte es die gehegten Hoffnungen erfüllen, so hätten die Tierärzte hier eine sehr wirksame Waffe im Kampfe gegen die Askariden zur Hand.* Vorläufig müssen wir uns jedoch damit abfinden,

---

* Nach einer brieflichen Mitteilung von Prof. Dr. M. Stoye vom Institut für Parasitologie der Tierärztlichen Hochschule Hannover vom 9. 1. 78 gibt es zur Zeit kein Medikament, das sicher auf die im Muttertier vorhandenen Larven von Spul- und Hakenwürmern wirkt.
Am Institut vorgenommene Versuche mit verschiedenen neuen Mitteln in extrem hohen Dosen gelang es bei täglicher Applikation nicht, eine messbare Wirkung zu erzielen. Das sicher wirkende Mittel scheint vorderhand nur Wunschtraum zu sein.

dass es durch wandernde Spulwurmlarven in verschiedenen Organen (zum Beispiel Darm, Lunge) zu Entzündungen kommen kann, die oft tödlich verlaufen und die wahrscheinlich meistens auch nicht als solche erkannt werden. Viel häufiger als eine derart akute Entzündung sind aber chronische Schädigungen durch die Würmer und die Wurmtoxine (giftige Ausscheidungen der Würmer), die den Welpen erheblich schwächen und seine Widerstandskraft herabsetzen. Es braucht dann nur noch eine relativ harmlose Infektion von aussen her dazukommen zu müssen, und schon ist das Unheil da. Solche Infektionen sind aber praktisch vom Züchter gar nicht zu vermeiden.

Eine wenig beachtete Infektionsquelle stellt schon allein die Mutter dar. Wir haben über längere Zeitspannen die Milch unserer Hündinnen im bakteriologischen Institut untersuchen lassen und mussten mit grosser Besorgnis feststellen, wie stark die Milch sämtlicher Hündinnen mit Pyokokken, Streptokokken und zum Teil auch mit Colibazillen verseucht war. Wir glaubten zuerst, dieser Befund sei pathologisch und behandelten die Hündinnen bereits vor der Geburt mit Antibiotika und Sulfonamiden. Freilich ohne Erfolg! Die Milch der behandelten Hündinnen wies deswegen kaum weniger Keime auf. Zu unserer Beruhigung zeigte es sich dann in der Folge, dass auch die Milch von Hündinnen anderer Rassen und aus anderen Zwingern das genau gleiche Bild aufwiesen: ein mehr oder weniger starker Befall der Hündinnenmilch mit Krankheitserregern ist offenbar durchaus normal. Die Tatsache, dass weder die Behandlung mit Antibiotika noch diejenige mit Sulfonamiden einen Einfluss auf die Zahl der pathogenen Keime in der Milch hatte, lässt wohl den Schluss zu, dass diese bei der Michgewinnung von der Hautoberfläche sekundär in die Milch gelangt sind. Für den Welpen kommt das wohl praktisch auf dasselbe heraus, er wird beim Saugen eine grosse Zahl solcher Keime zu sich nehmen.

Ein gesunder Welpe wird durch die Krankheitserreger offensichtlich auch gar nicht geschädigt, ist er aber einmal geschwächt, so kommt es zu einer chronischen Darm- oder Leberentzündung, zu Hautausschlägen, Nabelentzündungen, schlecht verheilenden Wunden (die beim Kupieren der Schwänze und Afterkrallen gesetzt werden müssen): Alles Infektionen, die kaum wirksam bekämpft werden können. Die Welpen serbeln dahin. Mit Antibiotika und Sulfonamiden kann man den Verlauf der Krankheiten zeitweilig etwas bremsen, aber richtig gesund sind solche Hunde nie, sie bleiben Zeit ihres Lebens gegen alle Infektionskrankheiten überaus anfällig.

Der Kampf gegen die Askariden muss deshalb so früh als möglich, das heisst, schon am fünften oder sechsten Lebenstag der Welpen aufgenommen werden.

Viele Züchter mit und ohne Erfahrung werden mitleidig lächeln, sollen sie!

Ich schreibe und sage nichts, was mich nicht die Erfahrung gelehrt hat. Die frühzeitige Entwurmung bei Würfen, die erfahrungsgemäss eine starke Verwurmung zeigen, ist schon im Interesse der Mutterhündin dringend geboten. Die bei solchen Würfen öfters auftretende *Tetanie* der Hündin wird vielfach, völlig zu Unrecht, als Eklampsie bezeichnet.

Einen typischen Tetaniefall hatten wir einmal bei unserer Hündin Ria, und zwar bereits drei Tage nach der Geburt ihrer Welpen. Zuerst fiel uns die Steifheit ihrer Hinterhand auf, dann wurde der Gang der Hündin schwankend und schon wenige Stunden später konnte sie nicht mehr allein aus der Wurfkiste steigen. Ihr Blick wurde stier und interesselos, sie reagierte kaum mehr auf Anruf. War sie einmal im Freien, dann wälzte sie sich auf dem Rücken, rieb die Schnauze heftig am Erdboden und nieste dazu laut und anhaltend. Ihr Zustand verschlechterte sich von Stunde zu Stunde und ihr Interesse an ihren Kindern schwand immer mehr. Die Sache wurde bedrohlich.

Glücklicherweise war kein Tierarzt erreichbar.

Er hätte der Hündin eine Spritze Kalzium verabreicht, worauf sich ihr Zustand innert kurzer Zeit gebessert hätte. Er hätte wahrscheinlich auch zu einer Trennung der Hündin vom Wurf geraten, weil man in Tetaniefällen bei säugenden Hündinnen annimmt, die Milchproduktion sei die Ursache der Kalziumverarmung. Das hätte bedeutet, dass wir den Wurf mit der Flasche hätten aufziehen müssen, eine Arbeit, die nur der bewältigen kann, der sonst keine Pflichten hat.

Doch, wie gesagt, es war kein Tierarzt erreichbar. So rief ich den in solchen Dingen erfahrenen Dr. H. Pfosi an. Dieser riet mir zu einem sofortigen Entwurmen der Welpen.

Ungläubig schüttelte ich den Kopf: Am dritten Lebenstag entwurmen? Doch der Zustand der Hündin war schlimm, und es musste rasch gehandelt werden.

In einer Kaffeetasse zerstiessen wir mit einem Kaffeelöffel Piperazin-Adipat, und zwar etwa 100 mg pro kg Körpergewicht der Welpen, also eine Menge, welche etwa $1/3$ Tablette pro Welpe entspricht; darüber gossen wir etwa einen Kaffeelöffel voll mit Wasser verdünnte Milch (1:1) und versüssten dann die Lösung mit drei Messerspitzen voll Staubzucker. Die Tasse mit der Lösung stellten wir in ein warmes Wasserbad (Wassertemperatur etwa 40° C). Nun träufelten wir jedem Welpen mit der Tropfpipette die Lösung ins Mäulchen. Das geht sehr einfach. Eine Person hält den Welpen in den Händen, die andere öffnet ihm durch leichten Druck auf den Unterkiefer das Mäulchen und tropft ihm die Lösung ungefähr auf die Zungenmitte. Ist die Lösung süss genug, so schlucken die Welpen gierig, ist sie zu wenig gesüsst, so schütteln die die Köpfchen und schäumen. Jeder

Welpe erhielt so der Reihe nach vorerst eine Pipette voll, dann begannen wir nochmals von vorne, bis die gesamte Lösung aufgebraucht war.
Der erkrankten Hündin gaben wir zwei Tabletten Kalzium-D-Redoxon. Der Erfolg entsprach vollständig der Prognose, die Dr. Pfosi mir gestellt hatte und war in zweifacher Hinsicht verblüffend:
Nach 24 Stunden stieg die Hündin wieder von selbst aus der Wurfkiste und nach 48 Stunden war sie vollständig wiederhergestellt. Sie erhielt noch während vier Tagen je zwei Tabletten Kalzium-D-Redoxon und nach sieben Tagen wiederholten wir das Entwurmen der Welpen.
Bisher entwurmten wir die Welpen von Ria erstmals im Alter von drei bis vier Wochen, sie waren dann jeweils sehr stark mit Spulwürmern befallen.
Im eben beschriebenen Falle entwurmten wir die Welpen noch einmal im Alter von vier Wochen. *Es gingen überhaupt keine Würmer ab*, die Welpen waren vollständig wurmfrei.
Seither wird bei uns jeder Wurf im Alter von fünf bis sechs Tagen entwurmt, nun wachsen unsere Welpen vollständig wurmfrei heran und eine Puerperaltetanie der Hündinnen ist bei uns nie mehr vorgekommen. Wir haben seither auch keine schlechtverheilenden Schwanzwunden mehr und Nabelinfektionen gibt es auch nicht mehr.
Die kleine Mühe der frühzeitigen Entwurmung der Welpen lohnt sich also unbedingt.
Obschon es so leicht ist, Welpen von dieser lebensgefährlichen Geissel zu befreien und Piperazinadipat für sie harmlos ist, leiden auch heute noch landauf, landab Hunderte von Welpen unter Spulwürmern.
Immer und immer wieder werden wir um Rat gefragt, wenn Welpen nicht gedeihen wollen. Man braucht kein Tierarzt zu sein, um auf den ersten Blick festzustellen, was da meistens los ist. Magere Welpen mit dick und prall aufgetriebenen Bäuchen, wackeligem, schwankendem Gang der Hinterhand, glanzlosem, struppigem Fell, Appetitlosigkeit und graugelbem, dünnem Stuhl sind die sichersten Zeichen einer starken Verwurmung. Glücklicherweise sind die Welpen in den meisten Fällen auch jetzt noch zu retten, eine Tablette Piperazin pro 4 kg Körpergewicht befreit sie hundertprozentig von ihren gefährlichen Plagegeistern. Nach zehn Tagen wiederholt, bringt die Kur zumeist dauernde Abhilfe.*

---

* Neben den Piperazinen empfiehlt Prof. Stoye bei Askaridenbefall Banminth-Paste (Pfizer Inc.) und Fenbendazole (Hoechst). Beide Präparate sind auch bei Überdosierung verträglich.

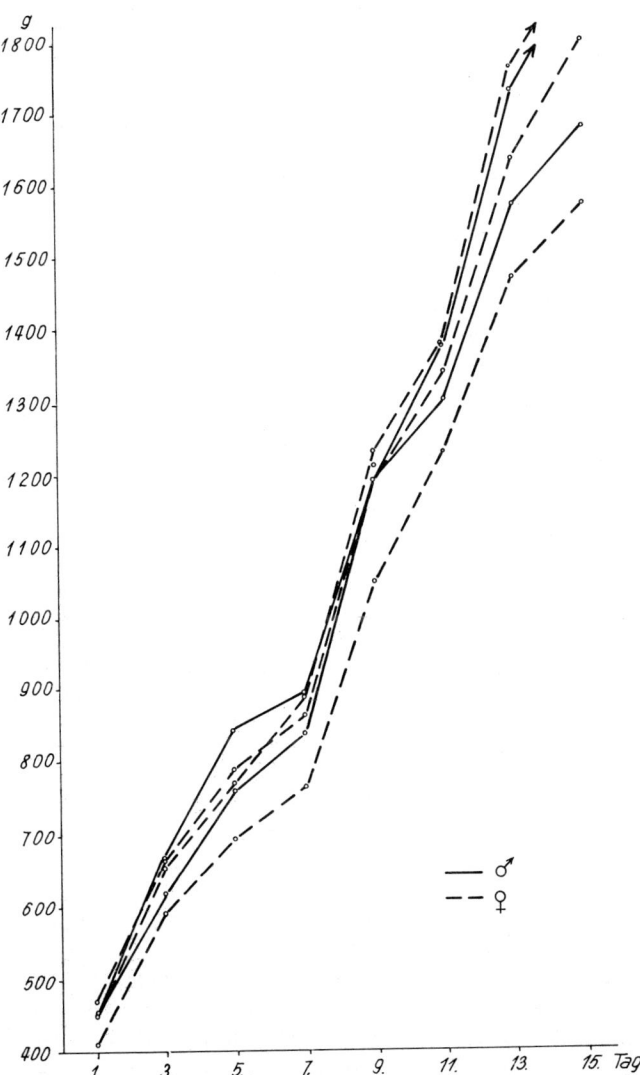

Abbildung 28
Fünferwurf der Hündin «Pia» mit hohen Geburtsgewichten. Der gleichmässige Verlauf der Kurve ist typisch für einen gesunden Wurf einer gut säugenden Hündin. Auch der bei der Geburt leichteste Welpe entwickelt sich durchaus normal. Durchschnittliche Tageszunahme eines Welpen 86,9 g oder 17% des Geburtsgewichtes. Gesamtgewicht des Wurfes nach 15 Tagen das 3,8fache Geburtsgewicht.

Übrigens ist starker Spulwurmbefall bei acht und mehr Wochen alten Welpen ein sicheres Zeichen falscher Ernährung. Sobald nämlich die Welpen keine Muttermilch mehr erhalten und ausreichend rohes Fleisch gefüttert bekommen, hört die Spulwurminfektion auf. Alte, richtig ernährte Hunde sind fast immer frei von Askariden. Offenbar ist Milch, namentlich die Muttermilch der Hündinnen, ein ganz besonders günstiger Nährboden für Askariden; rohes Fleisch dagegen, in ausreichenden Mengen gefüttert, scheint die Entwicklung der Askariden sehr stark zu hemmen. '

Andere Darmparasiten wurden bei unseren Welpen bis jetzt nie festgestellt, obschon wir über längere Zeit den Stuhl der Welpen periodisch auf Wurmeier untersuchen liessen. Erst bei halbwüchsigen Hunden treten dann solche auf, namentlich auch schon Bandwürmer! Deren Bekämpfung ist Sache des Tierarztes; ich warne nachdrücklich vor unkontrollierten Bandwurmkuren.

Dem Züchter obliegt es, prophylaktisch einen Bandwurmbefall der Junghunde nach Möglichkeit zu vermeiden. Diese Prophylaxe besteht vor allem in der Bekämpfung des *Hundeflohs.*

Der Hundefloh ist der Zwischenwirt des Hundebandwurms; seine Hunde flohfrei halten, heisst deshalb, sie vor einer Bandwurminvasion bewahren.

Doch auch da hört man mitunter wahrhaft mittelalterliche Ansichten. Weit verbreitet ist die Meinung, Flöhe seien ein sicheres Anzeichen für die Gesundheit ihres Wirtes, Flöhe würden nämlich kranke Hunde meiden. Ein Züchter erklärte mir einmal in allem Ernst, er sehe es gerne, wenn seine Hunde einige Flöhe hätten, denn diese sorgten für eine dauernde Bluterneuerung des Hundes und deswegen habe er nie kranke Hunde. Mag sein, dass er nie wirklich akut kranke Hunde hatte, aber fast ausnahmslos alle Hunde aus diesem Zwinger erwiesen sich, sobald sie einen Käufer gefunden hatten, als Bandwurmträger.

Solche Ansichten sind nicht nur dumm, sondern geradezu gefährlich, zumindest jedenfalls nicht tierfreundlich.

Gefährliche Gesellen sind ebenfalls die Hakenwürmer (Ancylostoma canium und Unicinaria stenocephala). Die Eier des Hakenwurms benötigen zu ihrer Entwicklung Wärme; in unseren Breiten erfolgt deshalb die Infektion vor allem in den Sommermonaten. Ein Hakenwurm entzieht seinem Wirt pro Woche einen halben Teelöffel voll Blut; da sie meist den Wirt zu Tausenden befallen, kann der Blutverlust in der Woche bis zu 1 1/2 Liter betragen. Auch die Hakenwurminfektion der Welpen kann bereits intrauterin erfolgen, so dass die Welpen bereits mit einer massiven Verseuchung ins Leben treten.

Gegen Piperazinpräparate sind Hakenwürmer leider ziemlich resistent, die

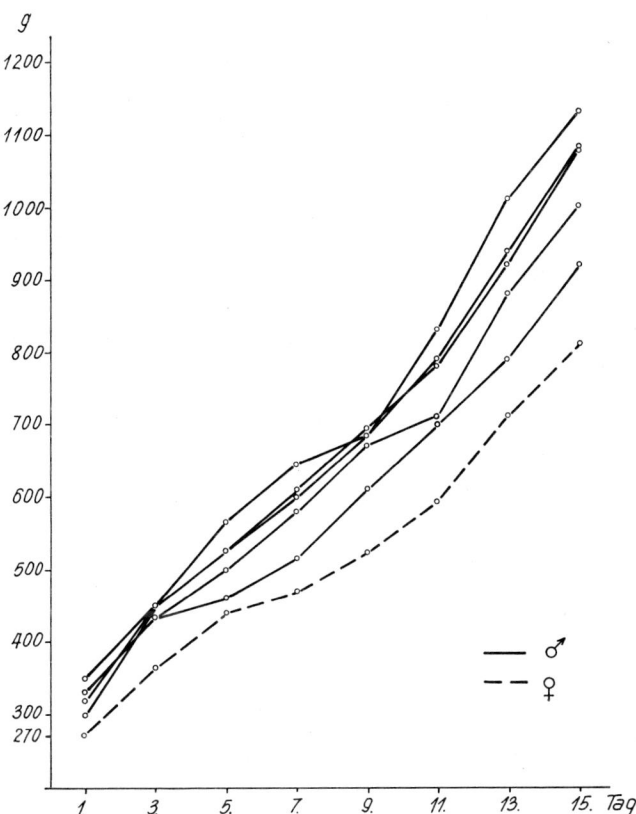

Abbildung 29

Sechserwurf der Hündin «Nora» mit kleinen Geburtsgewichten. Der gleichmässige Verlauf der Kurven beweist die gesunde Entwicklung der Welpen; kleinere Verschiebungen im parallelen Verlauf sind durchaus normal. Die Kurven steigen jedoch weniger steil als beim Wurf der Hündin «Pia». Durchschnittliche Tageszunahme eines Welpen 37,2 g oder 11% des Geburtsgewichtes. Gesamtgewicht des Wurfes nach 15 Tagen das 2,8fache Geburtsgewicht.

Bekämpfung erfolgt mit Ancylol (Cyanamid), Banminth, Telmin (Jansen Pharmaceutica) und Panacur (Hoechst). Ziel jeder Wurmbekämpfung muss sein, eine Reinfektion zu vermeiden. Das Reproduktionsvermögen dieser Parasiten ist enorm; ein einziger Wurm kann deshalb den ganzen Zwinger verseuchen, zudem ist die Resistenz der Askarideneier in der Aussenwelt recht gross.

Welpen und Mutterhündin sollten deshalb bis zur 9. Woche nach der Geburt regelmässig je zweite Woche behandelt werden, so dass gar keine geschlechtsreifen Wurmstadien mehr entstehen können.

Echte Eklampsie hatten wir in all den vielen Jahren nur einmal bei einer Zwergschnauzer-Hündin, die sehr viel Milch produzierte.

Die Krampfanfälle traten bei ihr praktisch ohne Vorzeichen und mit grosser Heftigkeit auf, so zum Beispiel einmal während eines Spazierganges. Eine intravenöse Kalziumspritze brachte jeweils fast augenblickliche Heilung. Dieses Bild der Eklampsie scheint jedoch nicht typisch zu sein. In der Fachliteratur werden übereinstimmend als Vorzeichen einer Eklampsie Unruhe, Angst, Winseln, stierer Blick, kurzer Atem und gestörter Gang erwähnt. Alle diese Vorzeichen blieben bei unserer Zwergschnauzer-Hündin aus.

Eklampsieanfälle unterscheiden sich von epileptiformen Anfällen immer dadurch, dass bei Eklampsie die Hündin bei Bewusstsein bleibt. Eklampsieanfälle können sich während einer Säugeperiode mehrmals wiederholen, rechtzeitig behandelt, bringen sie der Hündin jedoch keinen bleibenden Schaden.

Die tägliche Gewichtskontrolle der Welpen

Seit Beginn unserer züchterischen Tätigkeit haben wir, das heisst hauptsächlich meine Frau, eine genaue Gewichtskontrolle sämtlicher Welpen bis zu deren Entwöhnung durchgeführt. Es hat sich in dieser Zeit ein recht beträchtliches Zahlenmaterial angesammelt, das vielleicht einmal etwas genauer ausgewertet werden kann.

Unsere Aufzeichnungen erheben nun freilich keinen Anspruch auf wissenschaftliche Genauigkeit. Dazu müssten viel mehr Faktoren berücksichtigt werden, als wir es unter dem Druck der täglichen Arbeit hätten tun können. So müsste man zum Beispiel darauf achten, dass sich alle Welpen vor der Wägung entleeren, weil schon allein hier ganz beträchtliche Differenzen entstehen können. Weiter müsste man berücksichtigen, wann die Welpen zum letzten Mal gesäugt hatten. Die Erfassung solcher Faktoren kam, wie gesagt, für uns nicht in Betracht; wir hielten uns einfach an folgende Regel: «Ein Mittelschnauzer soll durchschnittlich pro Tag mindestens 35 g, ein Zwerggriffon mindestens 15 g zunehmen. Sinkt die Gewichtszunahme über mehr als zwei Tage unter diese Durchschnittswerte, so ist etwas nicht in Ordnung.»

Die zugegebenermassen etwas zeitraubende Tätigkeit des täglichen Wägens lohnt sich in mehr als einer Hinsicht.

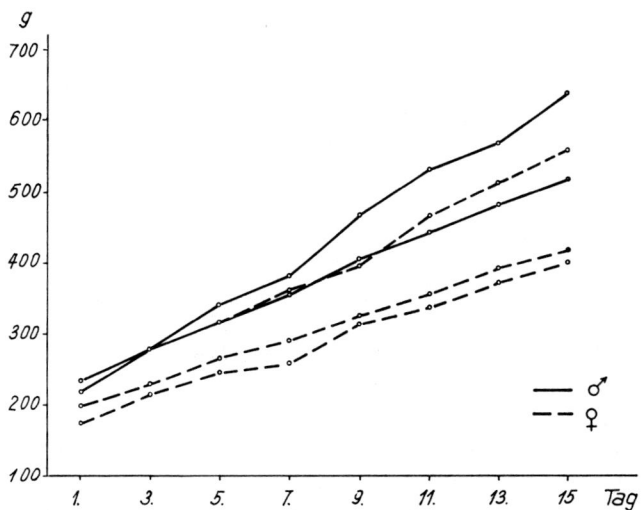

Abbildung 30
Fünferwurf eines Zwerg-Griffons (Griffon belge). Gewicht der Mutterhündin etwa
5 kg. Der gleichmässige Verlauf der Kurven ist auffallend. Sowohl die absolute wie
die relative Gewichtszunahme der Welpen ist kleiner als bei einer mittelgrossen
Rasse. Durchschnittliche Tageszunahme eines Welpen 19,6 g oder 9,3% des Geburtsgewichtes. Gesamtgewicht des Wurfes nach 15 Tagen das 2,3fache des Geburtsgewichtes.
Den relativ hohen Geburtsgewichten dieser Zwergrasse entspricht in der Folge eine
geringere Gewichtszunahme der heranwachsenden Welpen.

Erstens stellt sich uns – wie bereits weiter vorne gezeigt – selten die Frage,
welche Welpen «überzählig» sind: Es sind stets diejenigen, deren Geburtsgewicht wesentlich unter dem Durchschnittsgewicht liegt oder deren
tägliche Zunahme ebenfalls hinter derjenigen der Geschwister zurück-
bleibt.
Zweitens nehmen wir Entwicklungsstörungen sofort wahr. Nimmt *ein*
Welpe nicht normal zu, so liegt die Ursache bei ihm, nimmt jedoch *der
ganze Wurf* nicht normal zu, so liegt die Ursache bei der Mutterhündin.
Drittens bemerken wir den Zeitpunkt, indem zugefüttert werden muss, sofort. Dieser Augenblick ist immer dann gekommen, wenn während zweier
Tage die Gewichtszunahme sämtlicher Welpen des Wurfes unter dem
Durchschnitt liegt.

Viertens führt die vom ersten Tage an stetig durchgeführte Kontrolle der Welpen dazu, dass diese von Anfang an ein positives Verhältnis zum betreuenden Menschen bekommen, und gerade das werten wir als grossen Vorteil.

Die Geburtsgewichte der Welpen sind, wie weiter vorne gezeigt, von Hündin zu Hündin und von Wurf zu Wurf verschieden, ebenso die Durchschnittswerte der täglichen Gewichtszunahmen. Es können bei Mittelschnauzern Maximalwerte bis zu 100 g pro Tag vorkommen, als normal betrachten wir 40 bis 60 g, weniger als 35 g ist auf die Dauer zu wenig. Sinkt die Zunahme eines Welpen während mehr als zwei Tagen unter 30 g, so betrachten wir das als ernsthafte Entwicklungsstörung und forschen nach den Ursachen. Als Beispiele seien hier vorerst einmal ein Wurf mit relativ hohen Geburtsgewichten (Abb. 28) und ein Wurf mit eher kleinen Geburtsgewichten (Abb. 29) dargestellt.

Die Kurven beider Würfe verlaufen trotz ungleichem Start, ungefähr gleich. Die Welpen der Pia hatten am 12. Lebenstag ihr Geburtsgewicht verdoppelt, zwischen dem 17. und 18. Tage verdreifacht und am 24. Tage vervierfacht.

Die Welpen der Nora verdoppelten ihre Geburtsgewichte etwas früher, nämlich am 9. Tage, am 17. Tage hatten sie das dreifache und am 23. Tage das vierfache Geburtsgewicht erreicht.

Wir sehen daraus erneut, wie ich schon weiter vorne sagte, dass das absolute Geburtsgewicht nicht viel über die Lebenstüchtigkeit eines Welpen aussagt.

Nehmen wir nun noch zum Vergleich die Gewichtskurven eines zahlenmässig grossen Zwerghunde-Wurfes (Abb. 30).

Die Kurven verlaufen hier, absolut und relativ gesehen, flacher als beim Mittelschnauzer. Dem relativ hohen Geburtsgewicht der Zwergrassen entspricht in der Folge eine geringere Gewichtszunahme während der Wachstumsperiode. Umgekehrt wachsen grosse Rassen mit ihren relativ kleinen Geburtsgewichten viel rascher als Zwergrassen.

Grosse Rassen müssen ihr Gewicht ja verhundertfachen, ein Chihuahua aber ist nach einer sechzehnfachen Gewichtszunahme meistens erwachsen.

Interessant sind Vergleiche über die Milchleistungen der Hündinnen bei ungleich grossen Würfen. Nun können wir freilich die produzierte Milch nicht messen, wohl aber die Gesamtgewichts-Zunahme des Wurfes. Die Milchleistungskurve muss, gesunde, sich normal entwickelnde Welpen vorausgesetzt, parallel zur Gewichtskurve der Welpen laufen. Betrachten wir vorerst die Verhältnisse bei einigen Würfen Mittelschnauzern.

Bei einem Fünferwurf der Pia nahmen die Welpen in den ersten drei Lebenswochen durchschnittlich 1072 g zu, gesamthaft also 5360 g. Bei einem Dreierwurf der gleichen Hündin war die durchschnittliche Zunahme pro Welpe 1256 g, die Gesamtzunahme des Wurfes 3770 g. Umgerechnet auf einen Fünferwurf hätte die Hündin, bei gleichbleibender Leistung, Milch für eine Gewichtszunahme von total 6280 g produzieren müssen, in Wirklichkeit betrug aber der Zuwachs bei fünf Welpen nur 5360 g.

Der Hündin Gina beliessen wir, im Rahmen einer wissenschaftlichen Untersuchung über die Rolle der Gammaglobulinämie als Todesursache bei Welpen, während drei Wochen acht Welpen im Wurf. Diese Welpen nahmen in dieser Zeit durchschnittlich 936 g, gesamthaft 7495 g zu.

Die praktische Auswertung dieses Zahlenmaterials lässt folgende, für den Züchter wesentliche Schlüsse zu:

Eine Reduktion des Wurfes kommt in erster Linie den übriggebliebenen Welpen zugut, schont aber auch die Mütterhündin. Es ist aber ein Irrtum zu glauben, drei Welpen kriegten nun genau gleich viel Milch wie vordem sechs oder acht. Vielmehr reduziert die Hündin mit der Welpenzahl auch die Milchleistung. Das zeigen die Zahlen über die Gesamtgewichts-Zunahmen ganz deutlich. Andererseits ist es ebenso ein Irrtum zu glauben, eine Hündin steigere bei grossen Würfen ihre Milchleistung entsprechend der Welpenzahl dergestalt, dass zum Beispiel bei einem Achterwurf der einzelne Welpe genau gleich viel Muttermilch konsumieren könnte wie bei einem Viererwurf. Wahrscheinlich ist es sogar so, dass die zwar tatsächlich festzustellende Steigerung nur in sehr engen Grenzen erfolgt. Vermutlich wird bereits bei zehn Welpen ungefähr gleich viel Muttermilch zur Verfügung stehen, wie bei acht Welpen. Die Zahlen zeigen aber auch, dass man einer gesunden, gut genährten Hündin durchaus acht Welpen im Wurf belassen darf, denn die durchschnittliche Tageszunahme der acht Welpen der Gina betrug immerhin noch 44,5 g, was als durchaus genügend für einen Mittelschnauzer erachtet werden kann.

Die von den meisten Zuchtreglementen geforderte oberste Grenze von sechs Welpen pro Wurf hält, von dieser Seite her betrachtet, einer objektiven Kritik nicht stand.

Ähnlich wie beim Mittelschnauzer liegen die Verhältnisse bei den Zwerggriffons.

Bei einem Fünferwurf betrug der durchschnittliche Zuwachs eines Welpen in den ersten drei Lebenswochen 430 g, bei einem Dreierwurf nur wenig mehr, nämlich 458 g. Auch hier reduzierte die Hündin die Milchleistung gemäss der Welpenzahl. Als die gleiche Hündin im Jahre 1963 gar nur einen einzigen Welpen (zwei kamen tot zur Welt) aufzog, nahm dieser durchschnittlich pro Tag 30 g zu; bei drei Welpen war die Zunahme 22,9 g

und bei fünf Welpen 21,5 g. Die Unterschiede zwischen drei und fünf Welpen sind also recht minim.
Ich empfehle jedem Züchter, die festgestellten Gewichte gewissenhaft zu registrieren und die Tabellen über Jahre hinaus aufzubewahren, sie stellen mit der Zeit ein überaus wertvolles Kontrollmaterial dar.

Kennzeichnen der Welpen

Eine genaue Gewichtskontrolle setzt eine genaue Unterscheidung der einzelnen Welpen voraus. Bei gefleckten Rassen dürfte dies in der Regel nicht sehr schwierig sein, anders aber bei ein- oder zweifarbigen (black and tan) Welpen. Freilich hilft uns hier oft der bereits erwähnte, an sich nicht sehr erwünschte pränatale Pigmentstop. So gibt es eigentlich selten einen einfarbigen Wurf, unter dem nicht mehrere Welpen irgendwo ein kleines weisses Abzeichen, und wären es auch nur einzelne weisse Krallen, aufweisen.
Solche Kennzeichen sind genau zu registrieren, zum Beispiel
Rüde mit weissem Punkt;
Rüde mit weissem Büschel;
Hündin mit Streifen;
Hündin mit weissen Krallen usw.

Ist dies nicht möglich, so müssen wir die Welpen künstlich zeichnen. Farbzeichen sind untauglich, selbst Stempelfarbe ist bei dunklen Hunden schon am andern Tag kaum mehr sichtbar, weil die Mutter sie wegleckt. Haare wegschneiden geht bei langhaarigen, bei kurz- oder rauhhaarigen Rassen sind auch diese Zeichen schon nach wenigen Tagen kaum mehr sichtbar, da man das Haar nicht genügend stark kürzen kann. Wir behelfen uns in solchen Fällen etwa mit dem Schneiden der Krallen. Stumpfe Krallen sind relativ lange von den ungekürzten zu unterscheiden, es dürfen aber wirklich nur die Krallenspitzen abgezwackt werden. Wir zeichnen dann etwa so: Rüde, Krallen links hinten, Rüde, Krallen rechts vorne. Das gibt schon vier Möglichkeiten und sind beide Geschlechter im Wurf vorhanden, so genügt das bereits. Wem diese Kennzeichnung zu wenig sicher ist, der schneidet etwa auch die Afterkrallen an den Vorderläufen, die man ohnehin entfernen sollte, nicht alle weg (Afterkrallenverletzungen sind später recht häufig). So haben wir dann eine Hündin ohne, eine mit beiden, eine mit einer Afterkralle links und eine mit einer solchen rechts. Das sind dann absolut sichere Kennzeichen, die nicht verschwinden können.

Afterkrallen und Schwänze

Der Hund hat bekanntlich hinten vier Zehen, denn alle Hundeartigen haben am Hinterlauf nur noch vier Mittelfussknochen. Beim Haushund aber tritt häufig die, bei seinen wilden Vettern völlig verschwundene, erste Zehe als rudimentäres (= verkümmertes), loses Gebilde, oft gar in doppelter Ausführung auf der Innenseite der Pfoten als sogenannte Afterkralle oder Wolfskralle, im besonderen Falle eben sogar als sogenannte Doppelsporen wieder auf.

Einige Zeit wollte man diese nutzlosen Anhängsel bei einigen Rassen zu Rassemerkmalen erheben: So galten beispielsweise St. Bernhardshunde mit Doppelsporen als ganz besonders arttypisch und rasserein. Vernünftigerweise ist man wieder davon abgekommen, denn diese losen Gebilde haben nicht nur keine Funktion mehr, sondern sie behindern den Hund und verursachen oft recht schmerzhafte Verletzungen. Man soll deshalb Afterkrallen, obwohl in vielen Standards noch verlangt, stets entfernen.

Der Vorderlauf des Hundes hat noch die ursprüngliche Zahl von fünf Mittelfussknochen, infolgedessen ist hier die fünfte Zehe, wenn auch nur noch rudimentär, stets vorhanden. Sie sitzt aber so hoch an der Innenseite des Vorderlaufes, dass ihre Krallen den Boden beim Gehen niemals berühren. Die Hornscheide der Krallen nutzt sich nicht ab, wächst aber trotzdem kontinuierlich weiter, wie die Hornscheiden der andern Krallen auch. Sie wird deshalb übermässig lang und wächst bisweilen bogenförmig gegen den Zehenballen zu und verursacht hier eine schmerzhafte Entzündung. Sehr oft bleibt der Hund damit auch irgendwo hängen, reisst die Zehe los, oder die Hornscheide splittert auf, was ihm wiederum starke und über lange Zeit andauernde Schmerzen verursacht. Namentlich bei den Schnauzern, die mit grosser Passion nach Mäusen graben, sind solche Afterkrallenverletzungen an der Tagesordnung.

Man sollte deshalb gerade bei diesen Rassen, aber auch bei Zwerghunden die Afterkrallen an den Vorderpfoten unbedingt entfernen.

Im Alter von zwei bis drei Tagen ist das eine ganz harmlose Operation. Mit einer scharfen Schere schneiden wir die kleinen Zehenglieder direkt an der Basis ab. Vielleicht fliesst ein Tröpflein Blut, vielleicht nicht einmal das. Nach zwei Tagen sieht man von der Wunde kaum mehr etwas. Bei vielen Rassen schreibt der Standard eine kupierte Rute vor. Der erfahrene Züchter wird das Schneiden der Ruten selbst besorgen. Man kann dabei nicht einfach nach Schema F vorgehen und sagen, bei einem Schnauzer oder Boxer müsse der Stummel soundso viele Millimeter betragen. Die Rute muss vielmehr nachher im richtigen, vom Standard vorgeschriebenen Verhältnis zur Rückenlänge stehen. Ein Abzählen der Wirbel, wie oft empfohlen wird, ist sinnlos. Der Laie wird bei einem zwei Tage alten Welpen niemals mit Sicherheit die Wirbelzwischenräume palpieren (= abtasten) können. Man schneidet deshalb nach Augenmass.

Der günstigste Zeitpunkt zum Kupieren der Ruten ist der zweite Lebenstag der Welpen.

Den Schnitt führen wir mit einer scharfen, gut desinfizierten Schere schräg von hinten oben nach vorn unten; auf diese Weise geschnitten, sieht man später auch bei kurzhaarigen Rassen keine Narbe mehr.

In vielen, selbst in neueren Büchern über Hundezucht wird als günstigster Zeitpunkt für das Kupieren der Ruten das Alter von fünf bis sieben Tagen angegeben. Das ist entschieden viel zu spät. In diesem Alter ist das Schmerzempfinden der Welpen schon recht gut entwickelt, zudem ist der Blutverlust, es läuft ja eine Schlagader den Wirbeln nach bis zur Schwanz-spitze hinaus, recht beträchtlich. Unmittelbar nach der Geburt ist jedoch das Schmerzempfinden offensichtlich ganz gering. Eine unserer Hündin-nen hat auf der rechten Kieferhälfte einen schlechten Zahnschluss, das heisst, zwischen den beiden Reisszähnen (oben vierter Prämolar, unten erster Molar) klafft eine etwa 2 mm breite Lücke. Auf dieser Kieferhälfte ist es der Hündin nicht möglich, eine Nabelschnur abzuquetschen. Das weiss sie natürlich nicht. Es heisst deshalb, bei ihr diesbezüglich sehr scharf auf-passen. Fasst sie nämlich zufällig die Nabelschnur eines soeben gebore-nen Welpen mit den rechtsseitigen Reisszähnen, so hebt sie im Eifer und im Unvermögen, die Nabelschnur zu durchbeissen, den Welpen hoch und schüttelt ihn heftig hin und her. Greifen wir da nicht sofort ein, so ge-schieht unter Umständen ein Unglück. Einmal riss sie auf diese Weise ei-nem Welpen die ganze Bauchdecke auf, so dass die Eingeweide heraus-quollen. Der Welpe kroch nachher mit leerer Bauchhöhle an die Zitzen der Hündin und begann zu saugen. Ohne Zweifel verspürte er von seiner fürchterlichen Verletzung nicht viel. Diese Schmerzstumpfheit, ohne die ein zerebral hochorganisiertes Tier eine Geburt wohl kaum ohne grosse Schockwirkungen überstehen könnte, hält etwa bis zum dritten Lebens-tage an. Schneidet man deshalb den Welpen die Ruten am zweiten Tag, so quietschen sie beim Schnitt kurz auf, sind aber nachher sofort wieder ruhig.

Der Leser wird sich jetzt wundern, warum man denn nicht gleich unmittel-bar nach der Geburt die Ruten kupiere, da die Welpen, wie soeben darge-tan, zu diesem Zeitpunkte wahrscheinlich den Schnitt überhaupt nicht verspüren würden:

Eine uns bekannte Tierärztin hat im Laufe einer wissenschaftlichen Arbeit einem Wurf Bastarde unmittelbar nach der Geburt die Ruten kupiert. Das Blut gerann sehr schlecht, und unter anderen Umständen, nämlich dann, wenn ein Laie den Eingriff vorgenommen hätte, wären die Welpen mit grösster Wahrscheinlichkeit verblutet.

Ich weiss von zwei Würfen Boxern, die auf diese Weise verblutet sind. Vielleicht ist das Zufall, vielleicht ist es aber doch so, dass die Blutgerinnung am ersten Lebenstag noch sehr mangelhaft funktioniert.

Wenn wir am zweiten Lebenstag jeweils die Ruten der Welpen schneiden, so fällt uns immer wieder der sehr ungleiche Blutverlust auf.

Über eine lange Zeitspanne liessen wir das Blut sämtlicher neugeborener Welpen durch eine Doktorandin untersuchen. Es fiel dabei auf, dass von einzelnen Welpen eines Wurfes aus der Schwanzwunde fast kein Blut zu gewinnen war, während andere sofort 1 cm³ lieferten, ehe eine Gerinnung eintrat.

Beim Kupieren der Rute ist uns noch nie ein Welpe verblutet; nachher aber stellten wir regelmässig einen kleinen, von Welpe zu Welpe ungleichmässigen Gewichtsverlust fest, der höher war, als das Gewicht des weggeschnittenen Schwanzes. Das beweist ebenfalls den sehr ungleichen Blutverlust, das heisst, die sehr ungleiche Koagulation des Blutes.

Eine grosse Geschichte mit blutstillenden oder Desinfektionsmitteln zu machen ist sinnlos, da die Hündin ohnehin alles wegleckt. Wir desinfizieren vielmehr unmittelbar nach dem Schnitt die Wunde, indem wir einen mit 70prozentigem Alkohol durchtränkten Wattebausch während ein bis zwei Minuten daraufdrücken und nachher die Wunde mit einem blutstillenden Wundpuder einpudern oder einen kleinen Bausch blutstillender Watte darauflegen. Das geschieht jedoch nur deshalb, damit sich die Welpen nicht gegenseitig mit Blut beschmieren; sobald die Hündin nämlich wieder zum Wurf kommt, allzulange kann man sie nicht entfernen, leckt sie die Wunden, wie gesagt, sehr intensiv.

Aus diesem Grunde erübrigt sich auch eine spätere Wundbehandlung. Die Hündin wird jeden Fremdgeruch sofort wahrnehmen und die Wunden wieder sauberlecken. Sind die Welpen gesund, so kommt es ohnehin nie zu einer gefährlichen Wundinfektion, und bereits nach einer Woche ist die Schwanzwunde vernarbt.

Sind die Welpen jedoch geschädigt (siehe Kapitel über Welpensterben) so werden die Wundränder bald einmal schwärzlich, die Wunden fangen an, nach faulendem Fleisch zu stinken und unter den Wundrändern beginnt sich Eiter zu bilden.

Solche Welpen sind abzutun, jegliche Behandlung ist sinnlos, Antibiotika und Sulfonamide helfen nur vorübergehend.

Welpensterben

Es gibt für einen Züchter wohl kaum etwas Betrüblicheres als tatenlos zusehen zu müssen, wie scheinbar gesund geborene Welpen nach Tagen wie die Fliegen wegsterben und kein Tierarzt dagegen etwas unternehmen kann.

Bei zwei Hündinnen ging uns in mehreren Würfen ein hoher Prozentsatz (25 bis 50%) der Welpen jeweils in den ersten Lebenstagen ein. Das Krankheitsbild war immer dasselbe: Die Welpen wurden durchaus gewichtsmässig normal geboren und nahmen in den ersten zwei Lebenstagen auch normal an Körpergewicht zu, ein sicheres Zeichen, dass sie ausreichend mit Muttermilch versorgt wurden. Am dritten Lebenstag jedoch waren die Todeskandidaten unter ihnen jeweils bereits mit Sicherheit erkennbar. In schlimmen Fällen hatten sie aufgetriebene Bäuchlein, eine herabgesetzte Temperatur und zeigten stark verlangsamte Bewegungen. Meistens wimmerten sie auch andauernd und nahmen gegen den Schluss hin keine Nahrung mehr zu sich. Bei einer genauen Untersuchung zeigten sich, unregelmässig über den Körper hin verteilt, kleine, stecknadelkopfgrosse Pustelchen und recht häufig auch eine leichte Vereiterung des Nabelstumpfes. Der Kot dieser Welpen war breiig und gelbgrau und roch säuerlich. Fehlten diese Symptome, oder waren sie nur schwach vorhanden, so gab dann die beim Schwanzkupieren gesetzte Wunde eindeutig Aufschluss. Bei gesunden Welpen bleiben die Wundränder bis zum Abheilen rot und es bildet sich nie Eiter auf der Wunde. Bei den kranken Welpen wurden die Wundränder schwärzlich, es bildete sich unter ihnen eine starke Vereiterung und die Wunde roch scheusslich nach fauligem Fleisch. Die Sektion der toten Welpen ergab dann jeweils eine massive Infektion durch verschiedene Bakterien, hauptsächlich in der Leber und in den Nieren. Dieses Krankheitsbild wird in der Fachliteratur als *Säuglings-septikämie* beschrieben und kommt offenbar bei den verschiedensten Säugetieren, vor allem aber auch bei Ferkeln und Kälbern häufig vor.

Wir haben begreiflicherweise alles versucht, um der Situation Herr zu werden. Eine Behandlung mit Antibiotika und Sulfonamiden schien anfänglich erfolgversprechend: Die Welpen nahmen wieder an Gewicht zu und die Eiterpusteln trockneten ab. Doch nach spätestens zehn Tagen kam ein neuer Schub. So schleppten wir einzelne Welpen wochenlang durch, immer in der trügerischen Hoffnung auf eine endgültige Heilung. Den Todesstoss gab ihnen dann jeweils der Zahnwechsel. Kaum waren die zweiten Zähne durchgebrochen, so trat eine starke Paradentose (Zahnfleischschwund) auf, die Hunde rochen widerlich aus dem Maul, die Lymphknoten am Halse schwollen baumnussgross an und oft entstanden auf den Innenseiten der Lippen nekrotische Geschwüre. Eine Hündin brachten wir bis zum Alter von zehn Monaten durch: Sie hatte die ganze Zeit über ab und zu Krankheitsschübe, die jedoch nie sehr schlimm waren. Auch den Zahnwechsel überstand sie relativ gut. Dann trat aber schlagartig eine Septikämie ein, die jede Heilung ausschloss. Natürlich forschten wir fieberhaft deren möglichen Verursachung nach und gaben zu diesem Zweck eine Menge Geld aus. Ein Tierarzt vermutete, die Infektionsquelle müsse bei den Mutterhündinnen liegen: Wir liessen diese deshalb während der ganzen Trächtigkeit regelmässig mit Antibiotika behandeln; jedoch ohne Erfolg. Hierauf wurde bei der nächsten Trächtigkeit eine Behandlung mit Sulfonamiden eingeleitet; auch ohne Erfolg.

Wir liessen sämtlichen Welpen unmittelbar nach der Geburt ein Depot Antibiotika injizieren, andere wieder wurden gleich nach der Geburt prophylaktisch über längere Zeit mit Sulfonamiden behandelt; der Erfolg blieb auch hier in beiden Fällen aus.

Ein Kleintierspezialist riet uns diesbezüglich, den Welpen die Schwänze nicht mehr zu kupieren, da möglicherweise deswegen die todbringende Infektion erfolgte.

Also beliessen wir den Welpen die Schwänze: trotzdem ging der gewohnte Prozentsatz an Septikämie ein! Erfolg hatten wir erst, als Frau Dr. R. Trainin, damals Tierärztin an der Kleintierklinik der Universität Bern, heute praktizierende Tierärztin in Ramat-Chen (Israel), das Blut der erkrankten Welpen auf seinen Gammaglobulingehalt hin untersuchte und dabei herausfand, dass sämtliche kranken Welpen agammaglobulinämisch waren.

Unter Agammaglobulinämie ist das völlige Fehlen der Gammaglobuline im Blutserum zu verstehen; ein zu geringer Gehalt wird als Hypogammaglobulinämie bezeichnet.

Gammaglobuline sind Eiweissstoffe (Proteine) mit relativ hohem Molekulargewicht, die als Schutzstoffe die Aufgabe haben, Krankheitskeime, die in den Körper eindringen, unschädlich zu machen.

Die gesunden Welpen waren ausnahmslos alle normogammaglobulinämisch, das heisst, sie hatten einen ausreichend hohen Gehalt an Schutzstoffen im Blutserum. Damit war wohl der direkte Zusammenhang der Welpenseptikämie mit einer Agammaglobulinämie oder Hypogammaglobulinämie erwiesen. Es fragte sich nur noch, warum die einen Welpen einen ausreichenden Gammaglobulingehalt aufwiesen, die andern des gleichen Wurfes aber nicht. Die Vermutung war naheliegend, dass eventuell gleiche Verhältnisse, wie beispielsweise bei Kälbern, bei denen die Agammaglobulinämie seit längerer Zeit bekannt ist, vorliegen könnten.

Der neugeborene Welpe – wir folgen jetzt mehr oder weniger wörtlich den Ausführungen Dr. R. Trainins – ist ausserstande, selbst Schutzstoffe zu bilden, er ist darauf angewiesen, diese im Verlaufe der ersten Lebensstunden von auswärts zu beziehen. Die erworbenen Antikörper müssen dann so lange hinhalten, bis der Körper befähigt ist, zur Eigenproduktion überzugehen. Der Welpe kommt also fast *ohne* Gammaglobuline auf die Welt. Er ist deshalb im Moment der Geburt allen Infektionsmöglichkeiten schutzlos preisgegeben. Diese Infektionsmöglichkeiten lassen sich aber in der züchterischen Praxis niemals völlig ausschalten. Die unbedingt zwecks Überlebens erforderlichen Gammaglobuline muss der Welpe mittels der ersten Milch der Mutter, der sogenannten Kolostralmilch, erhalten.

Untersuchungen über den Gammaglobulingehalt der Kolostralmilch der Hündin liegen meines Wissens bis jetzt nicht vor, es scheint aber, dass dieser in den der Geburt folgenden Tagen sehr rasch absinkt. Seit den Untersuchungen von Möhlmann weiss man, dass Kolostralmilch der Kuh unmittelbar nach der Geburt 10% Eiweiss (ohne Kasein) enthält, davon sind $3/4$ Gammaglobuline. Schon am dritten Tage sinkt der Eiweissgehalt auf 1,6%, davon fallen nur noch rund 15% auf Gammaglobuline. Gleiche, oder ähnliche Verhältnisse beim Hund vorausgesetzt, kommt dem ersten Säugen der Welpen eine grosse Bedeutung zu. Ein Welpe, der keine Kolostralmilch erhält, hat von vornherein nur eine sehr geringe Überlebensschance. Der Welpe muss sich in den ersten Lebensstunden mit einer genügenden Menge an Schutzstoffen versorgen, einer Menge, die hinhalten muss, bis der Körper selbst Antikörper bilden kann, was von der zweiten Lebenswoche an der Fall ist. Während nun von da weg der Gehalt an fremden Gammaglobulinen im Serum ständig abnimmt, steigt der Anteil der körpereigenen dauernd an. Der Tiefpunkt der Gammaglobulinwerte des Blutserums ist in der dritten/vierten Lebenswoche erreicht. Die durch die Muttermilch erworbenen Antikörper werden allmählich abgebaut; in der zehnten Lebenswoche sind nur noch geringe Spuren nachweisbar (siehe graphische Darstellung). In diesem Alter produziert aber der Körper bereits selber in ausreichendem Masse Antikörper; deswegen ist jetzt auch der Zeitpunkt gegeben, da der Welpe gegen Staupe und Hepatitis geimpft werden soll! Die Gammaglobuline der Kolostralmilch resorbiert der Welpe durch die Dünndarmwand. Nach ein paar Tagen verliert er die Fähigkeit, diese hochmolekularen Proteine durch die Darmwand aufzunehmen. Normalerweise zeigen Welpen 12 bis 24 Stunden nach der Geburt einen normalen Gammaglobulingehalt im Blutserum. Warum ein bestimmter Prozentsatz Welpen agammaglobulinämisch bleibt, ist nicht geklärt. An einem Unterangebot an Gammaglobuline kann es jedenfalls nicht liegen, sonst wären die Wurfgeschwister nicht normogammaglobulinämisch. Es muss daher wohl angenommen werden, dass ihr Dünndarm aus irgendeinem Grunde nicht

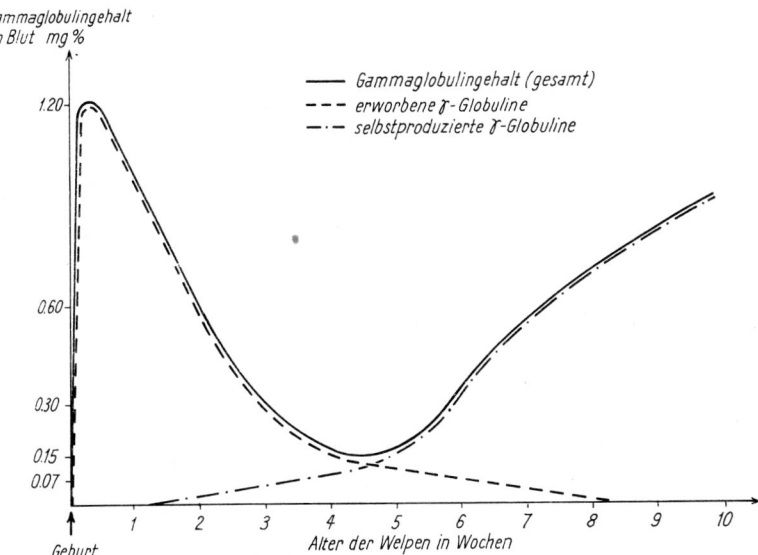

Gammaglobulingehalt
im Blut mg %

——— Gammaglobulingehalt (gesamt)
– – – erworbene γ-Globuline
—·— selbstproduzierte γ-Globuline

1.20

0.60

0.30

0.15
0.07

Geburt   1   2   3   4   5   6   7   8   9   10

Alter der Welpen in Wochen

Abbildung 31

fähig ist, hochmolekulare Proteine zu resorbieren. Da es sich immer nur um ganz bestimmte Hündinnen handelt, die solche Welpen werfen, liegt die Vermutung nahe, diese Unfähigkeit könnte genetisch bedingt sein. Wie weit jedoch ebenfalls eine Frühinfektion mit Spulwürmern eine Rolle spielt, ist nicht geklärt; unsere Erfahrungen, die wir im Laufe der Zeit gemacht haben, schliessen diese Möglichkeit nicht aus.

Nachdem wir die betrübliche Erfahrung gemacht hatten, dass der Welpenseptikämie mit nichts beizukommen ist, erhob sich die Frage nach einer Rettung der agamma- oder hypogammaglobulinämischen Welpen. Nach Dr. R. Trainins Untersuchungen musste es sich in erster Linie darum handeln, die Zeitspanne von der Geburt bis zur Eigenproduktion von Gammaglobulinen zu überbrücken. In der Folge injizierte Dr. Trainin den gefährdeten Welpen unmittelbar nach der Geburt 100 mg eines selber gewonnenen Gammaglobulins in die Bauchhöhle. Der Erfolg war durchschlagend: Wir verloren seither keinen einzigen Welpen mehr der Septikämie wegen.

In der Praxis erwiesen sich dann ebenfalls die Hunde-Gammaglobuline-präparate von Pittmann-Moore und das «Gamathyne» der Burroughs-Welcome als wirksam. Allerdings zeigte es sich, dass bei stark gefährdeten

153

Welpen diese im Handel erhältlichen Präparate mit Vorteil nach zehn Tagen nochmals injiziert werden sollten.

Nach einer brieflichen Mitteilung von Dr. F. Brunner soll das von den Behring-Werken auf den Markt gebrachte «Stagloban» dem «Gammathyne» der Welcome durchaus ebenbürtig, aber wesentlich billiger sein.

Die Untersuchungen von Dr. R. Trainin scheinen mir für die züchterische Praxis von eminenter Bedeutung zu sein, denn aus der Fachliteratur geht hervor, dass alljährlich eine grosse Zahl wertvoller Welpen an Welpenseptikämie zugrunde geht.

Ich möchte in diesem Zusammenhange noch auf eine Publikation hinweisen, die W. Dahn in der Zeitschrift «Der Hund» erscheinen liess. Er berichtet darin von Welpenabgängen an Septikämie von über 80%. Nachdem, genau wie vorerst bei uns, jede tierärztliche Hilfe erfolglos war, entschloss er sich zu einer Frühbehandlung der gefährdeten Welpen mit Chloramphenicol. Als sich in einem Wurf bereits nach 24 Stunden bei drei Welpen die untrüglichen Zeichen der Septikämie zeigten, behandelte er sie in Abständen von sechs Stunden mit 16 mg/kg Körpergewicht Chloramphenicol, das er den Welpen in flüssigem Bienenhonig einflösste. Die drei erkrankten Welpen, die bereits typische Untertemperaturen (36,5-37,7° C) aufwiesen, erholten sich überraschend schnell und überlebten ohne sichtbare Schäden. Wie lange die Behandlung fortgesetzt wurde und ob der Erfolg ein dauernder war (wir erzielten mit Sulfonamiden auch Anfangserfolge), geht leider aus der Publikation nicht hervor. Wichtig war jedenfalls, dass die Behandlung bereits 24 Stunden nach der Geburt der Welpen einsetzte.

Die Behandlung mit Chloramphenicol ist aber ziemlich kompliziert und nicht ungefährlich, weil es Knochenmarkschäden verursachen kann, die erst viel später noch nachträglich zum Tode des Welpen führen können, während die Injektion von Gammaglobulin zwar nicht gerade billig, dafür aber einfach und vor allem wirksam ist.

Von deutschen Tierärzten wurde neuerdings auf eine andere, offensichtlich weit verbreitete Ursache der Welpensterblichkeit hingewiesen. Ich erwähne dies hier, weil die Prophylaxe einfach und für die Hündin kaum schädlich sein kann.

Die Untersuchung von in den ersten Lebenstagen verendeten Welpen zeigte bei absolut gesunden Organen lediglich einen anormalen Zustand des Darminhaltes. Dieser ist bei gesunden Tieren niemals eine tote Masse, in ihm leben vielmehr eine grosse Zahl einzelliger Lebewesen, insbesondere verschiedene Arten von Bakterien. Man spricht deshalb zutreffend von der Darmflora. Dazu gehören auch die den Dickdarm bewohnenden Bact. coli.

Wenn nun das Gleichgewicht innerhalb der Darmflora aus irgendeinem Grunde gestört wird, so führt das zu Verdauungsstörungen, die bei Welpen bald einmal tödlich verlaufen können. Im Darm der toten Welpen fehlten nun die Colibakterien fast vollständig, dagegen war Bact. aerogenes massenhaft vertreten. Bact. coli und Bact. aerogenes vertragen sich aber gegenseitig nicht, und weil Bact. aerogenes offensichtlich stärker ist, vertreibt es Bact. coli. Die Infektionsquelle der Welpen durch Bact. aerogenes schien in jedem Falle die Mutterhündin zu sein, die in ihrem Kot grosse Mengen dieser Bakterien ausschied. Offenbar vertragen ausgewachsene Hunde diesen unerwünschten Darmbewohner ohne gesundheitliche Störungen. dies gilt jedoch nicht für Welpen. Um die Gefahr für die Welpen auszuschliessen, muss also die Mutterhündin als Infektionsquelle ausgeschaltet werden. Auf der Suche nach Mitteln zur Vertreibung dieser unerwünschten Bact. aerogenes stellte sich heraus, dass diese offensichtlich durch Milchzucker stark gefördert werden. Das Verfüttern von Milchquark, das etwa in Fällen von gestörter Darmflora empfohlen wurde, musste hier geradezu das Gegenteil bewirken. In der Tat konnte bei Verabreichung von Milchzucker an die Hunde, Bact. coli vollständig vertrieben, Bact. aerogenes dagegen stark vermehrt werden. Das erklärt, warum vor allem Saugwelpen durch Bact. aerogenes sehr stark gefährdet werden.
Dagegen wurde mit dem Verfüttern von Bierhefe ein durchschlagender Erfolg erzielt. Bei Gaben von 50 bis 100 g pro Tag gesundete die Darmflora der Hündinnen sehr rasch und Bact. aerogenes verschwand endgültig. Bierhefe kann also als guter und billiger Regulator der Darmflora in solchen Fällen zum Erfolg führen. Es kann deshalb empfohlen werden, Hündinnen, deren Welpen regelmässig kurz nach der Geburt Darmstörungen aufweisen, während der Trächtigkeit prophylaktisch jeden Tag, je nach Körpergewicht, 50 bis 100 g Bierhefe ins Futter zu geben; dadurch wird der Darm von allfällig zu zahlreich vorhandenen Bact. aerogenes gesäubert, und für die Welpen diese Infektionsquelle ausgeschaltet.
Eine neue Geissel der Welpen tritt in letzter Zeit in Form von Herpes-Viren auf. Ganze Würfe gehen an Infektionen durch diese Viren zugrunde. Immerhin hat sich gezeigt, dass warm gehaltene Welpen weit weniger gefährdet sind als solche in kühlen Unterkunftsräumen, ein Grund mehr, dafür besorgt zu sein, dass auch im Winter in der Wurfkiste eine Temperatur von ungefähr 16° C herrscht. Abhärten im falschen Zeitpunkt kann leicht gegenteilige Folgen haben.
Im Rahmen einer Dissertation ist M. Suter im Institut für Veterinär-Pathologie der Universität Zürich in den Jahren 1975/76 dem Problem der Welpensterblichkeit nachgegangen. Untersucht wurden 392 verendete Welpen aus 191 verschiedenen Zwingern. Bei 70,1 % konnte die Todesursache

sicher ermittelt werden, 16,6% wurden wegen morphologischer Veränderungen getötet oder gingen nach der Geburt von selbst ein, und bei 13,3% konnten lediglich Verdachtsdiagnosen gestellt werden.

Prozentual den grössten Anteil bilden die Abgänge wegen bakteriellen Infektionen. Dieser Anteil ist aber, wie M. Suter betont, sicher überbewertet, weil die Erreger, vor allem Coli-Bakterien, für sich allein kaum zu einer Erkrankung mit tödlichem Ausgang geführt hätten.

Es mussten dabei immer noch zusätzliche ungünstige Faktoren mitgewirkt haben, die den Organismus schwächten.

Ein relativ grosser Teil der untersuchten Welpen (13,3%) ging an Fruchtwasseraspiration zugrunde, zwei Drittel davon entstammten Schwergeburten. Eine Überwachung der Geburt ist deshalb immer angezeigt; der voreilige Gebrauch von Wehenmitteln begünstigt Geburtsstörungen und diese sind ihrerseits häufig der Grund für das Einatmen von Fruchtwasser.

Ebenfalls hoch ist der Anteil an missgebildeten Welpen (14,3%). Die wichtigsten Missbildungen waren Wolfsrachen (20), Herzfehler (17), Defekte an der Wirbelsäule (16), Hasenscharte (11), Defekt der Bauchdecke (10) und Wasserkopf (9). Viele dieser Missbildungen sind erblich bedingt und könnten durch entsprechende Auswahl der Zuchtpartner vermieden werden.

Nach wie vor ist das Welpensterben ein brennendes Problem. Damit, dass der Züchter die toten Welpen einfach beseitigt, wird es nicht gelöst.

Die verendeten Welpen sollten zur Sektion an ein entsprechendes Untersuchungsinstitut eingesandt werden.

Die Hündin nach dem Werfen

Eine normal veranlagte Hündin wird in den ersten Tagen nach der Geburt weder Interesse noch Zeit für etwas anderes als für ihre Kinder haben. Hundert und aber hundertmal am Tag leckt und putzt sie die Kleinen. Das ist unbedingt nötig, denn Darm und Blase der Welpen funktionieren in den ersten Lebenstagen gleichsam nur auf «Anruf». Die Zungenmassage übernimmt die Funktion eines Auslösers für die Schliessmuskeln des Darms und der Blase, ohne diese Massage entleeren sich die Welpen unvollständig oder überhaupt nicht. Das würde unweigerlich zu Störungen führen.

Die Hündin ist deshalb fast dauernd derart beschäftigt, dass sie ihren eigenen, gewohnten Zeitplan völlig ausser acht lässt. Es gibt solche, die würden, um sich selbst zu entleeren, die Wurfkiste erst nach Tagen verlassen,

Abbildung 32
Drei Generationen Möpse. Oft beteiligen sich ältere Hündinnen, die nicht mehr zur Zucht verwendet werden, sehr intensiv an der Kinderpflege ihrer Töchter und Grosstöchter. Es kann sogar vorkommen, dass eine solche Hündin nach Tagen geringe Mengen Milch zu produzieren beginnt.

und während langer Zeit Harn und Kot verhalten. Das darf nicht sein! Der Züchter muss hier unbedingt die Hündin dazu anhalten, dass sie sich, wie gewohnt, täglich mindestens drei- bis viermal entleert. Während jemand die Hündin an der Leine ausführt gibt sich Gelegenheit, die Welpen zu kontrollieren, sie zu wägen und deren Lagerüberzüge auszuwechseln. Dieses erste Auswechseln ist schon unmittelbar nach der Geburt fällig. Durch Fruchtwasser und Blut ist nämlich das Lager sehr stark verschmutzt worden. Ist die Hündin bereits stark eingefallen, und hat sie während vier Stunden keinen Welpen mehr geboren, so kann angenommen werden, dass die Geburt zu Ende sei. Vorsichtig stelle man nun die Hündin auf ihre vier Beine, auch wenn sie dies durchaus nicht schätzt, und taste ihr den Bauch gründlich ab. Ist noch ein Welpe da, wird man dessen Kopf spüren; ist aber die Hündin leer, so erhält sie ihr Halsband übergestülpt, dann wird

157

sie angeleint und anfänglichem Widerstande zum Trotz, ins Freie geführt. Draussen wird sie dann bestimmt Harn lösen, vermutlich aber noch keinen Kot absetzen, da sie ja ihren Darm unmittelbar vor der Geburt entleert hat. Unterdessen wird drinnen der Wurf in aller Ruhe nochmals gründlich und eingehend geprüft; sichere Todeskandidaten entferne man gleich jetzt. Zuletzt wird das Wurflager erneuert.

Bei unserem System «Spreuesack/Teppich/Leintuch» genügt es, jeweils das Leintuch, eventuell auch den Teppich auszuwechseln; wer aber die Hündin auf einem Strohlager gebären liess, was ich ganz und gar nicht empfehlen kann, der muss das gesamte Material erneuern.

Dann überlassen wir die Hündin vorerst einmal ihren Mutterpflichten. Besteht Gewissheit, dass eine Nachgeburt zurückgeblieben ist, was allerdings recht selten vorkommt, so ist der Tierarzt zu rufen.

Zurückbehaltene Fruchthüllen gehen sofort in Verwesung über. Wollten wir uns da auf die Wirkung eines Himbeerblätterabsudes verlassen, wie uns das Vertreter der «natürlichen Methode» empfehlen, so gefährden wir das Leben der Hündin in hohem Masse! Eine Injektion wehenanregender Medikamente führt sofort zu einer Gebärmutterkontraktion und damit zum Ausstossen der Fruchthautreste.

Die Reinigungsperiode der Hündin dauert von Fall zu Fall ungleich lang. In den ersten Tagen nach der Geburt verliert sie viel grünlichschwarze Flüssigkeit, hellfarbige Hündinnen werden davon zeitweise hinten ganz grün. Wir waschen unseren Hündinnen in den ersten Tagen, das heisst solange der grüne Ausfluss andauert, täglich einmal mit einer schwachen Desogenlösung die Hinterschenkel sauber.

Der grüne Ausfluss geht dann allmählich in eine zähflüssige, gallertartige, oft mit Blut vermischte Ausscheidung über, die bis zur achten Woche nach der Geburt anhalten kann.

Viele Hündinnen reagieren nach dem Fressen der Nachgeburten mit starkem, schwarzem Durchfall. Ich bin deshalb gar nicht so sehr darauf erpicht, sie jeweils sämtliche Nachgeburten verschlingen zu lassen. Meistens kann man sie jedoch nicht daran hindern. So müssen wir eben dann den Durchfall in Kauf nehmen: Ein Grund mehr, die Hündin täglich mindestens viermal auszuführen und sie richtig zu bewegen; dabei gehört sie unbedingt an die Leine. Viele Hündinnen kehren nämlich, wenn nicht angeleint, sofort wieder um, ohne ihre Sache richtig und gründlich erledigt zu haben. Andere, selbst die gutartigsten unter ihnen, können in den ersten Tagen nach einer Geburt manchmal recht unberechenbar sein und in Hausnähe fremde Menschen angreifen, etwas, das sie vorher nie taten und auch später nicht mehr tun werden. Vorsicht ist jedenfalls diesbezüglich immer am Platz!

Nach zwei Tagen sollte der Durchfall aufhören; wenn nicht, so geben wir der Hündin jedenfalls vorerst zwei Tage lang keine Milch mehr. Ein Fasttag wird ihr nicht schaden und etwas «Arobon» ins Futter gestreut hilft in der Regel auch.

Viele Hündinnen nehmen sich in den ersten Tagen nach der Geburt ihrer Welpen nicht richtig Zeit, Futter und Flüssigkeit aufzunehmen. Sie fasten zu lassen, wäre falsch, sie haben nämlich später, bei gesteigerter Milchproduktion, ihre Körperreserven ohnehin sehr nötig. Also servieren wir halt der Dame während einiger Tage das Essen ins Bett. Sie ist uns dafür dankbar und wir sind sicher, dass sie regelmässig und ausreichend isst und trinkt, was im Hinblick auf eine geregelte Verdauung wichtig ist. Es ist Unsinn zu glauben, auch wenn man es sogar in Büchern zu lesen bekommt, man müsse mit dem Futter in den ersten Tagen Zurückhaltung üben, weil die Hündin sonst zuviel Milch produziere. Sie passt die Produktion vielmehr sehr genau dem Bedarf der Welpen an und ein Zuviel davon erhalten die Welpen wohl kaum. Es wäre nun aber auch Unsinn, die Hündin mästen zu wollen. Vorab braucht diese jetzt zur Hauptsache genügend Flüssigkeit: Frisches Trinkwasser muss ihr stets zur Verfügung stehen, zudem reichen wir ihr nach jeder Mahlzeit reichlich Milch. Wer sich darüber hinaus unbedingt noch in Kosten stürzen will, der kann der Hündin natürlich Honigwasser reichen; der Bernhardinerzüchter wird jedoch bei den heutigen Honigpreisen bald einmal damit aufhören! Ich finde überhaupt diese «Apotheker-Wirtschaft», wie sie uns da in vielen Büchern empfohlen wird, bei einer gesunden Hündin einfach lächerlich. Klar, die Hündin säugt jetzt einen Wurf. Wenn wir annehmen, dass ihre sechs Welpen täglich insgesamt etwa 400 g an Körpergewicht zunehmen, dann hat die Hündin vermutlich ungefähr die doppelte Menge Milch zu produzieren.

Thelve (zitiert in Knorr und Seupel) stellte bei einer Pointer-Hündin während einer 41tägigen Säugeperiode eine Milchleistung von 33,065 kg fest; sie produzierte demnach doppelt so viel Milch wie sie selber wog. Wenn wir, wie oben angenommen, bei Welpen 1 g Gewichtszuwachs 2 g Milch gegenübersetzen, so kommen wir bei einer Schnauzer-Hündin (20 kg) auf eine ungefähr gleiche hohe Milchleistung.

Die Hündin braucht jetzt vor allem Eiweiss und nochmals Eiweiss, und zwar hauptsächlich tierisches Eiweiss, dazu in vermehrtem Masse Kalksalze.

Tierisches Eiweiss erhält sie im Fleisch; der geeignete Ersatz dafür ist Milcheiweiss; sowohl Fleisch als auch Milch enthalten Mineralsalze. Abfallfleisch, das hauptsächlich aus Fettresten, Sehnen und Knorpeln besteht, taugt freilich nichts; ebensowenig ist Lunge ein wertvolles Futter. Immerhin ist Lunge immer noch besser als gar kein Fleisch. Freilich gibt es heute gute Protein-Vitamin-Gemische, die alles enthalten, was Mensch und Tier benötigen; aber bereits bei mittelgrossen Hunden erwachsen daraus Futterkosten, die kaum tragbar sind. Von den sogenannten Fertigfuttern halten weder ich noch meine Hündinnen viel. Wir wollen wissen, was im Futter ist! Darum verfüttere ich während der Säugeperiode ungefähr das gleiche Futter, wie vorher auch schon; nämlich rohes Fleisch, Matzinger-Aufzuchtflocken (es kann auch eine andere Marke sein), gute Kuhmilch, etwas geraffelte Karotten oder feingehackte Petersilie, ab und zu auch Schnittlauch und als zusätzlichen Vitaminträger Medizinal-Lebertran sowie zur Verhinderung eines Kalziummangels täglich eine Tablette Kalzium-D-Redoxon. Nur die Zusammensetzung des «Speisezettels» ändert sich etwas, da sowohl die Fleisch- wie auch die Milchrationen stark erhöht werden müssen.

Bei dieser Kost säugen unsere Hündinnen gut, die Welpen gedeihen ausgezeichnet, und nach dem Absäugen sind die Muttertiere in bester Kondition.

Warum sollten sie auch nach dem Absäugen, wie etwa empfohlen wird, als magere Geripppe herumlaufen? Weil das etwa natürlich sein soll? Soll mir doch niemand weismachen, einer Fuchsfähe oder einer Wölfin, die brandmager und mit knurrendem Magen auf Raub ausgeht, sei es besonders wohl!

Nein danke, ich will mich nicht mit einem mageren Knochengestell auf der Strasse schämen! Meine Hündinnen sind sicher auch glücklicher, wenn sie während der Säugeperiode ausreichend ernährt werden!

Ich muss freilich hier auf eine gewisse Gefahr beim Verfüttern von Milch hinweisen. Einmal steht fest, dass Hunde, die nicht seit ihrer Jugend an täglich Milch bekommen haben, Milch nicht mehr verdauen können, weil in ihren Verdauungssäften das Lab fehlt; der Überschuss an Milchzucker kann dann zu Durchfällen führen (Milchzucker kann bei Carnivoren direkt als Abführmittel angewendet werden). Aber ausgerechnet jetzt, da die Hündin viel Flüssigkeit zur Milchproduktion benötigt, darf ihrem Körper nicht noch durch Durchfall Flüssigkeit entzogen werden. Hündinnen, die jedoch an Milch gewöhnt sind, vertragen diese gut, und Milch verhindert andererseits eine Verstopfung, die mangels Bewegung in der ersten Zeit nach der Geburt bei manchen Hündinnen auftreten kann.

Ändern tun sich auch die Fütterungszeiten: Ein erwachsener Hund erhält bei uns täglich eine Hauptmahlzeit. Säugende Hündinnen jedoch füttern wir dreimal täglich in ungefähr gleichgrossen Mengen. Der Verdauungsapparat wird so nicht überlastet, auch entstehen nach dem Absäugen keine hässlichen Hängebäuche.

Viele Hündinnen zeigen unmittelbar nach dem Werfen eine leicht erhöhte

Temperatur, auch hecheln sie viel. Dagegen kann man nicht viel tun, zudem klingt diese leichte Temperaturerhöhung bald einmal ab.

Bereits nach Ablauf einer Woche schätzt es die Mutter, wenn sie nicht mehr dauernd das Lager mit den Welpen teilen muss. Vorerst nur für kurze Zeit, bald einmal jedoch für Stunden, möchte sie das Lager verlassen, dabei aber trotzdem ihre Kinder im Auge behalten können. Das darf man ihr ruhig gestatten. Die bei der Geburt noch ungenügend funktionierende Temperaturregulation der Welpen ist jetzt eingespielt und sie benötigen den mütterlichen Wärmeofen nicht mehr. Wir stellen deshalb ein zweites Lager neben die Wurfkiste. Die Hündin wird nun diesen Beobachtungsposten gerne für kürzere oder längere Zeit beziehen.

Die Arbeit des Züchters während der ersten drei Lebenswochen der Welpen ist damit bereits umrissen. Gesäubert und genährt werden die Welpen von der Mutter, dem Züchter obliegt lediglich das tägliche Wägen der Welpen, sowie das tägliche Auswechseln und Waschen der Überzüge, wobei letzteres ja die Waschmaschine besorgt.

Entwöhnen der Welpen

Die Muttermilch ist die beste Nahrung, die der Welpe erhalten kann. Schon der bereits einmal zitierte C. Gesner schrieb: «Die milch der Hunden ist dicker dann anderer thieren milch». Je länger er davon geniesst, desto besser für ihn.

Kuhmilch ist, wie die untenstehende Tabelle zeigt, kein vollwertiger Ersatz für Hündinnenmilch:

Tier	Eiweiss in %	Fett in %	Zucker in %	Mineralien
Kuh	3,6	3,5	4,7	0,70
Ziege	4,2	4,4	4,5	0,80
Schaf	5,5	6,0	4,5	0,90
Hund	11,7	9,8	3,0	1,35

(Nach G. Theloe)

Der Zeitpunkt, von dem an wir zufüttern müssen, wird uns unmissverständlich von der Waage, mitunter auch von der Mutterhündin selbst angezeigt.

Sobald die Gewichtszunahme der Welpen drei Tage lang unter das sonst übliche Mittel fällt, ist es soweit. Dies kann in der dritten Lebenswoche der Fall sein, kann aber auch erst in der siebten/achten Woche eintreffen.

Unsere Hündin Aga war in jungen Jahren eine wahre «Milchkuh», die ihre Welpen bis zur achten Woche und darüber hinaus vollständig mit Muttermilch ernährte. Meistens aber müssen wir bereits von der vierten/fünften Woche an mit dem Zufüttern der Welpen beginnen. Ohne zwingende Notwendigkeit sollte man jedoch auf keinen Fall zu früh damit anfangen. Im Gespräch mit vielen Züchtern mancher Rassen habe ich immer wieder gehört, dass es viele unter ihnen gibt, die jeweils einfach gedankenlos schematisch nach der dritten Woche mit dem Zufüttern beginnen, und zwar unbekümmert darum, ob dafür tatsächlich eine Notwendigkeit bestehe oder nicht.

Die Folge davon ist selbstverständlich eine sofortige Reduktion der Milchleistung seitens der Mutterhündin, und das ist sehr schade. Wir sollten vielmehr danach trachten, deren Milchleistung so lange wie möglich voll zu erhalten.

Jeder Tag, an dem die Hündin ihre Welpen noch selber zu ernähren vermag, bedeutet für den Züchter eine wesentliche Arbeitsersparnis und für die Welpen einen Tag ungestörter Entwicklung mehr. Wir versuchen deshalb zu unserem und der Welpen Vorteil, den Zeitpunkt der Entwöhnung so weit wie möglich hinauszuschieben. Häufig sind wir jedoch selber daran schuld, wenn eine gut säugende Hündin in der vierten Woche plötzlich streikt und ihre Welpen nur noch mit sichtbarem Widerwillen und unter Zwang säugt.

Mit drei Wochen ist nämlich der Milchtritt der Welpen recht kräftig geworden. Zudem hatten sie bisher keine Gelegenheit gehabt, ihre Krallen abzuwetzen, so dass diese deshalb spitz und scharf wie Katzenkrallen geworden sind. Die Verletzungen, die sie der Hündin damit am Gesäuge beibringen, sind oft ganz erheblich. Als erschwerender Umstand kommt dazu, dass die Hündin nun beginnt, die Welpen im Stehen zu säugen. Die Welpen sitzen dazu auf die Hinterkeulen und bearbeiten mit den Vorderpfoten das Gesäuge der Hündin (Milchtritt). Immer und immer wieder gleitet dabei einer ab und schon hat die Mutter wieder ein halbes Dutzend scharfe Kratzer am Gesäuge, dergestalt, dass es innerhalb kurzer Zeit völlig zerkratzt sein kann. Dass dann empfindliche Hündinnen die Welpen abbeissen und sie nicht mehr säugen wollen, dürfte in Anbetracht dieser Tatsache verständlich sein. Physiologische (mangelnde Entleerung der Milchdrüsen) und psychologische Gründe (Angst vor den säugenden Welpen) führen jetzt zu einem raschen und totalen Zusammenbruch der Milchleistung.

Dies kann verhindert werden, wenn wir den Welpen im Laufe der dritten Lebenswoche mit einer scharfen Schere die Krallenspitzen wegschneiden. Mit diesem einfachen, für die Welpen absolut schmerzlosen Eingriff, kann

Abbildung 33
Die Zungenmassage der Mutter ist wichtig für ein regelmässiges Absetzen von Kot und Harn. Mutterlosen Welpen müssen in den ersten Lebenstagen die Bäuchlein nach jeder Mahlzeit mit einem feuchten Wattebausch massiert werden, sonst entleeren sie sich nur ungenügend.

die Säugezeit oft um acht bis zehn Tage verlängert werden. Wird die Milchleistung der Hündin jedoch schon sehr frühzeitig, zum Beispiel bereits nach der zweiten Woche ungenügend, so helfen in vielen Fällen Medikamente, die auf die Milchdrüsen einwirken. Man wende sich in einem solchen Fall an den Tierarzt. Ist aber der Milchstrom einmal versiegt, dann helfen auch Medikamente nichts mehr; man muss deshalb rechtzeitig handeln. Oft zeigen uns auch die Hündinnen selbst unmissverständlich an, wann sie den Zeitpunkt, da die Welpen nun feste Nahrung zu sich nehmen sollen, für gegeben halten. Instinktsichere Hündinnen werden eines Tages vom soeben geleerten Futternapf weglaufen und den Mageninhalt vor den Welpen erbrechen.

Stürzen sich diese nun gierig darauf, so ist der Zeitpunkt der Entwöhnung gekommen.

Die erste Nahrung, die die Welpen bei uns erhalten, ist warme Kuhmilch mit einem zerquirlten Ei.

Es besteht wirklich kein Grund, die Kuhmilch mit Wasser oder Kamillentee zu verdünnen, wie dies viele Züchter immer wieder aus Furcht vor Durchfall tun. Wasser nährt die Welpen nicht, auf Grund obiger Tabelle bezüglich Milchzusammensetzung wirkt das Argument, reine Kuhmilch sei zu fett, einfach lächerlich. Im Gegenteil ist es vielmehr notwendig, die gegenüber der Hündinnenmilch weit nährstoffärmere Kuhmilch etwas anzureichern. Der grösste mengenmässige Unterschied besteht hinsichtlich des Eiweissgehaltes, und Eiweiss ist, nebst den Kalksalzen, der wichtigste Aufbaustoff des Körpers.

In erster Linie müssen wir deshalb wohl den Eiweissgehalt der Kuhmilch etwas anreichern, und das tun wir wohl am besten mit einem Hühnerei, welches an tierischem Eiweiss und an Mineralstoffen überaus reich ist. Eine Anreicherung der Milch mit Honig, wie oft empfohlen wird, entspricht nicht den Bedürfnissen des wachsenden Körpers. Honig ist fast reines Kohlehydrat, also Brennstoff, und enthält sozusagen kein Eiweiss. Honig ist eigentlich vor allem nur dann geeignet, wenn es darum geht, kranken Welpen die lebensnotwendigen Brennstoffe in möglichst leicht verdaulicher Form zuführen zu müssen; aber hier ist ja von gesunden und nicht von kranken Welpen die Rede.

Zwei bis drei Tage lang füttern wir nun vorläufig nur abends, es sei denn, die Milchleistung der Hündin gehe ganz rapid zurück. Trotz dieser behutsamen Umstellung in der Ernährung besteht dauernd die Gefahr mehr oder weniger starker Darmstörungen. Dem beugen wir vor, indem wir während der ersten Zeit dem Welpenfutter etwas «Arobon» (Nestlé) – ein Produkt aus Johannisbrotfrüchten – beifügen; Arobon wirkt vorbeugend gegen Durchfall.

Am dritten Tage geben wir anstelle des zerquirlten Eies bereits feingehacktes, rohes Muskelfleisch (Rind, Pferd oder Kalb) und gehen jetzt auf zwei Fütterungen pro Tag, jeweils morgens und abends, über.

Nach weiteren zwei Tagen kommen zum Fleisch und zur Milch (immer noch handwarm gereicht) noch Matzinger-Aufzuchtflocken sowie einige Tropfen Lebertran dazu.

Da die Mutterhündin nun ihre Milchproduktion rasch abbaut – sie leckt auch den Kot und den Urin der Welpen nicht mehr auf* –, müssen wir die Welpen nach einer Woche täglich dreimal, nachher, wenn die Hündin gar nicht mehr säugt, gar vier- bis sechsmal füttern.

Zum oben beschriebenen Futter, aus dem wir jetzt das Arobon weglassen,

Abbildung 34
Sobald die Hündin ihre Welpen im Stehen zu säugen beginnt, müssen den Welpen
die Krallenspitzen mit der Schere etwas gekürzt werden. Sie zerkratzen sonst beim
Milchtritt der Mutter das Gesäuge, und viele Hündinnen weigern sich dann bald einmal, ihre Welpen weiterhin zu säugen.

* Wieweit Harn und Kot der Welpen milchtreibende Wirkstoffe enthalten, ist meines
Wissens bis jetzt noch nie untersucht worden. Sobald die Welpen Fremdnahrung
erhalten, so verschmähen die Hündinnen deren Kot und unmittelbar darauf geht
meistens auch ihre Milchproduktion zurück.

es aber bei Anzeichen von Durchfall sofort wieder beifügen müssen, kommen nun fein geriebene Karotten hinzu und die Dosis Lebertran wird erhöht.

Irgendwelche Futtermengen anzugeben, ist kaum möglich. Das hängt nämlich einerseits von der Menge, der noch zur Verfügung stehenden Muttermilch und andererseits vor allem von der betreffenden Rasse ab. Wir rechnen bei Mittelschnauzern für einen etwa acht Wochen alten Junghund 100 g rohes Fleisch pro Tag. Der aufmerksame Züchter wird bald einmal selber herausfinden, wieviel er füttern muss; nämlich immer gerade soviel, als die Welpen innert fünf Minuten vertilgen und sich nachher gesättigt zeigen.

Nach der siebten/achten Woche sind die Welpen nun vollständig entwöhnt und zu Junghunden geworden. Auch wenn sie zuweilen noch bei der Mutter saugen, wird die Menge Muttermilch, die sie noch erhalten, minim sein.

Wir gehen jetzt zur eigentlichen Junghundfütterung über. Die Milch wird nun morgens und abends separat in einer Schüssel gereicht, wobei jeweils, je nach der Anzahl Hunde, ein Kaffeelöffel bis ein Esslöffel voll Medizinal-Lebertran direkt über die handwarme Milch gegossen wird. Jeder Junghund erhält zudem jeden Tag eine Tablette Kalzium-D-Redoxon, und zwar aus der Hand gereicht, damit wir sicher sind, dass ein jeder seine Ration wirklich erhalten und verschluckt hat. Seit wir konsequent so verfahren, haben wir keine Schwierigkeiten mehr mit den Ohren. Vordem kam es immer und immer wieder vor, dass Junghunde beim Zahnwechsel plötzlich wieder die Ohren fallen liessen; seit sie aber von der siebten Lebenswoche an regelmässig jeden Tag ihre Kalzium-D-Tablette schlucken, haben wir kaum mehr fallende Ohren. Nebst der Morgen- und Abendmilch gibt es im Laufe des Vormittags ein Gemisch aus Flocken, Fleisch und fein geraffelten Karotten; im Sommer ab und zu statt Karotten abwechslungsweise etwas Petersilie oder Schnittlauch und zur Anregung der Darmtätigkeit eine fein zerdrückte, gekochte Kartoffel. Am Mittag erhalten sie rohes, in Würfel geschnittenes Muskelfleisch, am Nachmittag wiederum die Fleisch-Flocken-Mischung und am Abend, vor der Milch, nochmals etwas Fleisch. Bei Winterwürfen achten wir darauf, dass zusammen mit dem Fleisch reichlich Fett gefüttert wird, da der Bedarf an Brennstoffen jetzt bedeutend grösser ist als im Sommer.

Mit zehn Wochen kriegen sie weiche Kalbsknochen zum Benagen. Die Theorie «Knochenbenagen gibt dicke Köpfe» ist leider ebenso verbreitet wie dumm. Wer einen dicken Kopf geerbt hat, kriegt auch ohne das Benagen von Knochen einen dicken Kopf, wer aber von seinen Ahnen her einen schmalen Kopf geerbt hat, dem wird die Knochen-Nagerei die Kopfform

Abbildung 35
Das Laufgitter als erster Auslauf und der glasierte Blumentopfuntersatz als erste
Futterschüssel haben sich sehr gut bewährt. Eine Schicht Zeitungspapier ist hier
der beste Bodenbelag.

sicher nicht verderben. Hingegen erhalten die Welpen dadurch Knochen-
salze in natürlicher Form, sie kräftigen ihr Gebiss und reinigen zugleich
durch intensives Benagen der Knochen die Zähne. Als beliebt, nicht nur
zum Fressen, sondern auch zum Spielen, gelten Stengel und Blätter des
Topinamburs (ein Knollengewächs, das überall leicht und üppig gedeiht)
oder des Federkohls. Beide werden mit Begeisterung zerkaut, zerrissen
und verschlungen. Sicher ist der Nährwert dieser Grünpflanzen für die
Hunde nicht gross, aber ohne Zweifel liefern sie ihnen wertvolle Vitamine
sowie Spurenelemente und regen die Darmtätigkeit an.
Für den Züchter hat mit der Entwöhnung der Welpen die arbeitsreiche Zeit
begonnen. Nebst der täglichen Futterzubereitung, dem Füttern und Überwachen der Futteraufnahme (unbedingt erforderlich), Bürsten und Kämmen der Junghunde, kommt nun die Reinigung des Auslaufes. Wer den

mehrmals täglich anfallenden Kot nicht einsammelt, muss sich dann nicht wundern, wenn die Nachbarn des «Saustalles» wegen bald einmal die Nase rümpfen.

Wo aber die Häuflein mindestens dreimal täglich regelmässig entfernt werden und das Kies des Auslaufes ab und zu mit einer Lösung Kaliumpermanganat überspritzt wird, da haben auch empfindliche Nasen keinen Grund sich kraus zu ziehen.

Meine Fütterungsanweisung ist recht einfach, zeitsparend, praktisch und erprobt. Der Apotheker verdient dabei nicht viel, um so höher sind die Fleisch- und Milchrechnungen.

Unsere Junghunde wiegen mit 12 bis 14 Wochen acht und mehr Kilo, sie haben glänzende Felle, keine Hängebäuche, dafür aber starke Knochen und kräftige Gebisse. Sie sind überaus temperamentvoll und widerstandskräftig gegen jegliche Witterungseinflüsse. Besser kann die zweckmässige Fütterung wohl kaum bewiesen werden.

Freilich, es führen viele Wege nach Rom. Gerade und krumme, teure und billigere. Hauptsache ist, man komme wohlbehalten nach Rom. Wir wollen nicht behaupten, unser Weg sei der beste, aber er ist einer unter anderen und jedenfalls einer, der sicher und ohne unnötige Kosten geradewegs zum Ziele führt.

Wer es sich leisten kann, der darf im Zusammenhang mit der Entwöhnung der Welpen sehr gut die im Handel erhältlichen Säuglingsnährmittel und Trockenmilch-Produkte, wie zum Beispiel Pelargon, verfüttern. Neuerdings bewährt sich das speziell auf den Bedarf des jungen Hundes eingestellte «Welpi» ausgezeichnet. Diese Nährmittel enthalten alles, was der heranwachsende Körper notwendig hat und erweisen sich als zeitsparend und praktisch. Sie haben nur den einzigen Nachteil, dass sie, vor allem wenn sie an grössere Rassen verfüttert werden, teuer zu stehen kommen. Wollte man einen Bernhardiner-Welpen damit grossziehen, es würden dabei Aufzuchtkosten entstehen, die in der Folge bestimmt kein Käufer zu bezahlen gewillt wäre.

Die Milch kann auch, statt mit Eiern, mit Ovomaltine oder ähnlichen Stärkungsmitteln angereichert werden. Ovomaltine vermag aber später niemals das Fleisch zu ersetzen, und kriegen die Junghunde genügend gutes Fleisch, so erübrigt es sich bestimmt, ihnen zum teuren Fleisch hinzu auch noch teure Zusatznahrung zu geben.

Sind wir einmal zur fertigen Junghundfütterung übergegangen, so können ab und zu Reis anstelle der Flocken und geraffelte Äpfel, Birnen, Bananen, anstelle der Karotten gereicht werden. Reis ist jedoch in seiner Zusammensetzung viel einseitiger als das Flockengemisch (meistens Fünfkornflocken) und muss zudem gekocht werden. Wenn Fleisch ab und zu nicht in ausreichenden Mengen erhältlich ist, so tun Hühnereier (im Frühling auch Enten- und Gänseeier) als Eiweiss-, Vitamin- und Mineralienspender gute Dienste. Eier enthalten zudem Fett in ausreichender Menge. Leider gibt es aber Hunde, die auf Hühnereier allergisch sind. Anzeichen einer solchen Hühnerei-Allergie sind eine Art Nesselfieber, Schwellungen im Gesicht und in den Gelenken. Wer solche Anzeichen feststellt, muss sofort mit dem Verfüttern von Eiern aufhören.

Bis zum Alter von acht bis neun Wochen füttern wir die Welpen in flachen, aus rotem Ton gebrannten, innen glasierten Blumentopfuntersätzen von etwa 20 bis 25 cm Durchmesser (je nach der Anzahl Welpen). Diese flachen Schalen mit fast senkrecht stehendem, niedrigem Rand können nicht umgeworfen werden, auch hält der gebrannte Ton das Futter relativ lange warm. Später, wenn die Welpen zu Junghunden geworden sind, werden sie an die üblichen, konisch geformten Aluminiumschüsseln gewöhnt. Die oft gehörte Meinung, die Welpen müssten die Futteraufnahme erst erlernen, während ihnen das Saugen angeboren sei, ist natürlich Unsinn. Die Instinkthandlungen, die zum Aufnehmen von festem Futter und von Flüssigkeit notwendig sind, sind angeboren; aber sie (nämlich die Instinkthandlungen) machen einen Reifungsprozess durch. Drei Wochen alte Welpen stehen zum Beispiel noch mitten in diesem Reifungsprozess drin. Müssen nun, aus zwingenden Gründen, solche Welpen bereits gefüttert werden, zu einem Zeitpunkt also, der von der Natur so früh nicht vorgesehen ist, so benehmen sie sich dementsprechend noch sehr ungeschickt, und es sieht dann tatsächlich so aus, als ob sie das Fressen erst lernen müssten. Kommen aber sechs oder sieben Wochen alte Welpen zum ersten Mal ans Futter, so macht ihnen diese erste Futtereinnahme gar keine Schwierigkeiten, weil der Reifungsprozess der notwendigen Instinkthandlungen jetzt völlig abgeschlossen ist.
Und nun müssen wir nochmals kurz von der Mutterhündin reden, denn auch sie muss jetzt ihrerseits «entwöhnt» werden. Solange sie säugte, erhielt sie ihre drei guten Mahlzeiten pro Tag. Daran ist sie nun gewöhnt und würde wohl recht gerne noch einige Zeit so weiterfahren, und zwar mit dem Erfolg, dass sie, da sie nun ja keine Milch mehr produziert, innert kurzer Zeit dick werden würde. In der Tat gehen unsere Hündinnen in dieser Übergangsperiode, oft schon nach wenigen Tagen, wie frische Brote im Ofen auf. Damit, dass wir tatenlos zuschauen, wie sie sich innert weniger Tage einen Schmerbauch zulegen, erweisen wir ihnen wahrhaftig keinen Dienst.
Sobald wir also mit der Welpenfütterung beginnen, reduzieren wir die Anzahl der täglichen Mahlzeiten der Mutterhündin von drei auf zwei, wobei

wir darüber hinaus auch noch gleichzeitig die Einzelmahlzeit in mengen-
mässiger Hinsicht (Quantum) verringern. Kurze Zeit später lassen wir dann
auch die zweite Mahlzeit weg und füttern die Hündin wiederum solchermassen, dass ihr Körpergewicht konstant bleibt.
Es gilt nämlich bei den Hündinnen das gleiche wie bei uns Menschen: An
Körpergewicht zuzunehmen ist viel leichter und angenehmer als überflüs-
sige Fettpolster wieder abzubauen.

Wenn die Hündin keine Milch hat,

dann ist guter Rat im wörtlichen Sinne teuer. Ein Wurf Welpen mit der Flasche aufzuziehen, ist kostspielig und vor allem zeitraubend. Wenn in der
Hundezucht schon unter normalen Bedingungen nicht «kaufmännisch»
gerechnet werden darf, so hier erst recht nicht.
Künstliche Welpenaufzucht ist nicht so einfach, wie sich das mancher vor-
stellt. Um die zu beachtenden Schwierigkeiten aufzuzeigen, müssen wir
etwas weiter ausholen, als nur gerade von den zu verabreichenden Nähr-
mitteln zu reden.
Gemäss dem Geburtszustand unterscheidet der Biologe *Nesthocker* und
Nestflüchter.
Bei den extremen Nesthockern werden die Jungen unbehaart, blind und
taub in ein, von der Mutter sorglich vorbereitetes Nest hineingeboren. Sie
sind in den nächsten Tagen und Wochen vollkommen von der Mutter abhängig. Die Nachkommenzahl dieser Arten ist meist sehr hoch, und die
Geburten folgen sich nach kurzen Tragzeiten relativ rasch, denn entsprechend der Hilflosigkeit und Unbeweglichkeit der Jungtiere ist die Verlust-
rate sehr hoch, und muss also durch eine entsprechend starke Vermeh-
rung wieder wettgemacht werden.
Das Gehirn eines Nesthockers ist im Moment der Geburt noch wenig entwickelt, das gleiche gilt auch für das Nervensystem; die Leistungen des
Zentralnervensystems entsprechen deshalb noch lange nicht denjenigen
eines erwachsenen Tieres. So fehlt diesen Jungtieren beispielsweise noch
die Möglichkeit, ihre Körpertemperatur selber zu regulieren. Sie sind noch
völlig von einer äusseren Wärmequelle abhängig.
Nach Portmann beträgt das Hirngewicht eines neugeborenen Kaninchens
1,18 g, bei einem erwachsenen Tiere 10,5 g, was für die Hirnmasse eine
Vermehrungszahl von 8,9 ergibt.
Nestflüchter wie Ferkel, Kälber, Fohlen, Hühnervögel und andere mehr
werden nach einer langen Tragzeit, respektive Bebrütung in einem bereits

sehr weit entwickelten, dem Erwachsensein schon sehr ähnlichen Zustand geboren. Sie benötigen kein Nest und sind bereits nach einigen Stunden schon sehr mobil. Die Nachkommenzahl ist (Haustiere dürfen nicht als Norm genommen werden) in der Regel sehr klein und die Geburten erfolgen in grösseren Abständen (ein bis mehrere Jahre). Nestflüchter sind von allem Anfang an befähigt, ihre Körpertemperatur konstant zu halten, und ihre Sinnesorgane sowie das Nervensystem funktionieren schon bei der Geburt gleich wie beim erwachsenen Tier. Das Gehirn ist dementsprechend bereits sehr weit entwickelt. Für das Hausschwein gibt Portmann ein Hirngewicht von 33 g bei der Geburt und 90,94 g im erwachsenen Zustande an. Die Vermehrungszahl der Hirnmasse beträgt bei diesem Nestflüchter nur 2,7 (Kaninchen 8,9). Hund und Katze stehen zwischen diesen beiden extremen Stufen. Die Jungen werden wohl dicht behaart, aber mit verschlossenen Augen und Ohren geboren, die Vermehrungszahl der Gehirnmasse beträgt bei ihnen 4,7. Die Welpen sind wohl zu einer unvollkommenen Eigentemperatur-Regulierung befähigt, sich selbst überlassen, sinkt jedoch ihre Körpertemperatur bald einmal auf einen gefährlichen Tiefstand hinunter, Atem- und Herzfrequenz verlangsamen stark und die Bewegungen des Welpen erfolgen nur noch im Zeitlupentempo.

Damit ist bereits gesagt, dass mutterlose Welpen auf eine Wärmequelle angewiesen sind. Am besten eignet sich daher ein elektrisches Wärmekissen, das auf verschiedene Stufen geschaltet werden kann; ebenfalls geeignet sind künstliche Glucken, zum Beispiel Lükon-Glucken. Zu hohe Temperaturen können eher tödliche Folgen haben als Untertemperaturen. Junge Nesthocker ertragen massive Unterkühlungen über längere Zeit ohne Schaden, Übertemperaturen sind jedoch ihr Tod.

Gegen die in der Schweinezucht heute üblichen Infrarot-Lampen habe ich Bedenken. Die Welpen sind dabei ununterbrochen im Licht, der Tag/Nacht-Rhythmus fällt aus, und anscheinend gibt es bei den unter der Infrarotlampe aufgezogenen Schweinen einen relativ hohen Prozentsatz an blinden Tieren. Das spielt bei Mastschweinen eine geringe Rolle, werden diese doch bereits im Alter von sieben bis acht Monaten geschlachtet. Bei Hunden jedoch möchte ich dieses Risiko nicht eingehen. Ähnlich wie die Wärmeregulation, so funktionieren bei neugeborenen Welpen auch Darm- und Blasentätigkeit nur unvollständig. Es gehen mehr künstlich ernährte Jungtiere an Harn- und Kotverhalten ein als an Unterernährung. Jeder Hundezüchter weiss, dass die Welpen schon einige Minuten nach der Geburt auf Grund der mütterlichen Zungenmassage ein schwarzes Häufchen Darmpech und Harn absetzen. Diese Massage ist auch in den nächsten Tagen für eine geregelte Stuhl- und Harnentleerung unbedingt nötig. Wer also Welpen mit der Flasche aufzieht, muss ihnen nach jeder Mahlzeit

Bäuchlein und After mit einem warmen, feuchten Wattebausch so lange massieren, bis sie sich entleeren.

Als Aufzuchtfutter bediene man sich am einfachsten eines der käuflichen, in seiner Zusammensetzung genau auf die Bedürfnisse eines Hundesäuglings angepassten Säuglingsnährmittels, zum Beispiel «Welplac» (Hoechst). Derartiges Aufzuchtfutter ist nicht eben billig, aber zeitsparend und vor allem mengenmässig richtig zusammengesetzt. Die benötigte Menge entspricht rund einem Drittel des Körpergewichtes eines Welpen. Diese Menge wird auf zehn bis zwölf Mahlzeiten pro Tag verteilt. Mehr als vier Stunden darf anfänglich die nächtliche Ruhepause nicht betragen. Damit ist wohl schon deutlich dargetan, welche Arbeit man sich mit der künstlichen Aufzucht eines Wurfes aufbürdet. Bei einem Sechserwurf zum Beispiel, ist die ihn betreuende Person den ganzen Tag vollauf beschäftigt.

Die ersten Mahlzeiten geben wir, wie wir es bei der Frühentwurmung mit der Piperazin-Lösung getan haben, mittels einer Tropfenpipette ein. Das Nährmittel muss körperwarm sein. Am zweiten/dritten Tag versuchen wir es schon mit der Flasche; die kleinen Puppen-Säuglingsflaschen sind dazu sehr gut geeignet.

Wenig beachtet, doch von grösster Wichtigkeit für die künstliche Aufzucht ist die Rolle der *Kolostralmilch;* also der ersten Milch, die die Hündin produziert. Diese enthält, wie im Kapitel «Welpensterben» dargetan wurde, die für die neugeborenen Welpen unbedingt nötigen Schutzstoffe gegen Infektionskrankheiten. Die «allererste» Milch ist am wirksamsten, nachher nimmt deren Schutzstoff-Konzentration sehr schnell ab.

Wir wissen heute auch, dass diese Schutzstoffe offenbar nur während der ersten Lebenstage die Darmwand der Welpen durchdringen und in deren Blutkreislauf übertreten können. Die Welpen müssen sich deshalb unbedingt schon im Lauf der ersten Lebensstunden einen Vorrat davon aneignen, der bis zum Zeitpunkt ausreicht, da ihr Körper selbständig Immunstoffe zu bilden vermag.

Besteht für die Welpen keine Möglichkeit von einer Hündin Kolostralmilch zu erhalten, so ist eine Injektion von Gammaglobulin (zum Beispiel Gamathyne, Welcome) für ihr Fortkommen absolut erforderlich; andernfalls sind sie sichere Todeskandidaten.

Wenn irgend möglich, sollte man deshalb so rasch wie möglich nach einer Amme Umschau halten, denn unter ihrer Pflege werden die Welpen mindestens ebenso gut, wahrscheinlich sogar bedeutend besser gedeihen, als bei künstlicher Aufzucht. Zur Not tut es bei Zwergrassen auch eine Katze, nur hat man zumeist am Anfang Schwierigkeiten, die Katze an ihre Adoptivkinder zu gewöhnen.

Abbildung 36
Die Haufenbildung ist typisch für Welpen. Dieses Kontaktbedürfnis ist jedoch keineswegs Ausdruck sozialer Bindungen zu den Nestgeschwistern, sondern lediglich
durch das Wärmebedürfnis der Welpen bedingt.

Künstliche Welpenaufzucht mit der Flasche ist heute kein unmögliches
Unterfangen mehr, aber es ist eine zeitraubende Arbeit und das Ergebnis
ist vielfach trotz viel guten Willens und grosser Mühe leider nicht immer
befriedigend. Man muss sich die Sache im gegebenen Falle jedenfalls sehr
gut überlegen.
Vor allem würde ich aus einem mutterlosen Wurf nur die allerkräftigsten
Welpen für die Aufzucht auslesen. Es ist sicher besser, nur drei, dafür aber
einigermassen kräftige Hunde grosszuziehen, als am Schluss mit sechs
ungefreuten Schwächlingen dazustehen, für die man dann Plätze suchen
muss.

173

Wichtig für die Entwicklung eines mit der Flasche aufgezogenen Welpen ist der rechtzeitige Kontakt mit andern Hunden. Haben wir das Pech, einen einzigen Welpen mit der Flasche aufziehen zu müssen, so sorgen wir in jedem Fall dafür, dass er im Alter von drei Wochen einen ungefähr gleichaltrigen und gleich grossen Kameraden erhält. Ohne diesen wichtigen Kontakt sind Fehlentwicklungen im Sozialverhalten fast die Regel.

Der Welpe

Der passionierte Züchter wird sich nicht mit der Feststellung der täglichen Gewichtszunahme der Welpen begnügen, sondern er wird immer wieder mit wachem Interesse deren gesamte körperliche und seelische Entwicklung verfolgen. Entwicklungsmässig werden Hundewelpen, wie bereits dargetan, auf einer relativ tiefen Stufe geboren; nämlich blind und, was weniger beachtet wird, taub. Ihre ersten Umwelteindrücke vermitteln ihnen Geruch-, Tast- und Wärmesinn. Die Mutter stellt vorerst für den Welpen ein warmes, stark riechendes Etwas dar. Versuche haben eindeutig ergeben, dass sich der Welpe schon beim ersten Saugen den Individualgeruch der Mutter einzuprägen vermag, er lernt also bereits in den ersten Lebensstunden durch Erfahrung. Geruchsreize leiten ihn unmittelbar nach der Geburt zum mütterlichen Körper hin. Wir haben oft beobachtet, wie Welpen, die kaum aus den Eihüllen befreit waren, die Nachgeburt an der Nabelschnur hinter sich herschleppend, sich auf den Weg zur mütterlichen Milchquelle machten.
Sie gehen dabei so zielstrebig vor, dass leitende Reize angenommen werden müssen, und als solche können vorerst nur von der Mutter ausgehende Geruchsreize in Frage kommen. Bei der Mutter angelangt, schiebt sich der Welpe mit pendelnden Kopfbewegungen dem mütterlichen Körper entlang. Zwangsläufig stösst er dabei auf eine Zitze, die er sofort fasst und zu saugen beginnt. Hier wirken taktile Reize, sicher nicht Geruchsreize, denn sehr oft saugen Welpen auch intensiv an der mütterlichen Vulva. Doch auch jetzt setzt sofort ein Lernprozess ein. Wenn einer einmal an einer Zitze gesaugt hat, der saugt nachher nicht mehr anderswo; zum taktilen Reiz der Zitze kommt nun der Geruchs- und Geschmacksreiz der Milch hinzu.
Saugen und Schlucken sind dem Welpen angeboren. Gesättigt sucht nun der Welpe, dessen Wärmeregulation noch nicht vollständig funktioniert, nach Wärme. Mit Vorliebe kriecht er in den Winkel, der bei der seitlich eingerollt liegenden Hündin zwischen Knie und Flanke gebildet wird. Hier legt er sich, Kopf nach oben, ausgestreckt hin, um eine möglichst grosse Kontaktfläche mit der Mutter zu haben.

Die Bewegung zur Mutter hin übernehmen die Vorderbeinchen. Die Hinterbeine sind noch kaum funktionstüchtig und werden nachgeschleppt. Wir waren anfänglich oft erschrocken, als wir sahen, wie Welpen ihre Fersengelenke jeweils nach rückwärts durchbogen. Die Furcht war aber jedesmal unbegründet; nie hatten wir einen Welpen mit einem defekten Fersengelenk.

Auch diese robbenartige Fortbewegungsart der Welpen ist ein typisches Merkmal der Nesthocker. Das Nerven- und Muskelsystem ist im kopfnahen Teil des Körpers bei der Geburt weit besser entwickelt als im Hinterteil des Körpers. Die Ausbildung der Armnerven ist demnach weiter fortgeschritten als diejenige der Hinterbeine.

Es ist müssig, nach der Erklärung suchen zu wollen, warum wohl die Nesthocker mit verschlossenen Augen und Ohren geboren werden. In einer neueren Publikation las ich, das sei zum Schutze dieser empfindlichen Organe vor eindringendem Fruchtwasser. Das Gegenteil ist wohl eher der Fall. Die bei den sehr frühen Geburtsstadien der Nesthocker noch nicht völlig entwickelten Sinnesorgane bedürfen zur völligen Ausreifung einer feuchten Umgebung. Der Augen- und Ohrenverschluss würde also, postnatal, die Funktion des Amnions (Fruchthüllen) übernehmen, bis diese Organe sich so weit entwickelt hätten, dass sie der trockenen Luft ausgesetzt werden dürften.

Die Ohren beginnen sich vom vierten Tage, die Augen vom achten Tage an zu öffnen. Individuelle Unterschiede sind innerhalb eines Wurfes immer zu beobachten; es ist kein Grund zum Besorgtsein vorhanden, wenn ein Welpe am zwölften Tage seine Augen immer noch verschlossen hält, während ein Teil seiner Geschwister bereits früher in die Welt blickt.

Das Öffnen der Ohren erkennen wir an den weissen Schuppen, die sich um den zukünftigen äusseren Gehörgang herum bilden, das Öffnen der Augen erfolgt vom inneren Augenwinkel aus und ist etwa am 14. Lebenstage abgeschlossen.

Es ist sehr fraglich, ob die Welpen nun tatsächlich auch sehen. Sie blicken vorerst noch mit ihren trübblauen Augen ziemlich stumpf und interesselos in die Welt hinaus und sie reagieren auch noch nicht auf bewegte Gegenstände. Vermutlich vermögen sie vorerst bloss hell und dunkel zu unterscheiden, aber noch keine klaren Umrisse zu erkennen. Nach drei Wochen jedoch sind ihre Augen klar, und wir können die Pupillenreflexe deutlich erkennen. Der Welpe reagiert jetzt auch visuell auf Bewegungen. Dies alles hängt letztlich auch damit zusammen, dass das Gehirn im Moment der Geburt noch völlig unfertig angelegt ist, und sich die entscheidende Endphase seiner Entwicklung in den drei ersten Lebenswochen abspielt. In den ersten zwei Lebenswochen ist die ganze Tätigkeit des Welpen auf die Befriedigung seiner organischen Bedürfnisse ausgerichtet. Hunger, Durst, Kälte und Hitze aktivieren ihn. Bei Hunger und Durst sucht er die mütterliche Milchquelle; bei Kälte kriecht er winselnd im Kreise herum, bis er auf eine Wärmequelle stösst. Dies ist entweder die Mutter oder aber die Geschwister. Es kommt dann zum bekannten «Am-Haufen-Liegen» der Welpen, das in diesem Stadium keineswegs als Ausdruck sozialer Beziehungen zwischen den Welpen zu deuten ist, sondern lediglich durch deren Wärmebedürfnis zustande kommt.

Bei grosser Wärme streben die Welpen auseinander, wir finden dann in jeder Ecke des Lagers einen «Einzelgänger». Das Kreiskriechen, verbunden mit Pendelbewegungen des Kopfes, ist eine typische Suchbewegung.

Die stimmlichen Äusserungen des neugeborenen Welpen sind schon recht vielfältig. Er winselt, wenn er hungrig ist oder kalt hat, er quäkt laut und durchdringlich, wenn die Mutter ihn tritt oder wenn Stuhl- und Harndrang ihn quälen, und er sich nicht lösen kann. Auf einen heftigen Schmerz hin schreit er laut auf. Die einzelnen Lautäusserungen der Welpen lösen bei instinktsicheren Hündinnen die entsprechenden mütterlichen Leistungen aus. Auf das Hungergewinsel hin legt sich die Mutter seitwärts und räkelt sich derart zurecht, dass die Welpen gut zu den Zitzen gelangen können. Quäkt einer laut, so wird die Mutter unruhig. Befindet sich der quäkende Welpe noch im Wurflager, so wird sie ihn durch Zungenmassage von seinem körperlichen Drang befreien; quäkt er, weil er aus dem Nest gefallen ist und nun kalt hat, so holt sie ihn wieder zu sich herein. Hündinnen fassen, wie alle Raubtiere, dabei ihre Sprösslinge am Genick oder auch um die Brust, was beim Welpen einen entsprechenden Reflex auslöst. Er legt den Kopf gegen die Brust und zieht die Hinterbeinchen und den Schwanz gegen den Bauch hinauf. Leider getrauen sich viele Hündinnen nicht mehr, diesen Nackengriff anzuwenden; sie stehen dann hilflos vor dem schreienden Welpen, wüssten aber anscheinend recht wohl was tun, wagen es jedoch nicht.

Auf einen Schmerzschrei hin erhebt sich eine instinktsichere Hündin sofort. Damit ist eigentlich der betreffende Zweck bereits erreicht, denn die Ursache dieses Geschreis ist meistens die Hündin selbst.

Bei grossen Rassen, wo das Grössenverhältnis Mutter/Kind sehr zu Ungunsten des Kindes verschoben ist, erfolgt dieses Aufstehen dann vielfach schon zu spät. Eine 80 kg schwere Bernhardiner-Hündin kann einen 500 g schweren Welpen leicht zertreten oder «verliegen»; bei einer nur 18 kg schweren Mittelschnauzer-Hündin besteht diese Gefahr hinsichtlich ihrer 350 g schweren Welpen schon viel weniger, und eine nur 5 bis 7 kg schwere Zwerg-Hündin kann ruhig für kurze Zeit auf ihrem 200 g schweren Welpen liegen, ohne diesen dabei zu erdrücken.

Abbildung 37
Instinktsichere Hündinnen, wie zum Beispiel dieser Siberian Husky, tragen ihre
Welpen ins Nest zurück, wenn sie sich zu weit davon entfernt haben. Sie fassen sie
dabei im Genick, mitunter auch um den Brustkorb.

Schon zwei Tage alte Welpen knurren bisweilen im Schlaf und manchmal
kann man sogar eine Art Bellen hören. Wir haben auch schon bei ganz jungen Welpen das bekannte Zucken in den Füssen und mit den Ohren, verbunden mit Knurren und Jaulen beobachtet, das bei erwachsenen Hunden
gewöhnlich als Ausdruck eines Traumerlebnisses gedeutet wird.
Mit dem Öffnen der Augen und Ohren weitet sich die Umwelt der Welpen
aus. Sie nehmen nun bewusst Kontakt mit Mutter, Geschwistern und dem
Betreuer auf. Das Interesse der Welpen wendet sich nun Dingen zu, die
ausserhalb der Befriedigung organischer Bedürfnisse liegen. Schon von
der dritten Lebenswoche an kommt es zu kurzen, tolpatschigen Kämpfen,
die als erste Ansätze späterer Rangordnungskämpfe aufzufassen sind.

Mit noch zahnlosen Mäulchen «beissen» sich die Welpen gegenseitig in die Ohren, in die Halsseiten und in die kurzen Schnauzen.

In der vierten Lebenswoche erweitern sie ihren Aktionsraum; jetzt steigen sie aus der Wurfkiste heraus und nehmen den Kontakt mit der näheren Umgebung auf. Ihr Gang ist freilich immer noch recht unbeholfen. Die späteren Zehengänger treten hinten noch mit der ganzen Fussohle (vom Fersengelenk bis zu den Zehenspitzen hin) auf. Das verhilft den Welpen zu ihrem bezeichnenden bärenhaft-tolpatschigen Gang.

Auf Geräusche reagieren die Welpen jetzt mit Aufhorchen, oft auch schon mit Knurren und Bellen. Ihre Beweglichkeit nimmt nun von Tag zu Tag zu und dementsprechend vergrössert sich ihr Tatendrang und erweitert sich ihr Aktionsradius.

Ungefähr von der fünften/sechsten Lebenswoche an steigen unsere Welpen von sich aus die kleine Treppe hinunter in den Auslauf. Sie nehmen jetzt intensiven sozialen Kontakt mit ihren Geschwistern und der Mutter auf. Wir beobachten das erste Schwanzwedeln, die typische Spielaufforderung (Vorprellen und Senken des Vorderkörpers), Lauerstellung und Überfall auf Bruder und Schwester, sie drohen gegeneinander mit entblössten Zähnen, knurren sich heftig an, und es kommt zu hitzigen Verfolgungsjagden und Raufereien. Die Mutter ist nun nicht mehr nur Wärme- und Futterquelle, sie wird jetzt zum Sozialpartner, den die Welpen in ihre Spiele und Kämpfe einbeziehen. Eine typische Spielform der Hündin, die nur im Spiel zwischen erwachsenem Hund und Welpen beobachtet werden kann, ist das Beissen des erwachsenen Hundes in die Hinterläufe der Welpen. Die Welpen werden von der Mutter oft recht grob herumgezerrt, bis sie dann die typische Stellung der Unterwerfung einnehmen.

Mit der siebten Lebenswoche werden die Welpen zu Junghunden. Ist kein umzäunter Auslauf da, so rücken sie jetzt einzeln, zu zweit und zu dritt oder als ganzer Verband, die Mutter voran, zu Entdeckungsfahrten aus, sie scharren Löcher und nichts ist mehr vor ihnen sicher.

Das ist jetzt die Entwicklungsphase, in der der wilde Canide von seiner Mutter auf die ersten Beutezüge mitgenommen wird.

Die Rangordnungskämpfe werden jetzt recht erbittert ausgefochten; das Sammeln persönlicher Erfahrungen erlangt jetzt grösste Bedeutung für die spätere Entwicklung zum fertigen Hund.

Der aufmerksame Züchter, der seine Junghunde beobachtet und deren Ausdrucksweise zu deuten weiss, kann jetzt schon sehr viel über die Charakteranlagen des einzelnen aussagen. Er erkennt den künftigen Draufgänger, der später gerne zum Raufer ausartet, den Vorsichtigen, den Ruhigen und den Temperamentvollen, den Unternehmungslustigen sowie das Phlegma.

Abbildung 38
Im Spiel mit Geschwistern und mit dem Menschen entwickeln sich die körperlichen und psychischen Fähigkeiten des jungen Hundes. Ein gut aufgezogener Welpe ist neugierig und frech, nichts soll vor seinen Zähnchen sicher sein. Ängstliche Welpen geben später scheue Hunde.

Ausgedehnte Versuche im Institut für Verhaltensforschung in Mount Desert Island, Maine USA, haben gezeigt, wie wichtig die sozialen Beziehungen des Hundes im Welpenalter für seine spätere Entwicklung sind. Wir müssen hier kurz darauf eintreten.
Eine wesentliche Erkenntnis ist, dass die Welpen bis zum 21. Lebenstag nur so weit Kontakt mit der Umwelt nehmen, als dies ihre organischen Bedürfnisse erfordern. Man kann den Welpen in diesem Alter noch nichts beibringen, sie sind neurologisch und psychologisch noch weitgehend auf ihre engste Umwelt eingestellt. Dann aber setzt fast schlagartig eine Phase vielseitiger Kontaktnahme mit der Umwelt ein. Die Welpen lernen jeden Tag viel Neues. Wird in diesem Alter ein Welpe von Mutter und Geschwistern abgesondert und isoliert aufgezogen, so wird er sich später nicht mehr für andere Hunde interessieren, auch wird er sich kaum mehr richtig einem Menschen anschliessen, sondern sein ganzes Leben ein asozialer Sonderling bleiben.

Hunde aus Würfen, die wohl im Meuteverband, jedoch ohne Kontakt mit dem Menschen aufwachsen, scheuen im Alter von vier Monaten den Menschen. Alle Liebe und alles erzieherische Geschick wird diesen Kontaktmangel gegenüber dem Menschen nie mehr ganz ausgleichen können. Diese Hunde lassen sich wohl noch zu passablen Hausgenossen erziehen, aber in ein intimes Verhältnis zum Menschen werden sie kaum mehr je treten können.

Mit sieben Wochen hat der Welpe die angestammten Fähigkeiten eines erwachsenen Hundes erreicht, aber er besitzt noch nicht dessen Erfahrungen. Er lernt jetzt sehr schnell und leicht und passt sein Verhalten zweckmässig dem Erlernten an. In diesem Alter ist es am günstigsten, ihn zum Beispiel stubenrein und leinenführig zu machen.

Für den Züchter ergeben sich hieraus sehr wichtige praktische Forderungen, die wir kurz zusammenfassen wollen:

1. Soll sich der erwachsene Hund normal zu andern Hunden verhalten, so muss er als Welpe mindestens bis zur siebten Lebenswoche bei seinen Geschwistern und seiner Mutter bleiben. Hier lernt er den Umgang mit andern Hunden.

2. Mindestens von der fünften Lebenswoche weg muss er täglich intensiven Kontakt mit dem Menschen pflegen. Jetzt ist für den Züchter der Augenblick gekommen, wo er ihn anfassen, streicheln und zu ihm sprechen muss. Eine halbe Stunde pro Tag (auf verschiedene Begegnungen verteilt) genügt. Je früher der Welpe Erfahrungen mit dem Menschen sammelt, desto einprägsamer sind diese.

3. Zwischen der siebten und zwölften Woche bildet sich beim Junghund die definitive Beziehung zum Menschen. Es entscheidet sich jetzt, ob er zum Beispiel später anhänglich oder gleichgültig sein wird.

Ein Hund, der bis zur 16. Alterswoche keinen Kontakt mit dem Menschen hatte, hat kaum Aussicht, einmal je der Hund zu werden, den wir uns wünschen. Mit Recht haben die Menzels gesagt: «Je länger nachher (nach der siebten Woche) die Tiere ereignisarm gehalten werden, desto grössere Schädigungen sind zu befürchten.»

Dem Züchter erwachsen aus diesen wissenschaftlich fundierten Erkenntnissen Pflichten, denen er sich nicht entziehen darf. Aber es sind schöne Pflichten!

Ein ganzer Wurf gesunde, kraftstrotzende Junghunde, die keine Scheu vor dem Menschen haben, ihren Pfleger jeweils stürmisch begrüssen, mit ihm spielen möchten und ihm ihr volles Vertrauen entgegenbringen, das ist der schönste Lohn für die vielen Mühen und die grosse Arbeit. Ein besseres «Befähigungszeugnis» als Züchter kann man sich nicht wünschen.

Abbildung 39
Es ist falsch, Junghunde aus Angst vor irgendwelchen Ansteckungsgefahren am
Umgang mit ihresgleichen zu hindern. Spiel und später soziale Auseinandersetzun-
gen mit andern Hunden sind dem Hund Bedürfnis und formen seinen Charakter.

Erster Ausgang und Erziehung zur Sauberkeit

Wie soeben dargelegt, werden die Welpen in der vierten Lebenswoche recht aktiv. Die Wurfkiste wird ihnen zu eng, sie möchten ihren Horizont im wahrsten Sinne des Wortes erweitern, etwas erleben und etwas Neues sehen. Deshalb beginnen sie vorerst einmal die Umrandung zu überklettern, und wir staunen immer wieder, welche Höhen sie bereits im Alter von vier Wochen zu erklettern imstande sind. Meistens ist ihnen aber der Rückweg verwehrt. Damit es nicht zu Schäden kommt, muss der Züchter rechtzeitig vorbeugen. Wer einen abgeschlossenen Wurfraum hat, ein sogenanntes «Hundezimmer», der konstruiere die Wurfkiste dergestalt, dass deren Vorderwand als Ausstieg-, beziehungsweise Einstiegrampe heruntergeklappt werden kann. Den Boden des Zimmers decken wir für diese ersten Ausgänge (bei kleinen Rassen auch später noch) mit einer Lage Zeitungspapier ab. Diese Papierlage lässt sich täglich mehrmals erneuern und wir ersparen uns damit viele unnötigen Reinigungsarbeiten.

Die Mutterhündin schätzt es nun jetzt nicht mehr sonderlich, den ganzen Tag dauernd von ihren Kindern bedrängt zu werden. Sie möchte einerseits wohl zeitweilig ihre Ruhe haben, andererseits dennoch ein wachsames Auge auf ihren Nachwuchs werfen können. Ihr stellen wir nun, je nach Rasse, ein bis auf 70 cm erhöhtes, vierbeiniges Lager im betreffenden Raum zur Verfügung, auf das sie sich, für die Welpen nicht erreichbar, zurückziehen kann. Fast ausnahmslos alle Hündinnen schätzen diesen erhöhten Thron überaus.

Wir haben nun freilich kein spezielles Hundezimmer, darum zügeln bei uns Mutter und Kinder nach drei, spätestens nach vier Wochen in die «Hundevilla» hinaus. Dieses doppelwandige Holzhaus hat zwei, nicht ganz 2 × 1,5 m messende Räume, die durch eine Zwischenwand mit Türe voneinander getrennt sind. Im Türrahmen sind beidseits zwei U-Eisenschienen eingelassen, in die Bretter bis auf beliebige Höhe eingeschoben werden können. Von beiden Räumen führen Schiebtürchen in getrennte Ausläufe hinaus. Die Böden sind mit einem Kunststoff wasserdicht abgedeckt. Es gibt heute für diesen Zweck verschiedene, sehr dauerhafte Fabrikate, die sehr säurebeständig sind und sich unter dem Einfluss von Kot und Urin nicht verfärben.

In den einen Raum kommt nun das Lager der Welpen, dessen Umrandung jetzt nur noch 25 cm hoch sein soll, damit Ein- und Ausstieg keine Mühe mehr machen.

Über dem Welpenlager hängt eine lichtlose «Lükon-Heizlampe», die ihre Wärme direkt aufs Lager strahlt und dieses bei kaltem Wetter auf etwa 16° C erwärmt. Mittels einer Aufhängekette kann die Lampe, je nach Aus-

Abbildung 40
Frühzeitiger und intensiver Kontakt mit dem Menschen ist für die spätere Entwicklung der Welpen von grösster Wichtigkeit. Ohne diesen frühen Kontakt entwickelt sich der Hund später zu einem asozialen Sonderling.

sentemperatur, höher oder tiefer gehängt werden, so dass die Temperatur auf dem Lager stets ungefähr konstant bleibt. Der vordere Raum, der durch eine Aussentüre betretbar ist, dient dem Lager der Hündin. Sie kann nun bei geöffneter Zwischentüre ganz nach Belieben über die eingeschobenen Bretter zu den Welpen hinüber springen oder aber sich von diesen zurückziehen. Wir können aber auch die Türe, ohne dabei die Bretter herausnehmen zu müssen, schliessen, um beim Füttern die Hündin von den Welpen zu trennen. Diese Anordnung hat sich gut bewährt. Jetzt ist auch die Zeit gekommen, da die Welpen anfangen «stubenrein» zu werden, das heisst sie laufen jetzt von ihrer Schlafecke weg und verrichten ihr Geschäft möglichst weit weg vom Schlafplatz entfernt.

Nun gibt es in jedem Wurf sehr «saubere» Welpen, die schon im Alter von drei Wochen zwecks Entleerung aus dem «Bett» steigen; dann aber auch Schmutzfinken, die einfach in die nächste Ecke des Lagers laufen, um dort Kot und Harn auf den Überzug abzusetzen. Einerseits um uns Arbeit zu ersparen, andererseits auch, um die Welpen möglichst frühzeitig zur Sauberkeit zu erziehen, habe ich bald einmal damit begonnen, mit Hilfe von Einschiebbrettchen das Lager der Welpen zu verkleinern und den dadurch erhaltenen freien Raum mit Sägemehl zu füllen. Auf diese Weise ist nun jeder Welpe gezwungen, das Lager zu verlassen und zumindest das Sägemehl aufzusuchen. Schon kurze Zeit später kann das Sperrbrettchen wieder entfernt und das Lager wieder vergrössert werden, weil die Welpen jetzt gelernt haben, dass man sich ausserhalb des eigenen «Bettes» zu versäubern hat

Auch hier decken wir den Boden des Raumes mit Zeitungspapier ab. Sobald die Welpen jedoch tagsüber in den Auslauf gehen, was stets von der fünften Woche an der Fall ist, dann ist das Abdecken nur noch nachts erforderlich.

Sind die Welpen grösser geworden, so genügt Zeitungspapier nicht mehr; jetzt streuen wir jede Nacht eine Schicht Sägemehl auf den Boden. Trokkenes Sägemehl hat grosse Saugkraft und gibt trotzdem nicht viel Staub. Schluckt ein Junghund gelegentlich ein Maulvoll hinunter, was am Anfang, wenn die Sache noch neu ist, sehr häufig vorkommt, so schadet ihm das weiter nicht, nur ist dabei darauf zu achten, dass das Sägemehl keine Splitter enthalte, was sich dadurch leicht verhindern lässt, wenn es vor dem Streuen durch ein grobes Sieb gerüttelt wird.

Am andern Morgen kann das Sägemehl einfach wieder zusammengewischt werden und der Boden bleibt sauber. Bei Kunststoffbelag ist das Fegen nicht alle Tage erforderlich.

Im Winter schieben wir jedoch die Dislokation der Welpen bequemlichkeitshalber so lange wie möglich hinaus. Sie bleiben dann bis zum Alter von sechs bis sieben Wochen in einem hellen, trockenen und geheizten Kellerraum. Da dieser gleichzeitig als Werkstatt benützt wird, können wir hier den Welpen nicht freien Ausgang gewähren. Da hat sich ein selbstkonstruiertes Laufgitter, nach Art der Kinderlaufgitter, vorzüglich bewährt.

Auf den Boden kommt eine Bitumenschicht (sogenannte Dachpappe), darauf ein alter Teppich, auf dem Teppich eine Plastikfolie und schlussendlich auf die Folie Packpapier und Zeitungen. So ist der Boden genügend isoliert. Als Lager dient hier den Welpen eine flache Eternitschale von 60×60 cm (es gibt auch grössere oder kleinere), in die ein flaches Spreuerkissen mit auswechselbarem Überzug kommt. Das Lager der Hündin kann nun natürlich aus Platzgründen nicht in das Laufgitter gestellt werden. Wir rücken es deswegen dicht an das Gitter heran. So kann sie sich nach freiem Belieben innerhalb oder ausserhalb des Laufgitters aufhalten. Diese Einrichtung ist einfach, zweckentsprechend und billig. Wird das Laufgitter nicht mehr gebraucht, so nimmt es, wenn zusammengeklappt, nur wenig Raum ein.

Besonders für die Aufzucht von Zwerghunden ist so ein Laufgitter ideal. Man kann die Welpen tagsüber irgendwo ins Freie stellen, nachts aber wieder in die Wohnung nehmen. Natürlich ersetzt es niemals einen richtigen Auslauf. Mit spätestens sechs bis sieben Wochen gehören auch Zwerghunde hinaus in den Auslauf, wo sie sich an der frischen Luft und an der Sonne tummeln und bewegen können. Wird ihnen dies verwehrt, so bleiben sie Zeit ihres Lebens verzärtelte Schosshündchen. Zwerghunde, die in Ausläufen im Freien aufgezogen werden, sind niemals bedauernswerte Krüppelchen, wie uns das zuweilen gewisse Leute weismachen wollen, die selbst noch nie einen Zwerghund gehalten haben. Sie sind vielmehr äusserst robuste und langlebige Kerlchen, die sich ihres Lebens ebenso gut erfreuen können, wie ihre grossen Brüder.

Der Auslauf

Seine Grösse richtet sich sowohl nach der Rasse, als auch nach den Verhältnissen des Züchters. Wir Hundzüchter sollten da unbedingt von den Tiergärtnern lernen. Diese sagen uns heute, dass zum Wohlbefinden des Tieres die *Raumqualität* den Vorrang vor der Raumquantität habe. Es kommt somit – und das gilt auch für Junghunde – der Ausstattung des Auslaufes, also gleichsam dem Mobiliar, grössere Bedeutung zu als dessen Fläche.

Meine diesbezüglichen Angaben sind als Richtlinien, nicht als absolutes Rezept aufzufassen.

Ich bin der Meinung, dass das Hundehaus mit dem darin befindlichen Lager höher zu liegen habe als der Auslauf. So wird ganz sicher das Einschlepen von allfälliger Nässe und Schmutz ganz gehörig erschwert. Eine flache Treppe in Form eines dicken Brettes mit aufgeschraubten Querleisten, führt vom Haus in den Auslauf. Das ist bereits Turngerät Nummer 1. Treppauf- und treppabsteigen muss heute ein jeder Hund können; hier lernt's schon der Welpe und zudem verhilft ihm das zu einer gesunden und recht vielseitigen Bewegung. Der Raum, in dem der Hund schläft und der Raum, in welchem er Harn und Kot absetzt, sind nun bereits deutlich in «Drinnen» und «Draussen» getrennt und erleichtern die spätere Erziehung zur Stubenreinheit ganz erheblich.

Im Auslauf ist ein genügend grosses, erhöhtes Liegebrett anzubringen, und der Boden unter diesem Brett soll ebenfalls aus Holz sein und nicht direkt auf der blossen Erde aufliegen. So haben die Hunde die Möglichkeit, auf dem oberen Brett die Sonne und auf dem unteren Brett den Schatten geniessen zu können. Diese Liegevorrichtung ist zudem ein wundervoller Spielplatz. Da gibt es Zweikämpfe und Gruppenkämpfe der «oberen Partei» gegen die «untere Partei» und umgekehrt, man kann sich unten in Lauerstellung begeben, um plötzlich Bruder und Schwester zu überfallen, man springt auf das Brett und wieder hinunter, inszeniert Hindernisläufe treppab, unter das Brett, auf das Brett und wieder treppauf; wie die wilde Jagd geht es zu, wenn die Schar abends zwischen fünf und sechs Uhr «Kinderstunde» hat.

Ein wichtiges Problem ist der Bodenbelag des Auslaufes. Zu verpönen sind auf jeden Fall reine Zementböden. Sie kälten, sind hart und in biologischer Sicht für einen Hund völlig ungeeignet. Das Gegenstück dazu sind die reinen Naturböden. Naturboden empfiehlt sich nur bei ganz grossen Ausläufen, für Ausläufe, die so gross sind, dass die Grasnarbe nicht zu Grunde gehen kann, andernfalls ist Naturboden nicht zu empfehlen. Bei feuchtem Wetter verwandelt er sich sofort in einen Morast und die Hunde sehen dann wie Wildschweine aus, die sich soeben in einer Suhle gewälzt haben. Solche Böden sind auch bald einmal völlig mit Parasiteneiern durchsetzt und können kaum gereinigt werden. Zudem wetzen die Hunde auf weichen Naturböden ihre Krallen nur ungenügend ab.

Anstelle der altmodischen Zementböden gibt es heute eine grosse Auswahl anderer, Feuchtigkeit und Kälte relativ gut isolierende Bodenbeläge aus Tonplatten, Asphaltplatten, Asphaltbelag usw. Solche sind sicher praktisch zu reinigen, besitzen aber ebenfalls ihre Nachteile. Der Urin bildet, weil er nicht versickern kann, Lachen und die Junghunde wälzen sich beim Spielen darin; Kot wird verschleppt und ist, einmal angetrocknet nur noch mit der Fegbürste zu entfernen.

Zudem bieten alle diese unbiologischen Böden den Welpen nicht jene Raumqualität, auf die, meiner Meinung nach, ein vorwiegend im Zwinger gehaltener Junghund Anspruch erheben darf.

Zu diesen Ansprüchen gehört das Buddeln von Löchern wie auch die Möglichkeit, einen Knochen vergraben zu können; Tätigkeiten, die dem Hunde angeboren sind und deren Ausübung ihm Freude und Lust bereitet. Gerade dieses Freudebereiten darf man bei der Welpenaufzucht nicht zu gering einschätzen.

Nach langem Hin und Her, etlichem Für und Wider, sind wir schlussendlich zu folgender Lösung gelangt:

Wir haben den Naturboden in den Ausläufen etwa 40 bis 50 cm tief ausgehoben. Auf den Grund der Grube kam nun ein Steinbett aus grossen Rundkieseln, darauf eine Lage sauberes, grobes Flusskies (sogenannte Fäustlinge) und auf dieses eine 25 bis 30 cm dicke Schicht gewaschenes sogenanntes Gartenkies (etwa 0,5- bis 1,5-cm-Körnung, je nach Hunderasse gröber oder feiner). Diese Böden haben gegenüber den Natur- und Kunststeinböden mannigfache Vorteile: Urin versickert sofort und auch bei anhaltendem Regen bildet sich nie ein Morast. Schon nach einer Stunde Sonnenschein sind diese Kiesböden wieder trocken. Den Kot kann man mit einem Kratzer und einer Kehrichtschaufel leicht einsammeln, auch ist die Geruchbildung minim, zumal wir die Ausläufe von Zeit zu Zeit mit einer Lösung Kaliumpermanganat abspritzen. In diese Böden hinein lassen sich Löcher buddeln und Knochen vergraben, sie sind nicht hart und wetzen die Krallen dennoch stark ab.

Ihr Nachteil besteht lediglich darin, dass beim Entfernen des Kotes immer ein wenig Kies mitkommt. Man muss den Abraum deshalb in einem gedeckten Kübel sammeln und Gelegenheit haben, ihn in einer Kehrichtablage zu deponieren. Die ganze Oberschicht muss zudem, je nach Besetzung der Ausläufe, nach kürzerer oder längerer Zeit (es kann Jahre dauern) vollständig erneuert werden, wobei mit Vorteil auch die untere Kiesschicht mit dem Gartenschlauch gründlich abgespritzt, bei starker Verschmutzung sogar aufgenommen und neu gesetzt werden muss.

Das ist freilich keine leichte Arbeit, aber im Interesse einer gesunden Welpenhaltung auf relativ kleinem Raum dennoch lohnend.

Es ist aber darauf zu achten, dass die oberste Kiesschicht keinen Sand enthält, sonst bildet sich davon bald einmal über dem groben Schotterbett eine harte Schicht, die das Versickern des Wassers stark behindert. Vor den Eingang legt man mit Vorteil einige grosse Zement-, Gneis- oder Tonplatten, wie auch als Unterlage für das Wassergeschirr. Wir füttern stets im Haus, und während die Welpen mit dem Futter beschäftigt sind, reinigen wir den Auslauf.

So hat sich im Laufe der Jahre die Arbeit eingespielt, und wir haben mit dieser Art Ausläufen gute Erfahrungen gemacht, wissen aber wohl, dass sicher manches noch besser gemacht werden könnte, doch man muss auch hier lernen, sich nach der Decke zu strecken, das heisst, sich den vorhandenen räumlichen und finanziellen Möglichkeiten anzupassen.

Abschiednehmen

Die Verhaltensforscher vom «Mount Desert Island» erklärten uns, das Alter von sieben Wochen sei jeweils am besten geeignet, um einen Welpen in eine neue Umgebung zu verpflanzen, da ein Welpe seine Bindungen zur Umwelt bereits in diesem Alter weitgehend festlegt. Ich halte das jedoch als reichlich verfrüht. Vor zehn bis zwölf Wochen verlässt uns kein Junghund, die meisten behalten wir, bis sie 14 bis 16 Wochen alt sind. Das hat verschiedene Gründe. Einmal kann man in diesem Alter schon recht viel über den Hund aussagen, und bei uns richtet sich der Kaufpreis eines Junghundes nach dessen Qualität.

Unter dem Einfluss falsch verstandener Ergebnisse der Forschung und vor allem wohl auch deshalb, weil der finanzielle Gewinn bedeutend grösser ist, sind viele Züchter dazu übergegangen, ihre Welpen bereits im Alter von sechs bis sieben Wochen zu verkaufen. Die Folge: Hunde, die ein gestörtes Verhältnis zu ihren Artgenossen haben.

Man muss das richtig sehen: Der neue Besitzer hütet seinen Junghund wie den eigenen Augapfel. Er hat Angst, grosse fremde Hunde könnten ihm etwas antun und vermeidet es deshalb ängstlich, dass sein Liebling Kontakt mit fremden Hunden aufnehmen kann. Das ist völlig falsch. Die viel zitierte Sozialisierung bezieht sich nicht nur auf den Anschluss an den Menschen, sondern ebenso sehr auf den Anschluss an andere Hunde. Mit beiden muss der Hund in ein richtiges Verhältnis kommen, sonst wird er eben nie ein richtiger Hund.

Ich verkaufe deshalb keinen Junghund unter zwölf Wochen. Er muss in seinen ersten drei Lebensmonaten sich nicht nur an den Menschen gewöhnen, er muss auch im Familienverband mit Mutter und Geschwistern und, sofern vorhanden, auch mit andern Hunden, die richtigen Beziehungen zu seinen Artgenossen aufbauen. Wichtig ist aber, das kann nicht genug betont werden, dass der junge Hund täglich in ausgiebigen Kontakt mit Menschen kommt, und zwar nicht nur mit einem, sondern mit mehreren Menschen. Und wenn es sich irgendwie tun lässt, so soll man bereits den zehn- bis zwölf Wochen alten Welpen an die Leine nehmen und ihn auf die Strasse führen, denn er muss Eindrücke sammeln. Ein derart aufgezogener Welpe wird sofort den Anschluss an seinen neuen Herrn finden, und er wird auch später selten versagen.

Es muss hier jetzt noch einmal ein Wort über die Hodenfehler der Rüden gesagt werden. Wenn sich bei einem jungen Rüdchen im Alter von vier Monaten nicht beide Hoden ausserhalb der Bauchhöhle abtasten lassen, so ist auf jeden Fall mit einseitigem oder gar beidseitigem Kryptorchismus zu rechnen.

Hormonspritzen können zuweilen, aber längstens nicht immer, zu einer Korrektur führen. Es kommt aber, vor allem bei Zwerghunden, gar nicht selten vor, dass ein Jungrüdchen infolge eines starken Schockerlebnisses ein, oder gar beide Hoden wieder in die Bauchhöhle aufzieht, und sie nachher manchmal nicht mehr absteigen.

Weil der schönste Rüde mit einem Hodenfehler als Zucht- und als Ausstellungstier wertlos ist, soll der Käufer sich bei der Übernahme des Hundes unter allen Umständen selber davon überzeugen, dass sich beide Hoden im Scrotum befinden. Das erspart mitunter Prozesskosten.

Es ist andererseits für den Züchter sinnlos, dem Käufer einen Hodenmangel eines Hundes verheimlichen zu wollen, in der Hoffnung, die Sache käme dann schon noch gut. Da liegt der Grund zu vielen unerfreulichen Streitfällen, denn meistens kommt «es» eben doch nicht mehr gut. Spätere Operationen führen dann meistens ebenfalls nicht zum Ziel, ganz abgesehen davon, dass dies züchterisch einem Betrug gleichkommt, denn der Fehler wird wohl am Hunde selber korrigiert, genetisch gesehen ist der Rüde aber dennoch ein Kryptochid, der diesen Fehler rezessiv weitervererben wird.

Weniger tragisch ist bei einem Hund mit vorgeschriebenem Scherengebiss ein leichter Vorbiss beim Milchgebiss zu nehmen. Wenn es sich dabei um eine gutschliessende, wenn auch umgekehrte Schere handelt, so korrigiert sich das beim Zahnwechsel in den meisten Fällen von selbst. Stehen jedoch die unteren Schneidezähne mit deutlichem Abstand vor, so darf nicht mehr mit einer vollständigen Korrektur gerechnet werden. Unterbiss kann sich ebenfalls beim Zahnwechsel korrigieren, insofern er nicht zu krass ist. Ich habe einst eine Hündin mit relativ starkem Unterbiss zu einem «symbolischen» Preis verkauft. Im Alter von zwei Jahren hatte sie ein tadelloses Scherengebiss und hat es auch heute noch. Schwerer zu beurteilen sind in einem Alter von zehn bis zwölf Wochen Farbe und Haarstruktur. Ebenso schwierig ist es, die endgültige Augenfarbe vorauszusagen. Diese kann sich mindestens bis zum zwölften Lebensmonat noch stark ändern;

ja es kommt nicht selten vor, dass sogar Hündinnen nach ihrem ersten Wurf hellere Augen bekommen können. Nur der sehr erfahrene Züchter kann da zutreffende Prognosen stellen.

Selbstverständlich gibt der seriöse Züchter einen Junghund nur entwurmt, ungezieferfrei und gegen Staupe sowie Hepatitis geimpft in fremde Hände ab. Nur ganz militante Naturheilapostel nehmen es heute noch auf sich, ihren sorgsam aufgezogenen Junghund einer Staupeinfektion auszusetzen; das heisst, sie nehmen eben die Verantwortung für den Hund nicht auf sich, sondern handeln verantwortungslos, denn es ist heute wirklich unverantwortlich, einen jungen Hund dieser Geissel auszusetzen, da es heutzutage gegen Staupe und Hepatitis eine fast hundertprozentig wirkende Immunisierung gibt.

Die Impfung mit einem kombinierten Staupe/Hepatitis-Impfstoff (zum Beispiel Behring SH, Lederle Cabvac, Epivax usw.) erfolgt wohl am besten im Alter von zehn Wochen, also nach dem Abstillen der Hunde

Man nimmt an, dass die Muttermilch Immunstoffe enthält (siehe Kapitel über Welpensterben), die die Bildung von körpereigenen Immunstoffen beim geimpften Hund verhindern. Eine zu frühe Impfung würde sich also als zwecklos erweisen.

Wir lassen unsere Hunde in der Regel im Alter von acht bis zehn Wochen impfen, bis zum Abgabezeitpunkt hat sich dann ein genügend wirksamer Impfschutz gebildet. Man sollte jedenfalls die Hunde nicht unmittelbar nach dem Impfen in fremde Hände geben, sie infizieren sich sonst möglicherweise mit Staupe- oder Hepatitisviren, bevor der Impfschutz wirksam sein kann. Es ist auch nicht ratsam, wenn ein Käufer seinen Junghund gleich nach der Übernahme impfen lässt. Jeder Platzwechsel bedeutet für einen jungen Hund einen starken Einschnitt in seinen Lebensrhythmus, meistens nimmt er in den folgenden Tagen zu wenig Nahrung auf, auch schläft er wahrscheinlich weniger als vorher, und die ersten Ausgänge an der Leine ermüden ihn stark. Sein Körper muss sich auf die neuen Verhältnisse umstellen, und da sollte man ihn nicht noch zusätzlich mit einer Impfung belasten. Er sollte überhaupt in jedem Falle seitens des Käufers verlangt werden, dass die Impfung des Junghundes noch im Zwinger des Züchters geschieht, und durch ein vom Tierarzt unterschriebenes Impfzeugnis belegt wird. Allen Beteuerungen seitens des Züchters ist kein Glaube zu schenken, wenn nicht der Impfschein mit der Abstammungsurkunde abgegeben werden kann.

Bei einem Wurf hatten wir vor Jahren einmal Impfreaktionen. Es ist aber nicht ausgeschlossen, dass die Welpen unmittelbar vor der Impfung mit Staupeviren infiziert worden waren, so dass Impfung und Infektion zeitlich fast zusammenfielen. Das eingeimpfte Hepatitisvirus verursacht manchmal bei einzelnen Junghunden eine Trübung der Hornhaut, die aber wohl stets nach etwa einer Woche wieder verschwindet.

Dem Käufer ist aber unbedingt einzuschärfen, dass trotz Impfung, der Hund später dennoch an Staupe und Hepatitis erkranken kann, weil es solche gibt, die nach der Impfung nur ungenügend Immunkörper bilden. Zudem verändern die Viren ihren Charakter immer wieder. Nach acht bis zehn Monaten soll deshalb die Impfung wiederholt werden, wobei nun ein anderer Impfungsstoff zu verwenden ist, damit der Impfschutz möglichst vielseitig wird.

Ob man Junghunde gegen Leptospirose impfen lassen soll, ist fraglich. Einige Tierärzte bejahen dies, andere verneinen es. Der Impfschutz ist jedenfalls nur kurzfristig (etwa sechs Monate), zudem sind heute ein rundes Hundert verschiedener Leptospirenstämme bekannt, eine Infektion ist deshalb trotz Impfung jederzeit möglich.

Der Besitzer eines Junghundes hat jedenfalls bei Fieber, Erbrechen und Durchfall seines Hundes sofort den Tierarzt aufzusuchen. Es ist gescheiter, einmal vergeblich Serum gespritzt zu haben, als einen wertvollen Hund wegen Staupe zu verlieren.

Sind die Junghunde entwurmt und geimpft, können sie jetzt dem Käufer übergeben werden. Wir geben stets eine «Gebrauchsanweisung» mit: Das ist ein Blatt, auf dem kurz die wichtigsten Hinweise über Fütterung, Haltung, Pflege und Erziehung des jungen Hundes festgehalten sind.

Irgendwelche besondere Abmachungen über Zuchtrechtabtretung, Ausstellungsverpflichtung usw. lege man jetzt, bei der Übergabe des Hundes, schriftlich fest; es ist eigentlich unnötig zu erwähnen, dass der Züchter mit dem Junghund auch die Abstammungsurkunde übergeben muss. Leider wird das immer wieder unterlassen und daraus entstehen in der Folge oft vermeidbare Streitfälle.

Wenn immer möglich, soll sich der Züchter später einmal persönlich vom Wohlergehen des Hundes überzeugen. Wer überdies zielgerichtet züchtet, der wird ohnehin die Hunde, wenn sie einmal voll entwickelt sind, genau ansehen müssen, denn erst jetzt zeigt es sich, ob eine Paarung richtig oder falsch war. Ohne diese Nachkontrolle, die den grössten Teil der gezüchteten Hunde umfassen muss, ist eine planvolle Zucht nicht möglich.

Leider kommt es immer wieder vor, dass ein Junghund nicht den richtigen Platz erhält, und gerade das ist es, was dem ernsthaften Züchter, wie bereits eingangs erwähnt, schlussendlich diese schöne Beschäftigung vergällt und zum Verleiden bringt.

Zum Schluss

Dieses Büchlein habe ich für den Praktiker, namentlich für den Anfänger geschrieben. Es soll anleiten, wegweisen zu zielstrebiger und verantwortungsvoller Zucht und dem Leser die dafür unabdingbaren theoretischen und praktischen Kenntnisse vermitteln. Doch auch die peinlichste Befolgung der darin aufgeführten Ratschläge macht noch lange nicht den guten Züchter aus: die Liebe zum Tier, das Verantwortungsbewusstsein gegenüber der uns anvertrauten Kreatur kann nicht instruiert werden und ist demzufolge auch nicht erlernbar; man hat sie oder man hat sie nicht! Wer sie nicht hat, der suche sich ein anderes Hobby als Hundezucht, denn der wird ja doch nur stets ein Stümper bleiben!

Allein auch die Liebe zum Tier macht noch keinen Züchter aus, es braucht dazu Kenntnisse, Erfahrungen und den Willen, stets immer wieder neu dazulernen zu wollen. Hier soll das Büchlein helfend eingreifen. Darüber hinaus sollte es da und dort ein Turlein geöffnet haben, das einen Blick in die grösseren Zusammenhänge biologischen Geschehens gestattet; dies in der Meinung, dass wer Hunde züchtet, ein Tierfreund im weitesten Sinne sei. Und wenn nun auch alles bestens beieinander ist: Tierliebe, Können und Erfahrung, so muss dennoch auch der gewiegteste Züchter immer und immer wieder seinem guten Glück vertrauen. Züchterpech bleibt keinem auf die Dauer erspart und Züchterglück lässt sich nicht erzwingen! Dass dieses jedoch dem Leser meines Büchleins reichlich zuteil werde, das wünsche ich ihm von ganzem Herzen.

Bildernachweis

Dr. R. Trainin, Ramat-Chen, nahm die Bilder 33, 36, 38 und 40 im Zwinger des Verfassers auf; sie stellte ebenfalls die Bilder 3, 4, 5, 26, 34, 37 und 39 zur Verfügung. Die übrigen photographischen Aufnahmen verdanke ich Dr. C. Naaktgeboren, Amsterdam (22, 23); Chr. A. Veldhuis, Arnhem (1, 32); Dr. Meier-Jaeger, Küsnacht (2, 24); L. Fiedelmeier, Krummsee (27); W. Meister, Wyssachen (25) und F. Räber, Kirchberg (35).

Sonja Pletscher, Zürich, zeichnete die Tabellen 7, 8, 9, 10, 11, 12, 13, 28, 29, 30 und 31.

Die Abbildungen 14, 15, 16, 17, 18, 19, 20 und 21 stellte Prof. Dr. E. Seiferle vom Veterinär-anatomischen Institut der Universität Zürich zur Verfügung.

Arnold Fatio

Praktisches Handbuch der Erziehung und Ausbildung des Hundes

Ein Wegweiser von der Dressur zur psychologischen Hundeführung

Vierte Auflage, 184 Seiten mit 29 Abbildungen, Pappband Fr./DM 22,80

«Der Verfasser – selbst Hundeerzieher – gibt dem Interessenten aufgrund seiner reichen Erfahrung wertvolle und präzise Ratschläge für die Abrichtung von Gebrauchshunden. Dabei nimmt er grosse Rücksicht auf deren verschiedenartigen Veranlagungen.» «Blatt für alle»

Dem bekannten Hundeerzieher Arnold Fatio haben wir das in 4. Auflage erschienene Werk zu verdanken. Es präsentiert sich in einem schmucken Pappband und ist mit zahlreichen Fotos ausgestattet. Der Autor ist als erfahrener Erzieher und Abrichter verschiedener Rassen bestens ausgewiesen, zum Thema der Erziehung und Abrichtung unserer Gebrauchshunde Stellung zu nehmen. Gestützt auf seine lange und erfolgreiche Erfahrung ist es ihm gelungen, die wesentlichen Grundlagen über die Erziehung und Abrichtung in zusammenfassender Form festzuhalten. Er versteht es zudem auch, die Verschiedenartigkeit der Abrichtung je nach Veranlagung des Hundes auseinanderzuhalten. «Feld – Wald – Wasser»

Der Verfasser macht den gelungenen Versuch, durch Erziehen und Abrichten die natürlichen Fähigkeiten des Hundes zu entwickeln. Das dabei gesteckte Ziel, ein einfaches, praktisches Handbuch und nicht etwa ein umfassendes Werk über Abrichtung vorzulegen, ist gelungen. Viele Beispiele aus der Praxis sorgen für eine Auflockerung des Lehrplanes. Leicht verständlich geschrieben. «Das Tier»

Verlag Paul Haupt Bern und Stuttgart

Thy Laeuger-Gasser

Dir anvertraut

Vom Geben und Nehmen im Umgang mit Hunden

Zweite Auflage, 184 Seiten, davon 85 grossformatige Bilder,
Leinen Fr./DM 29,–

«Eines der bezaubernsten Bücher, die je über ein Leben mit Hunden geschrieben wurden...»   «Boxer-Blätter», München

«... Schlechthin wird hier das Verhältnis Mensch und Hund aufgegriffen,
aus tiefer Verantwortung heraus, an all jene, die sich einen Hund halten...»
«Die Ostschweiz»

... Es geht in dieser Darstellung um den
Boxer, aber das Werk ist weit mehr als ein
Boxerbuch; in ihm leuchtet der Wider-
schein einer tiefen Bindung an den Hund
überhaupt auf. Die beschwingte, nicht sen-
timental überhauchte Schreibweise zog
mich an, die Fülle von Beobachtungen, die
Hinweise auf Einzelzüge im Verhalten des
Hundes erweckten den Respekt vor der
Beobachtungsgabe der Verfasserin, und
ihre Einfühlungsfähigkeit in die inneren
Bezirke des Hundes packte mich. Einzelne
Episoden bekunden eine intensive Bezie-
hung zu den Hunden und eine grosse Sorge um gefährdetes Leben von
Tieren. Das schöne, mit ganzseitigen Photos geschmückte, reizvoll ausge-
stattete Buch ist das Ergebnis von zwanzigjährigen Bemühungen um den
Hund. Die Stilfülle erhöht noch den Eindruck der Unmittelbarkeit und der
Frische. Der hervorragende Text, die erstklassige Wiedergabe von 85
ganzseitigen Bildern und nicht zuletzt der ästhetisch saubere Druck
machen das Lesen des Werkes zu einem hohen Genuss. Man muss es einfach – als meisterhaft gelungen – mit dem Prädikat «wertvoll» versehen!
«Goetheana»

Verlag Paul Haupt Bern und Stuttgart

Gino Pugnetti

Rassehunde

272 Seiten mit 250 farbigen Abbildungen **und einem Ratgeber zur Aufzucht und Pflege der Hunde**

Buchformat 21,5 × 30 cm, Kunstleinen Fr./DM 48,–

Dem Hundeliebhaber, all denen, die
einen Hund besitzen oder erst noch
erwerben wollen, will dieses Buch
helfen, vielerlei Fragen zu beantwor-
ten. Für jede Rasse werden die Ur-
sprünge genannt, ihre Entwick-
lungs- und Züchtungsgeschichte,
die ererbten Eigenschaften, die Verwendungsmöglichkeiten, natürlich
auch Farbe und Grösse, kurz: all das,
was für die Biographie, die Haltung
und zum Erkennen der Rassen von
Bedeutung ist. Darüber hinaus unter-
richtet der ausführliche Anhang über
Erziehung und Hygiene, Krankheiten,

RASSEHUNDE

Lebensdauer und weitere wichtige Aspekte, die jeder Hundebesitzer wissen
sollte. Vor allem aber gibt dieser Band mit 250 farbigen Abbildungen dem
Amateur wie dem Fachmann ein anschauliches Bild von den bedeutend-
sten Hunderassen der ganzen Welt.

Unter all den vielen Hundebüchern halte ich das vor mir liegende Werk für
das schönste. Dieses Werk mit seinen einmalig schönen, farbigen Gross-
aufnahmen und mit den Schwarzweiss-Zeichnungen von Piero Cozzaglio
spricht den Hundefreund und Leser an. Ich meine, diese Bilder und die
knappen, aber sehr präzisen Begleittexte führen dem Leser die verschiedenen Hunderassen mit ihren typischen Rassemerkmalen einprägsam vor
Augen. Zudem wird bei jeder Rasse auf Ursprung, Entwicklungs- und
Züchtungsgeschichte, Erbanlagen und Verwendungsmöglichkeiten hingewiesen.

In einem Anhang wird über Erziehung, Hygiene, Krankheiten und Lebensdauer der Hunde berichtet. Es ist ein wohlgelungenes und schönes Werk,
das jedem, der es in die Hände bekommt, Freude machen wird – und zudem ist es dem Verlag gelungen, den Preis niedrig zu halten.

«Feld – Wald – Wasser»

Verlag Paul Haupt Bern und Stuttgart